实践应用型学前教育专业精品教材

幼儿教师职业道德与专业发展

主 编 王宁宁

中国人民大学出版社
·北京·

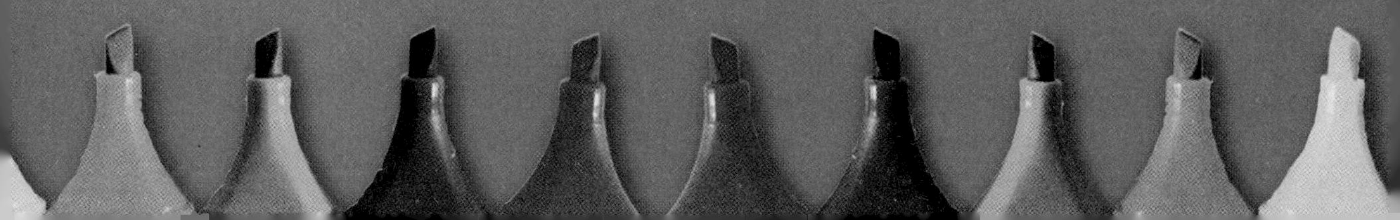

图书在版编目（CIP）数据

幼儿教师职业道德与专业发展 / 王宁宁主编. --北京：中国人民大学出版社，2022.4
实践应用型学前教育专业精品教材
ISBN 978-7-300-30475-5

Ⅰ.①幼… Ⅱ.①王… Ⅲ.①幼教人员－师德－幼儿师范学校－教材②幼教人员－师资培养－幼儿师范学校－教材 Ⅳ.①G615

中国版本图书馆 CIP 数据核字（2022）第 050206 号

实践应用型学前教育专业精品教材
幼儿教师职业道德与专业发展
主编 王宁宁
You'er Jiaoshi Zhiye Daode yu Zhuanye Fazhan

出版发行	中国人民大学出版社		
社　　址	北京中关村大街 31 号	**邮政编码**	100080
电　　话	010－62511242（总编室）		010－62511770（质管部）
	010－82501766（邮购部）		010－62514148（门市部）
	010－62515195（发行公司）		010－62515275（盗版举报）
网　　址	http://www.crup.com.cn		
经　　销	新华书店		
印　　刷	天津中印联印务有限公司		
开　　本	787 mm×1092 mm　1/16	**版　　次**	2022 年 4 月第 1 版
印　　张	10.75	**印　　次**	2023 年 12 月第 2 次印刷
字　　数	246 000	**定　　价**	32.00 元

前言

PREFACE

人生百年，立于幼学。学前教育是终身学习的开端，是国民教育体系的重要组成部分。办好学前教育，关系到每个幼儿的健康成长，关系到千家万户的幸福、社会的和谐稳定以及国家和民族的未来。

“老者安之，朋友信之，少者怀之”，是古圣先贤为我们描绘的理想世界。今天来看，对少者最好的关怀就是给予优质的教育。“蒙学养正”，教育从娃娃抓起的理念早已深入人心。自21世纪以来，我国学前教育事业发展受到党和国家高度重视，学前教育在国家发展中的基础教育地位趋于突出，与此同时，多种形式扩大学前教育资源、解决发展不均衡的问题，多种途径提高学前教育质量、加强幼儿教师队伍建设的呼声越来越强烈。站在新的历史起点，办好新时代学前教育，实现“幼有所育”美好期盼，需要我们教育工作者坚持文化自信，遵循学前教育规律，面向未来，勇于实践，不断推动学前教育高质量发展。

北京开放大学学前教育专业的办学历程，是一个守正出新的探索实践的过程。2007年北京开放大学开始学前教育专业专科办学，2012年教育部批准设置学前教育本科专业，2017年实现了教育学学位授予零的突破，2019年学前教育本科专业获评北京市高校继续教育特色专业，成为学校33个自办专业中第一个市级特色专业。学校主动适应首都社会需求和学前教育事业发展，坚持“学有所教，有教无类”的办学思想，秉承“师德为先，终身学习”的教育理念，为首都培养了一批师德高尚、博识雅行，具备专业必需知识、理论、技能和方法，具有较强的创新精神和综合实践能力，胜任幼教岗位工作的高素质应用型人才。

十多年以来，北京开放大学学前教育专业建设经历了从无到有、试点运行、稳步推进、优化发展四个实践探索阶段，学前教育专业教师团队先后建设了32门学前教育网络课程，其中有19门课程获评校级优质课程，是自主业务率先建设和运行网络课程体系的先行者。“幼儿教师职业道德与专业发展”是学前教育专业首批建设的必修核心课程，2014年投入使用，2020年获评优质课程，截至2021年7月已正式开课13次，累计有1 112名学历教育学生和360多名民办园骨干教师在线学习了此课程。对在读600多名学生和10多名课程辅导教师的学习建议调研中，大家表达了对此课程自建文字教材的迫切需求。因此本教材的撰写目的是满足学习者个性化的学习需求，进一步完善课程教学思想、教学目标、教学内容和教学形式的完整性，更加适于线上线下学习的互融互补，更好地激发学生的学习自主性和独立性，构建基于网络课程学材、视频、案例库等多元化辅导和优质化服务的教学资源体系，努力在具有实践性、学习性和适用性的应用型教材方面做出新的尝试。

2020 年年初我们组建了教材撰写团队，其间全国抗疫取得实效、建党百年华诞，大家不断获得中国力量的鼓舞，怀着敬畏教育责任的初心，牢记育人育才的教育使命，多次开展远程研讨，收集疫情防控期间的鲜活案例，群策群力，终于完成了全书撰写与修改工作。

本教材以党的二十大精神为引领，以习近平新时代中国特色社会主义思想为指导，坚持把课程思政贯穿到课程教学全过程，实现全程育人、全方位育人，坚持把立德树人融入职业道德教育，明晰基本理念，结合案例分析，促进工作实践。教材撰写的思路是师德为先，价值引领，聚焦案例，与时俱进，总结反思，创新实践。

本教材主要包括六章内容，通过树立以人为本的职业观，强化幼师的职业道德和师德修养，关注教师与幼儿的关系、教师与家长的关系、教师与同事和自我的关系的正确处理，通过大量实际案例分析，突出理论结合实践的应用性。

每章包括两部分，第一部分是学习导语内容，包括学习导引、学习目标、思政目标和思维导图。第二部分是学习主体内容，由若干节组成，每节包括四个方面：第一，案例思考，由案例引出值得思考的问题；第二，理论阐释，以基本概念阐明本节的基本理念；第三，实践启示，由案例启示引导见贤思齐和崇德向善；第四，学习建议，由总结反思引领深化学习。

本教材主要具有以下特点：

1. 价值导向性。落实立德树人思想，贯彻《幼儿园教师专业标准（试行）》“幼儿为本、师德为先、能力为重和终身学习”的基本理念，倡导知行合一，提倡在实践工作中不断提高师德修养，注重职业素养与专业发展的结合，旨在培养师德高尚、具有教育情怀和仁爱之心的高素质应用型人才。

2. 主题多维性。围绕师德建设主题，从六个维度切入，即从幼师职业道德修养、师幼关系中的职业道德、师幼交往的伦理解析、师师关系中的职业道德、家园合作中的职业道德、职业认同与专业发展等方面进行多维度的主题精讲，培养学生开阔的视野，引导学生多角度深入思考问题，助力循序渐进提升综合素养。

3. 案例应用性。每节由典型案例呈现，引发对基础问题和基本概念的思考，深入浅出地阐明基本理念，激发学习者的自主学习兴趣。注重案例解析与主题深化学习的结合，有效引导学生独立思考、举一反三，突出学以致用、知行合一的应用效果，提高学生在实际工作中使用适切方法解决问题的能力。

根据撰写顺序，承担本书撰写工作的老师分别为：

第一章　幼师职业道德修养　北京开放大学人文与教育学院教授王宁宁

第二章　师幼关系中的职业道德　北京市东城区光明幼儿园副园长任晓燕

第三章　师幼交往的伦理解析　山东省邹城市兖矿第二小学校长庄建华，山东省邹

城市护驾山小学副校长、省特级教师魏芸，山东省邹城市第一实验小学高级教师蒋帮民

第四章　师师关系中的职业道德　中国教育干部网络学院教师刘淞月，北京市大兴区第十一幼儿园教师何乔漪

第五章　家园合作中的职业道德　国家教育行政学院培训部助理研究员王成龙

第六章　职业认同与专业发展　山东省邹城市第一实验小学教师任广卉、王夫珍，山东省龙口市市直第一幼儿园教师庄冉

本教材由主编王宁宁负责体例设计、组稿统稿并审定。

本教材能够成书和出版，要感谢撰写团队教师们的通力合作和努力付出，感谢北京开放大学党委书记杨公鼎和校长褚宏启等领导的关注与指导，感谢人文与教育学院支部书记王秀凤和副院长王喜雪的支持。同时，对网络课程视频主讲北京市西城区棉花胡同幼儿园李建丽园长、北京市东城区第二幼儿园李岩园长、克丽斯幼儿园总园长李洁博士等行业专家的鼎力帮助，中国人民大学出版社编辑的热情帮助，一并致谢。

最后想说的是，学无止境，师德修养，我们永远在路上。

王宁宁

目录
CONTENTS

第一章

幼师职业道德修养

• 学习导引 •

请你思考并回答如下问题：

1. 你对职业持有什么样的基本态度？你如何理解与认识自己所从事的职业？

2. 你如何看待医生和教师的职业？为什么医生和教师等职业需要持证上岗？

3. 你心目中的好老师是什么样子的？说说你认可的优秀教师典范的实例。

4. 幼儿教师应持有什么样的专业理念？作为一名幼儿教师，应该用什么样的基本态度和言行对待每一位幼儿？幼儿教师应将幼儿的什么放在首位？

5. 一名合格的幼儿教师应具有什么样的师德修养与职业言行？

这些问题你是否都认真思考过？你是否能够清晰地回答这些问题？你是否能够将专业理念和师德修养贯彻落实到自己的职业生涯和教学实践活动中？通过学习“幼儿教师职业道德与专业发展”课程的内容，相信你能够深入思考和回答这些问题，并能够树立正确的职业观、价值观、学习观，找到专业发展的路径，不断提升自我师德修养，获得更高的职业幸福感和成就感。

欢迎参加“幼儿教师职业道德与专业发展”课程的学习。相信各位同学或多或少对于职业生活都有一定的认知和体验。在这里想问一下同学们，你内心里真正心仪的职业是什么？职业对于我们每个人到底意味着什么？一个人所坚持的职业观会对职业发展产生什么影响？古今有哪些典范的案例能够给予我们启示？传统文化中有哪些传承至今仍具有极强应用意义的理念和值得借鉴的方法？相信通过对本课程的学习，同学们会对这一系列的问题逐渐形成清晰的、全面的认知。

本章内容主要涉及职业与职业观、教师职业道德、幼儿教师师德修养等相关内容。

在本章的学习之旅中，大家先在学习目标的指引下认真学习教材《幼儿教师职业道德与专业发展》第一章的内容，然后观看本章教学视频，按要求完成本章的在线学习活动，并完成本章作业。只有按照要求完成上述所有环节的内容，你才算完成了本章的学习任务。

学习目标

学习完本章内容后，你将能够：

1. 说出职业、职业观的基本内涵和主要特点。
2. 解释“以人为本”思想；举例说明“敬业精神”。
3. 叙述教师、职业道德、幼师职业道德的基本内涵。
4. 解释“师德为先”理念；举例说明“乐业精神”。
5. 复述师德修养的基本内涵和主要特点。
6. 应用《幼儿园教师专业标准（试行）》的基本理念和修养方法，不断提高师德修养。

思政目标

1. 树立爱国、敬业、诚信、友善的社会主义核心价值观，承担教书育人使命。
2. 坚持文化自信，坚守教育初心，形成良好的职业道德修养。
3. 加强师德建设，用实际行动践行幼师的社会责任。

思维导图

以下是本章内容的整体框架以及学习这部分内容的思维过程规划。此图可以帮助你从整体上了解本章内容的知识结构和学习路径，包括通过案例分享启发思考职业观的养成、以人为本思想和师德为先理念的阐释、敬业精神和乐业精神的倡导，以及师德修养的落实。请你仔细品读和理解，帮助自己建立对本部分知识的整体印象。

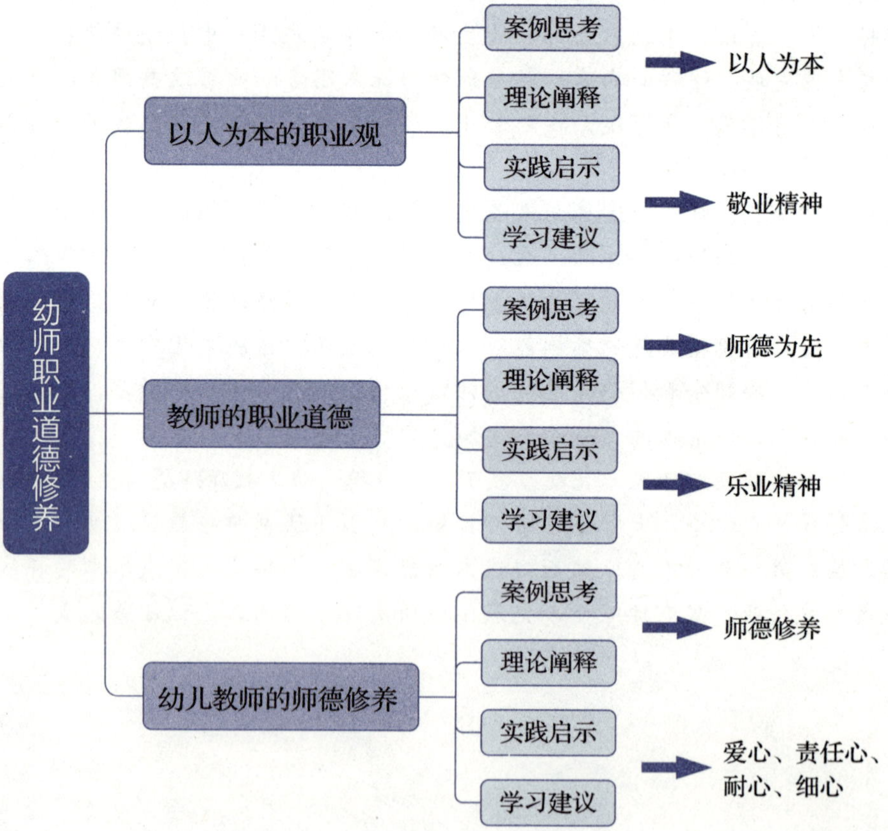

看完上面的思维导图后，你是否已经对本章所要学习的内容以及如何学习这些内容有一个初步的整体印象了呢？接下来，我们在这个整体框架的指引下逐一学习每个知识点的具体内容。我们需要重点学习职业的概念、师德的内涵，以及师德修养的内容，运用师德为先的理念，不断提高自身的师德修养。同时，在学完这些的基础上，要试着将这些理念与自己的职业活动、教育实践对接起来进行思考，这样可以帮助你更好地内化所学知识和理念。

第一节 以人为本的职业观

2020 年我们每个人都度过了一个特殊的春节。一场突如其来的新型冠状病毒肺炎疫情，打破了人们正常的生活秩序。在这场没有硝烟的战争中，医护人员放下小家守护大家，组成“最美逆行者”队伍，义无反顾，上阵拼搏，筑起了一道坚不可摧的生命防线，表现出了无与伦比的英雄气概。也许有人会说：哪有什么“英雄”，不过是一群人的默默付出。是的，在驰援湖北的 4 万多名医护人员中，有 1.2 万名是“90 后”甚至“00 后”的年青一代。他（她）们用实际行动白衣执甲、逆行出征、舍生忘死、甘于奉献，谱写了新时代的英雄赞歌。

习近平总书记曾高度评价、热情赞扬奋战在一线的医务工作者们是最美的天使、真正的英雄、“新时代最可爱的人”。在湖北人民遭受疫情打击的关键时刻，广大医务工作者坚韧不拔、顽强拼搏、无私奉献，弘扬了医者仁心的崇高精神，展现了新时代医务工作者的良好形象，感动了中国，感动了世界。

“沧海横流，方显英雄本色”，“疾风知劲草，烈火见真金”，“大医精诚，大爱无疆”。这些语句用到 2020 年英勇无畏、无私奉献的医务工作者身上是最贴切不过的。2020 年最引人注目的职业无疑是救死扶伤的医生。医生这一职业具有社会责任重、成长周期长、职业风险高等职业特点。在新冠病毒袭来之际，疫情就是命令，白衣就是战袍，医生和护士就是战士。医生和护士在特定的疫情时期，起到了冲锋陷阵的先锋作用，彰显了舍小家保大家的英勇无畏的战士品格。

第一节我们讨论职业和职业观。同学们可以先跳出自己的职业视野，从大家都有深切感受的医生职业开启我们的学习之旅。

让我们先从历史的视角来审视一下医生这一职业，以大家耳熟能详的药王孙思邈的故事为例，希望能够以史为鉴，观古今职业的变迁与发展。

一、案例思考

（一）案例呈现

药王孙思邈的故事

唐代孙思邈出生于一个农民家庭，从小天资聪颖，人称“七岁就学，日诵千余言”。不过隋唐时期的社会风气崇尚读书求官，孙父也不例外，把入仕的愿望寄托在儿子身上。孙思邈自幼体弱多病，为了给他看病，本就贫寒的孙家生活更加窘迫。年少的孙思邈，不为鄙陋风气所染，立志学医行医，救治人民的疾苦。孙思邈在完成私塾课业后，常常会读一些医药书籍，并且常常抄录整册书籍，烂熟于心。除父亲外，家里人并不反对他学医，有时候家里的姐妹生病，都让他诊治，这让孙思邈大受鼓舞，他对医药学的兴趣更加浓厚，医术也大有长进。后来，一件突发的事情，改变了孙思邈父亲对于医生职业的看法。

一天，孙思邈的父亲从地里干活回来突然跌坐在地上，脖子僵硬，脸色青紫，全身盗汗，连话也说不出来，村里的人都没有见过这种病，没人敢治。孙母急哭了，不知道该怎么办，见此情景，孙思邈跑到母亲身边，低声说出父亲得的是什么病，以及医书上所记载的药方，孙母看着儿子坚定的眼神立即去药铺买药，药熬好后给孙父喝下，孙父服药后觉得喉部滋润，发音顺畅，脸色也渐渐正常。从此孙父改变了要求儿子走仕途的想法，同意他去学医。孙父嘱咐儿子，以后若给人看病，要把病人当成自己家人一样对待，孙思邈十分认同。孙思邈对待病人不管贫富老幼都一视同仁，无论风雨寒暑都有求必应，深受老百姓崇敬。

孙思邈曾通过悬丝诊脉帮助皇后解决难题，顺利生下皇子。唐太宗亲自在宫中设宴款待孙思邈，并想让他留在宫中掌管太医院，但他却婉言谢绝了。由于孙思邈医术高超，医德高尚，治病效果突出，名声极大，隋文帝曾召他入朝做国子博士，唐太宗曾召他入朝授给爵位，唐高宗曾召他入朝拜谏议大夫，但是孙思邈始终坚持“人命至重，有贵千金，一方济之，德逾于此”的崇高信念，不齿于行医只为高官厚禄，他视病人为家人，以解除天下人的疾苦为己任，既不追求荣华富贵，也不愿意专职为达官贵族服务，而是毅然决然在民间行医。

孙思邈在晚年，把自己用毕生智慧和心血撰写的两部中医著作冠以“千金”两字，即《备急千金要方》《千金翼方》，这不仅是说书里所记载的药方都是非常宝贵的，更重要的是把病人的生命安危置于千金之上，这是一个医生矢志不渝的高尚信念。这种高尚信念，正是孙思邈人生哲学的核心、职业道德的根本、医学伦理思想的基础。孙思邈学医行医，献身于医学科学事业，其最终目标在于保护人类健康和生命。他的思想和著作对后世影响非常深远，有的医学院校将其作为医生行医的准则，甚至引用作为校训。孙思邈为后世职业道德的建设树立了非常好的榜样。

（二）思考问题

(1) 简要说明孙思邈的父亲为什么会改变对医生职业的看法。你是如何看待医生职业的？

(2) 简要说明自己对于所从事的职业的理解，阐释自己所坚持的职业观。

(3) 结合抗疫中医护人员的故事，试对比思考医生和教师职业的共同点和不同点，并举例说明医生和教师职业的重要性。

(4) 思考一名合格的从业者所应该具有的基本职业态度，试说明获得职业成功应该坚守的基本精神。

二、理论阐释

（一）基本概念

1. 职业

职业是指具备一定专业知识与技能的劳动者参与社会分工，为社会创造物质财富和精神财富，劳动者以此能够获得相应的社会资源和合理报酬、满足精神需求的合乎社会规范的工作活动。

职业具有价值性、实践性、延续性和专业性等基本特点。

2. 职业观

职业观是指人们对于职业认知、职业选择、职业活动、职业评价、职业作用等方面的根本看法，就是人们对职业定位和选择所持有的价值观、基本态度、信念、见解和取向。

人们通过职业劳动维持生活，在职业岗位上施展才能、挖掘潜能和发挥特长，通过职业劳动服务社会、承担义务与责任等，这些方面的认知差异形成了不同的职业观。职业观对每个人的职业选择与职业发展起着举足轻重的作用，对人们的职业生涯会产生重大影响。

（二）基本理念——以人为本

以人为本是从事任何职业都应持有的基本理念、价值取向、思维方式以及行为原则。

以人为本的人文精神是中国文化最根本的精神。以人为本，就是以人为“根本”。以人为本的“人”是相对于“物”而言的，“人”是社会发展的根本和目的。“本”的本义是树的根部，引申义为事物的根源，与“末”相对，指根本和中心、出发点和落脚点。

以人为本，简言之就是尊重人性，以人为核心，就是要尊重人、理解人、关爱人、解放人、提升和发展人、依靠人和为了人；就是对人在社会历史发展中的主体作用与目的地位的认同与肯定；就是把不断满足人的全面需求、促进人的全面发展作为社会发展的根本出发点。

“以人为本”不仅是一种发展理念和思维方式，也是一种行动导向和行为原则。“以人为本”是人类自我境界的最高意识，将人本身作为根本和归宿，代表着人的自我意识的觉醒和自省意识的增强，也是社会历史发展和文明进步必然倡导的社会意识与公共责任。

以人为本思想源远流长，具有强大的生命力。《周易》有言“天地之大德曰生”，是说“天地之间最伟大的道德是爱护生命”。孔子讲“天地之性，人为贵”，即在天地之间人的生命是最宝贵的，人是最有价值的。孔子注重人的现世生活，主张“敬鬼神而远之”“未能事人，焉能事鬼”；憧憬“老者安之，朋友信之，少者怀之”的理想世界，希望老年人能够健康长寿、安享晚年，中年人能够互相信任、实现人生价值，少年儿童能够得到关爱呵护、健康成长，人人都能够安居乐业，各尽其才、各显其能、各得其所，共处一个和谐稳定的大同社会。孟子倡导以民为本，提出得民心者得天下的观点，主张民为贵、君为轻。唐代魏徵提出君为舟民为水，“水可载舟，亦可覆舟”。以人为本思想发展渐趋完善。孔子的人为贵、孟子的民为本、孙思邈的“人命至重”，都是在强调人的地位和价值。中国传统道德一直提倡尊重人的价值，肯定人格尊严。

楼宇烈先生在《中国文化的根本精神》一书中指出：与西方文化相比，以人为本的人文精神是中国文化最根本和最重要的特征①。中国家庭社会秩序的维护都是靠道德的自觉自律，中国传统文化强调人的主体性、独立性、能动性。张岱年先生将以人为本与刚健有为、天人合一、贵和尚中并列为中国传统文化的四大要点。

在现实社会中，以人为本思想有其存在的历史必然性和现实合理性。以人为本思想是把人当作推动历史进步的主导力量，认为人在社会发展中具有主观能动性和主体地位，人的价值无可取代，应尊重人、善待人。在人与自然、人与人、人与社会的关系中，应重视人的价值和作用，避免“见物不见人”，弱化功利性取向。所以，以人为本强调将人看作目的而不是手段，将人的发展作为经济和社会发展的终极目标。

随着现代化进程的不断推进，物质积累得以大幅度增加，在向人们提供日益丰富多样的生活资料和生产资料的过程中，要注重各方面的均衡，尤其是对弱势群体我们要投入更大的关注。人不只需要物质食粮，还需要精神营养。人的全面发展和自我实现需要精神的熏陶，人的价值感的获得也需要精神上的支撑。

如前所述，孙思邈作为医生，其以人为本的理念首先体现在有仁者爱人之心，能够体会患者的痛苦，对患者无嫌弃、轻视、冷漠之心，而是充满关爱、同情、怜悯，做到“普同一等”和“若己有之”；其次体现在他始终坚持的“人命至重，有贵千金，一方济之，德逾于此”的崇高信念，以及不贪图富贵，不因病人的贫富、尊卑等差别而持不同的态度，为医学事业奉献一生，在全力治人疾苦和保护人民的健康与生命上始终做到言行如一。

在疫情防控中，中国政府始终坚持以人为本思想，体现在始终把人民的生命安全和身体健康放在首位，做到应检尽检、应收尽收、应治尽治，这是彻底战胜疫情的基本理念和关键举措。“爱人利物之谓仁”，疫情无情人有情。人的生命是最宝贵的，生命只有一次，失去不会再来。生命至上，集中体现了中华文化深厚的仁爱传统和以人民为中心的价值追求。

在深化与拓展师德建设方面，我们需要更加重视教育工作的本质是培育人才，育人

---

① 楼宇烈．中国文化的根本精神．北京：中华书局，2016.

是学校各项任务的核心，也是教师最重要的职责。因此在顺应和符合新时代的教育要求的前提下，首先要做到以学生为本，要为学生提供优质的教育服务；其次是以教师为本，教师应当更加重视师德建设，做到自爱、自尊、自重、自律。

在 21 世纪的今天，教育事业一如既往地需要坚守“以人为本”的文化精神，在“优先发展教育事业”的背景下，将“以人为本”作为培养人才、促进社会发展的出发点和落脚点。

三、实践启示

（一）案例启示

孙思邈是医者楷模。在民间关于孙思邈的许多故事早已深入人心，比如冬至吃饺子、虎口拔骨、龙宫仙方、一针两命、悬丝诊脉等。孙思邈经常帮助百姓，免费为穷苦人治病，并传授养生保健、预防疾病的方法。孙思邈在老百姓的心中威望甚高，他被尊称为尝遍草药、济世救民的“药王”。孙思邈“大医精诚”的思想绵延千年，在 21 世纪科技飞速发展的今天，仍焕发出崇高的魅力，彰显着中国传统文化的深刻内涵和优秀品格。

为抗击疫情做出巨大贡献的钟南山教授与孙思邈在许多地方有相通之处。钟南山是一位德高望重的医学泰斗，有着院士的精湛医术，有着战士的勇猛无畏，更有国士的责任与担当。被称为“医学界良心”和国之栋梁的他在抗击“非典”和新冠肺炎疫情期间不知疲倦地奋战在一线。他的一言一行、一举一动，都给人们以坚定必胜的信念。“我不过就是一个看病的大夫”是他谦逊低调的为人，“把最重的病人送到我这里来”是他自信坚毅的担当，“武汉是英雄的城市”是他满含深情的鼓舞，“大家全国帮忙，武汉是能够过关的”是他呼吁全国人民团结起来战胜疫情的强者力量。钟南山、张伯礼、张定宇、陈薇等是广大医务人员的优秀代表，他们用血肉之躯筑起阻击病毒的钢铁长城，诠释了对人民的赤诚和对生命的敬佑，令人肃然起敬。

孙思邈认为作为医生不仅要有精湛的医术水平、高尚的医德节操，还要有不惧困难、不逐名利、终生学习的优良品质。

钟南山教授认为，医生只有精湛的医疗技术是不够的，还要有治病救人的美好愿望和高尚的道德品质，只有这样才能担负起救死扶伤的神圣使命。

世上没有从天而降的超能力英雄，只有挺身而出的普通平凡人。孙思邈、钟南山以及抗击疫情中广大医护人员的诸多感人事迹，无不彰显了优秀职业精神的传承与弘扬，其中蕴含的以人为本的人文精神、崇高的职业道德等诸多要素，都是职业观教育中可示范的优秀楷模和学习榜样。

（二）见贤思齐

杰出的医学家孙思邈的医学成就和医德思想对后世的影响非常深远，他的智慧结晶《大医精诚》距今已 1 300 多年，因其内容广博，思想精髓深刻，被后世尊为经典，历代研习。其首要强调的“用心精微”在当代职业道德教育中依然有指导意义。《大医精诚》

的核心价值可凝练为“仁、慎、精、诚”四个字。其中，“仁”是职业人员的出发点，是内心的信仰；“慎”是钻研科学的态度；“精”是技能的根本要求；“诚”是从业人员的行为规范和伦理道德。

“仁、慎、精、诚”的核心价值与社会主义核心价值观“爱国、敬业、诚信、友善”在内容和本质上有着一定程度的契合，对于培养爱国情怀、敬业精神、诚信品格、友善品质有着宝贵的时代价值。

四、学习建议

（一）总结反思

我们从 2020 年辛勤的医务工作者谈起，以唐代最著名的医学家孙思邈的故事为案例，以史为鉴，观古今职业变迁，提出医生和教师两种职业的相同点和不同点的问题，引发关于职业的基本特点的思考。

习近平总书记在同北京师范大学师生代表座谈时的讲话中指出：教师是人类历史上最古老的职业之一，也是最伟大、最神圣的职业之一。在中华民族 5 000 多年文明发展史上，英雄辈出，大师荟萃，都与一代又一代教师的辛勤耕耘是分不开的。教师重要，就在于教师的工作是塑造灵魂、塑造生命、塑造人的工作。

如果说医者仁心，可以救治一个人的身体，那么教师仁心，可以影响一群人的精神。医生是人类身体的修理工、生命的拯救者，以救死扶伤为己任；教师是人类灵魂的工程师，以教书育人为己任。医生和教师在人们的日常生活中充当着重要的角色，都是受人尊敬、责任重大的职业。医生从肉体上挽救人，教师从灵魂上塑造人，每个人从摇篮到坟墓，都会得到他们的呵护、关爱、指导和影响。我国设立 8 月 19 日医师节、9 月 10 日教师节，对加强医生和教师职业规范和行业自律，具有积极意义。医师资格考试是世界各国普遍采用的行业准入形式。国务院 2003 年颁布《乡村医生从业管理条例》，规定乡村医生需持证上岗，职业证书五年有效。我国自 1995 年实施《教师资格条例》，一直对教师行业实行持证上岗的制度，至今没有停止过。持证上岗是医生和教师职业的准入机制和从事职业活动必须具备的基础条件，是从业质量的入门保障。每个从业者都需要知道自己应该做什么、应该怎么做、有没有资格做、有没有能力做，只有了解自己所从事职业的要求和职责才能做好本职工作。

本节我们围绕以人为本的职业观，提出以人为本是所有职业工作者应持有的基本理念、价值取向、思维方式以及行为原则。通过阐释职业和职业观的基本概念，指出职业观在不同时代具有不同的价值取向，职业观具有历史演变和发展性。在现实生活中，职业观直接影响人们在职业选择方面的态度和行为。职业观与时代发展密切相关，是一种具有价值取向的社会意识。随着社会的进步与发展，职业平等已成为社会的主流意识。

我们梳理了以人为本的人文精神在中国文化中的发展。以人为本思想在我国源远流长，至今仍具有强大的生命力。从《周易》“天地之大德曰生”，到儒家的人为贵、民为本，再到孙思邈的“人命至重”，中国传统道德一直提倡尊重人的价值，肯定人格的尊严。在现实社会中，以人为本思想强调重视人的需要，以实现人的全面发展为目标。

（二）深化学习

1. “敬业”职业观的前世今生

劳动创造人，也创造了职业。古语有云“三百六十行，行行出状元”，所谓“三百六十行”，是人们对各种各样社会职业的形象概括。然而社会发展到今天，各行各业开枝散叶，早已不是三百六十行能够统括的了。根据《中华人民共和国职业分类大典》，我国职业可分为 8 个大类，共 1 481 个职业。

职业观不是一成不变的，在不同的时代会有不同的价值取向，职业观也有继承性与发展性。如前所举案例，孙思邈所处隋末唐初时代，封建士大夫多热衷功名利禄，不重视医术，其父亦不能免俗，曾希望儿子走仕途之路，表现出在职业选择方面受“官”本位思想的影响和民对官的景仰倾向。元朝之时，曾将尊师重教弃之一边，将人分成十个等级——一官、二吏、三僧、四道、五医、六工、七匠、八娼、九儒、十丐，由此可见在当时医生是第五等人，而知识分子和教师则处于“老九”的社会地位。

因此，职业观是一种社会意识，与时代发展和社会环境是相互作用和相互影响的。随着社会的发展，职业选择越来越呈现出多元化的态势，职业平等已成为社会的主流意识。

现代人要有现代人的职业观，如果说弱势职业者首要追求的是生存，那么强势职业者则更注重事业的发展。一个人无论强弱，也无论从事什么职业，都需要接受职业道德教育，这是职业观教育的核心。2001 年发布的《公民道德建设实施纲要》指出，“要大力倡导以爱岗敬业、诚实守信、办事公道、服务群众、奉献社会为主要内容的职业道德”。2019 年国务院颁布了《新时代公民道德建设实施纲要》，在总体要求中明确提出“在全社会大力弘扬社会主义核心价值观，积极倡导富强民主文明和谐、自由平等公正法治、爱国敬业诚信友善，全面推进社会公德、职业道德、家庭美德、个人品德建设”，这是从业人员应遵循的基本职业道德规范，对实际职业工作具有很强的指导作用。

现代的职业观首先倡导的是敬业精神。传统文化中的“敬事而信”，是一种恭敬谨慎的做事态度，也是一种诚信有为的行为规范。现代的敬业精神，倡导的是忠于职守、无私奉献的自觉精神。

“敬业”的“敬”，源于古代人们恭敬的祭祀活动，本义是对人尊重、有礼貌，主要是指严肃认真、谨慎小心、勤勉努力做事的态度，是一种为人处世的积极精神。在春秋时期，“敬”主要是指人与人交往中互相尊敬的行为规范。在《论语》中有“居处恭，执事敬”“敬事而信，节用而爱人，使民以时”等。“敬”成为儒家的道德准则，即对人恭敬有礼，对事谨慎而为。

《礼记·学记》中提出“敬业乐群”的思想。唐代孔颖达在此基础上解释说：“敬业，谓艺业长者，敬而亲之；乐群，谓群居，朋友善者，原而乐之。”朱熹说：“敬者何？不怠慢不放荡之谓也。”“敬业者，专心致志以事其业也；乐群者，乐于取益以辅其仁也。”梁启超也说：“一个人对于自己职业不敬，从学理方面说，便是亵渎职业之圣神；从事实方面说，一定把事情做糟了，结果自己害自己。”可见我国从古至今都崇尚敬业精神，敬业乐群是社会职业者的重要品质。

传统的“仁、慎、精、诚”的价值理念在提倡“爱国、敬业、诚信、友善”的社会主义核心价值观的今天仍具有很好的现实教育意义。联系孙思邈的案例、钟南山的事迹，我们看到的是优秀的职业精神在新时代的传承与发展，这也正是职业观教育中可示范的先进典范。

“爱岗敬业”是现代职业观的价值取向、基本准则，也是职业道德规范的首要规范。爱岗是指热爱自己的工作岗位，能够在自己的本职工作中尽心尽力。敬业是指以恭敬严肃的态度对待自己从事的职业，在工作中勤勤恳恳、兢兢业业、忠于职守、尽职尽责。

现代职业观中的敬业精神，传承了儒家的忠诚勤勉、自强不息、重义轻利、尽职尽责精神，同时摒弃了其君臣等级观念及缺乏开拓竞争意识等局限；吸收了以往社会形态敬业精神的先进思想和合理因素，充分体现了以人为本思想既符合社会发展又尊重个人劳动的特质。

敬业精神，是人们通过个人的职业实践活动来确证自身本质的一种自觉的文化价值追求，是现代职业观中最根本的文化理念。敬业精神作为一种职业道德，是在职业观不断发展的过程中形成的。一般而言，有什么样的职业观就会有什么样的职业态度和职业行为。一个没有敬业精神的人，即使具有一定的工作能力也不会被领导重视、被同事尊重。

社会主义的敬业精神，具有为人民服务、忠于职守、克己奉公、无私奉献等特征。新时代倡导的敬业精神不仅是现代文明的重要标志，也是职业道德的集中体现，而且是职业实践活动中凝聚人心、鼓舞士气和推动经济发展的宝贵力量，是社会进步的内在动力。

2. 敬业是职业成功的捷径

我们倡导现代职业精神即敬业精神，建议深入学习梁启超的《敬业与乐业》。此文提出“敬业乐业是人类生活的不二法门”，探讨“有业”“敬业”“乐业”的重要性。“第一要敬业。敬字为古圣贤教人做人最简易、直捷的法门。”“用现代的话讲，凡做一件事，便忠于一件事，将全副精力集中到这事上头，一点不旁骛，便是敬。”敬业就是专心致志、心无旁骛。每一个职业都是神圣的，“我们对于各种职业，没有什么分别拣择”。“人生在世，是要天天劳作的。劳作便是功德，不劳作便是罪恶。”只要“做一种劳作做到圆满，便是天地间第一等人”。“怎样才能把一种劳作做到圆满呢?”“唯一的秘诀就是忠实”“是敬”。“敬业主义，于人生最为必要，又于人生最为有利。”敬业精神是因热爱某一职业而产生的高度责任感和全身心投入的状态，是社会对人们工作态度的一种道德要求，其核心内容是无私奉献精神。

作为教育工作者，首先要具有敬业精神，努力将敬业精神转化为实现个人价值与社会价值相统一的内在动力，外化为言行一致的责任意识和忠于职守的行为，教师们协作形成合力，既可以促进自身的发展，又能够推动社会的前进，真正肩负起教书育人的重任，为祖国培养出更多优秀的学习者和敬业者。

第二节　教师的职业道德

立德树人是中华优秀文化的根基，是新时代教育的根本任务，是国家与民族发展的重大方略，也是教师的天职与使命。“让有信仰的人讲信仰”是落实立德树人根本任务的关键环节。教师要承担立德树人的根本任务，前提是做有高尚道德情操的人，即必须先立起教师的“德”，树起教师的“人”。

孔子是中国古代最伟大的教育家和思想家，世界最著名的文化名人之一。孔子的教育思想已然穿越时空，跨越国界，在世界范围内广泛传播。孔子育人的原则是德才兼备，在德、能、勤、绩、廉中，德始终排在第一位。2 500 年前的孔子倡导读书人要做君子儒，不做小人儒，教师首先要注重教导学生做有道德的人。当下教师职业道德规范提出“坚持育人为本，立德树人”与此一脉相承。教师应把职业道德作为最基本的职业准则，把立德树人作为工作的第一要务。

一、案例思考

（一）案例呈现

教育家孔子的故事

孔子（公元前 551—公元前 479 年），春秋时期鲁国人，曾任鲁国司寇，后带领部分弟子周游列国十三年，晚年返回鲁国。孔子一生将主要精力投入教育事业中，培养弟子三千多人，最著名的有七十二贤人，其中有很多治国栋梁。

孔子一生勤以治学，喜欢钻研学问，整理古籍，编著了不少典籍，曾修《诗》《书》，定《礼》《乐》，序《周易》，作《春秋》。孔子打破了贵族对教育的垄断，倡导“有教无类”思想，主张教育面前人人平等，开创了民间办学的先河，弘扬了崇尚学习的良好社会风气，成为厚积薄发的儒家学派创始人。

孔子主张仁和礼，强调学校教育必须将道德教育放在首要地位。在教育方面，孔子主张“学而知之”“因材施教”“学而不厌，诲人不倦”的师者精神。在品德修养方面，孔子主张“宽、耻、信、敏、惠、温、良、恭、俭、让”等高风亮节。

孔子一生勤奋学习，晚年的时候特别喜欢《易经》。孔子所处的年代没有纸张，像《易经》这样厚重的书，是用许许多多的竹简制成书页，通过熟牛皮绳编连成书的。因为孔子无数次地展开竹简书籍翻阅，结实的牛皮绳竟然被磨断了很多次，这就是成语“韦编三绝”的来历。人们常常以这个成语比喻勤奋读书，刻苦治学。

《易经》是一本很难读懂的书，一般人学起来非常吃力。孔子花了很大的精力，终于把《易经》读通，了解了其主要内容。接着，孔子读了第二遍，进一步掌握了这本书的要点。之后，孔子又读了第三遍，对书中的精神、实质有了深入的领会。后来，为深入研究这部书和给弟子做出辅导与讲解，孔子废寝忘食、不遗余力地反复研读。孔子花费了相当多的时间和精力，做了大量的阅读笔记和研究批注，逐渐形成了自己的独立思考和深刻认识，并结合自己的实践经验内化成自己的学说，通俗易懂地给弟子们讲解。即便学深悟透至此，孔子仍然说："假如让我多活几年，我就可以完全掌握《周易》的文与质了。"

孔子是我国古代著名的思想家、政治家，更是著名的教育家，其思想对中国和世界都有深远的影响。孔子是活到老学到老，坚持终身学习的典范，他在世时已被誉为"天纵之圣""天之木铎""千古圣人"，并且被后世尊称为至圣、万世师表，还被列为"世界十大文化名人"之首，著名的"孔子学院"开到了世界各地。

孔子说："吾十有五而志于学，三十而立，四十而不惑，五十而知天命，六十而耳顺，七十而从心所欲，不逾矩。"这也是对其一生各阶段的概括总结。孔子建构了完整的"德道"思想体系，创立了以仁为核心的儒家学说，他自己正是一位富有仁爱之心的待人真诚宽厚的师者楷模。

（二）思考问题

（1）结合孔子的故事简要说明孔子作为一名优秀教师所具有的基本品质。
（2）从教师职业的角度思考教师和师德的基本内涵。
（3）结合孔子的相关故事思考教师职业所应坚持的基本理念和职业操守。

二、理论阐释

（一）基本概念

1. 教师

教师是指以教育为生的教育工作者。我国 1993 年颁布的《教师法》首次从法律高度规定"教师是履行教育教学职责的专业人员"。

2. 幼儿园教师

幼儿园教师是指受社会和家长委托，在幼儿园或其他幼教机构中对幼儿从事保育和教育工作的相关人员，是经过严格的培养与培训，具有良好的职业道德，掌握系统的专业知识和专业技能，能够履行学前教育工作职责的专业人员。

3. 职业道德

职业道德是指从业者在职业活动中应该遵循的行为准则和言行规范。

4. 教师职业道德

教师职业道德简称"师德"，是指教师在从事教育劳动过程中形成的行为规范和所应具备的道德品质。

5. 幼儿教师的职业道德

幼儿教师的职业道德是指幼儿教师在从事幼教工作过程中形成的比较稳定的道德观

念和行为规范以及与之相适应的理念、情操和品质。

（二）基本理念——师德为先

2006年中国科普研究所发布的调查结果显示，科学技术职业在公众心目中的声望日渐提高，而教师、科学家和医生是声望最高的三种职业。十多年之后的今天，我们检索声望最高的职业，排名前十甚至排名前五当中一定仍有教师职业，这在很大程度上反映出人们重视教育的心声和对教师职业的尊重。

教师，是人类社会最古老的职业之一，是人类文化科学知识的传承者，是学生德行智力的培育者和人格的塑造者。因此，教师也被尊称为“人类灵魂的工程师”。

百年大计，教育为本；教育大计，教师为本；教师大计，师德为本。换言之，振兴民族的希望在教育，振兴教育的关键在教师，教师发展以师德为要。明德、修身、力行，是教师的必修课。教师首先要让自己成为一个德行的“种子”，才能立德树人，才能在教育实践中开出灿烂的花，在职业生涯中结出丰硕的果。

“德”字由双人旁、“十”、“目”、“一”、“心”组成，其字面意思是人要走正途，目视前方、目不斜视，心胸开阔、志向远大，人的行为、外在态度与实际内心要相互统一。《说文解字》解释道：“德，升也。”“德”可解释为人的道德、“心性”往上升华之意。德的深层内涵是品德，即良好的品德。老子说“万物莫不尊道而贵德”，在他看来，万物非道不能生，非德不能成，天地万物之所以能生存发展，皆是源于道德的养育。

俗话说一个人缺什么也不能缺德。人要是缺德，做事就会没有底线，做人就会没有准则，人的品格和尊严，也会荡然无存。一个人的吉凶祸福与其德行是紧密相连的，积善为德、有德为福，无德为祸、积恶为害，所谓多行不义必自毙。德是人们共同生活及集体行为的准则和规范。

孔子说：“德之不修，学之不讲，闻义不能徙，不善不能改，是吾忧也。”孔子四大忧虑中的第一忧虑是人们不去培养品德。从古至今，加强道德修养都是教师的第一要务。教师的教育行为无外乎言与行，凡是有益于学生身心发展的言行，就是合乎德的言行。反之，无益于教育事业和学生发展的言行则是不道德的言行。教师修德，首先是提高自己的道德水平，完善自己的人格，进而投身教育事业，教书育人，造福社会。教师如果不注重修德，不仅会言行失当，而且会害人害己，甚至会对社会造成不良影响。

诸葛亮《诫子书》有言：“夫君子之行，静以修身，俭以养德。非淡泊无以明志，非宁静无以致远。”选择了教师职业，就是选择了一个甘于平凡、默默无私奉献的职业，也是选择了一个需要不断以高尚的君子的行为操守约束自己的职业。教师需要不断自我诫勉，坚守立德树人的信念，以宁静之心来提高自身的修养，以节俭之志来培养自己的品德。人们常常把教师比喻为“红烛”“春蚕”“铺路石”“摆渡船”，这就是在称赞教师职业的默默付出、无私奉献和宁静致远的品德。

人们普遍关注“医德”和“师德”，是因为人们对医生和教师这两个职业的道德和责任要求水准比较高，其所从事的工作关乎人类的健康和心灵成长，是更需要爱和情怀的职业。师德和医德一样，是从业者应具备的第一品质。良好的师德是做好教学工作的必要条件。

习近平总书记提出："加强师德师风建设，培养高素质教师队伍，倡导全社会尊师重教。"良好的师德是教育的灵魂，作为教师，首先要做到以德立身、以德立学、以德施教，坚持把立德树人作为中心环节，把"师德为先"教育理念贯穿于教育教学的全过程。

三、实践启示

（一）案例启示

孔子是师者典范，其师德实践经验具有极强的示范作用。孔子主张仁和礼。仁，就是与人为善，严以律己、宽以待人，人与人应平等和谐相处。礼，就是人的言行举止要符合社会规范。"仁"是人的内在本质，也是修养的核心道德范畴，"礼"是"仁"的外化表现。孔子修己爱人、博爱亲生、乐教育人、勤学谨学，在为人、为学、为师等方面为后世树立了优秀教师的光辉形象。当代教师仍需传承孔子的优秀师德精神，注重个人道德修炼，奠定良好师德基石；关爱学生，铸造良好师德品质。我们要重点学习孔子的为师之道、为教之道。

1. 为师之道，关键在一个"学"字

（1）后天发奋的学习力。

孔子曾言："十室之邑，必有忠信如丘者焉，不如丘之好学也。"他自信地说：只要有十户人家的地方，就一定有像我一样忠诚讲信用的人，但是不一定有如我一样喜欢学习的人。

孔子说：我不是生来就懂得很多知识的人，而是爱好古代文化并且后天不懈努力、勤奋敏捷地探求真知的人。

孔子之所以成为万世师表，没有什么特别的捷径，都是源于其后天发奋的学习力。作为教师，内在的学习力是成就职业生涯的必由之路。我们每个人都非"生而知之"者，而是"学而知之"者。作为新时代的教师，如果没有学习的意识和学习的动力，就会逐渐被时代所淘汰。学习力是好学的态度，是不断进步的阶梯。

（2）学而不厌的乐学精神。

《论语》开篇第一句："子曰：'学而时习之，不亦说乎？'"时时学习，并且能够经常付诸实践，是令人非常愉快的事情。孔子还说："知之者不如好之者，好之者不如乐之者。""乐之"是学习三重境界中的最高境界。人们通过后天发奋努力学习的"知之""好之"这两个过程，才能达到"乐之"的境界。

"默默地把知识牢记在心，勤奋地学习不知厌烦，教诲别人不知疲倦，对于师者来说，还有什么比这更快乐的吗？"[①] 学而不厌、温故知新，"发愤忘食，乐以忘忧"，都是乐学精神的体现。

教师的乐学精神无疑会带动、感染和影响学生的乐学行为。乐学与苦学是两种不同的境界。乐学的实质是乐和学的和谐统一，学习的本质在于追求快乐，快乐的源泉正是

---

① 雷原，王宁宁. 国学经典选读. 北京：中央广播电视大学出版社，2010.

学习。以乐学改变教师的“苦学”观念，体验学习本身就是快乐的过程，通过改善学习状态和学习效果，使学习成为人生的信念和生命的享受，进而提高职业生活的幸福感，提升自我的人格修养。

（3）韦编三绝的终身学习品格。

孔子“发愤忘食，乐以忘忧，不知老之将至”，是活到老学到老的楷模。孔子“韦编三绝”的勤奋和执着为现代教师们树立了终身学习的典范。“有仁德而不学习，也会变得愚蠢。”① 教师终身学习的过程，就是不断地提升自我和完善人格的过程，只有通过不断学习，才能扬“六言”，弃“六蔽”。只有去除“愚、荡、贼、绞、乱、狂”等“六蔽”，才能成为一个品学兼优、理性通达的教师，进而成为具有“仁、知（智）、信、直、勇、刚”六种品德的优秀教师。

2. 为教之道，贯穿一个“仁”字

（1）热爱学生、有教无类。

以仁德之心去关注学生、尊重学生、热爱学生是教师最基本的道德修养。爱因斯坦说：“只有爱才是最好的教师，它远远超过责任感。”真心热爱孩子就要求我们把爱付诸教育各环节，无微不至地关心孩子。“有教无类”说的是教育的公平与普惠，教师对待学生要一视同仁。教育面前人人平等，教师不能因为贫富、贵贱、智愚等原因对学生采取不同的教育态度。教师对学生要友善、和气、亲切，处理问题的方式要平等、民主，不能粗暴、压制、体罚或变相体罚学生。

（2）严以律己、言传身教。

孔子曰：“其身正，不令而行；其身不正，虽令不从。”教师要严以律己，处处以自己的模范行为为学生树立榜样，做出表率。教师既要传授科学文化知识，又要采取润物细无声的方式陶冶学生的情操。教师应通过自己的行为和情操给学生树立榜样，为学生的健康成长创造良好的学习环境。“言传身教”即以自己的言行带动、感动和启发学生。在教育教学过程中，幼儿园老师的一言一行，都对幼儿的成长发挥着潜移默化的影响和作用。身教效果胜过批评、责骂与训斥，能达到无声胜有声的教育境界，特别是在培养幼儿非智力因素方面具有深远的影响。

（3）因材施教、诲人不倦。

“因材施教”就是倡导个性化教育。孔子说，子路遇事轻率鲁莽，所以要抑制他一下，使他谨慎些；而冉求遇事畏缩不前，所以要鼓励他大胆去做。学生禀赋、学识水平、智商高低有所不同，教师应进行不同的有针对性的教学。“中人以上，可以语上也；中人以下，不可以语上也。”教学要讲究由浅入深，量体裁衣、因人而异。因材施教不仅是传统的教育之道，也是现代教育者所应坚持的教育策略。在教学中，要多方面引导、激发学生学习的积极性，培养他们好学、乐学的思想境界，使学生主动地获取更多的知识和技能，促进思维能力的发展。我们要不断完善、深化、升华孔子因材施教的教育思想，同时坚持“诲人不倦”，不忘“教书育人”初心，担负起教师的使命与责任。

---

① 从春侠，庄建华，王成龙，王宁宁．立德树人：师德涵养之道．北京：中国人民大学出版社，2020.

（二）见贤思齐

首先，我们应见贤思齐，向古今优秀的教师榜样学习，向“万世之师”孔子学习其为师之道和为教之道；向近代教育楷模陶行知学习，学习其“生活即教育”“社会即学校”“教学做合一”的教育理念和教学实践；向著名儿童教育家陈鹤琴学习，学习其“活教育”理论、重视科学实验以及遵循儿童身心发展规律而开展的教育实践。

其次，我们应落实到行动方面，教师职业道德的建构关注的是“我应该如何行动”，强调教师的行为应该被职责和义务所引导和规范。教师道德实践本质上是一种受到社会责任和教师义务约束的符合规则的言行。作为教师，要遵守师德规范，比如《新时代幼儿园教师职业行为十项准则》《幼儿园教师专业标准（试行）》等。当前我国教师的职业道德建设重视师德的崇高性，要求教师严守底线，教师师德规范应是基本的师德原则和言行准则。

四、学习建议

（一）总结反思

本节我们以教育家孔子的故事为案例，意在传承先师的师德精神，思考古今师德思想的发展，从教师职业的角度思考教师和师德的基本内涵，理解教师职业师德为先的基本理念，体悟孔子作为杰出教师的典范意义，做到见贤思齐，向古今优秀的教师榜样学习，在行动方面遵守各项职业道德规范。

2 500 多年以来，孔子一直都是教师的楷模，教师这一职业也越来越受到人们的重视。孔子有教无类的理念早已深入人心，每个孩子都有公平地享受优质教育的权利，而幼师则是给予每个幼儿良好教育的保障。幼教职业的良好发展是学前教育质量保证的关键。幼儿教师肩负着育人的重要使命与责任，需学习孔子学而不厌、终身学习的精神，学习其因材施教、诲人不倦的教育品格。

幼儿教师作为“人生百年，立于幼学”的践行者，是人们人生中最重要的启蒙阶段的引领者，在社会中所承担的角色和职能具有其特殊性、引领性、示范性，因此，社会、家庭对从事幼教职业的老师具有远远超出对一般从业者的道德要求。

（二）深化学习

作为教育工作者，我们应该如梁启超先生所说，第一要敬业，第二要乐业。孔子说：“知之者不如好之者，好之者不如乐之者。”“乐之者”即为“乐学者”“乐业者”“乐道者”。教师能够从自己的工作中感受到快乐、领略出趣味，使生活更有品位、职业更有价值，才能成为真正的“乐业者”。

我们所说的“乐业”的“乐”不是一时一事的“乐”，不是外在的喜悦和表面的快乐，而是“本心之乐”，即发自内心的快乐，当然也不是完全舍弃世俗生活的不食人间烟火的“乐”，而是即使身处急功近利的环境中也能够不随波逐流，始终保持内心品格追求的更高层面的精神快乐。外在物质或感官感受带来的快乐往往是表面的、肤浅的、短暂的和有限的，而发自内心的精神愉悦则是内在的、深刻的、长远的和持久的，这才是教师真正追求的乐业精神。

孔子“饭疏食饮水，曲肱而枕之，乐亦在其中”的亲身实践表明，真正的乐业是不以外在物质带来的愉悦为乐，即使粗茶淡饭、身处平凡或艰苦的环境也可以获得职业的满足和精神的快乐。我们选择了教师职业，就不应以功名利禄、荣华富贵等“外乐”为乐，而要甘于平凡的生活，以追求教书育人的崇高境界和超凡脱俗的愉悦品质的“内乐”为乐。乐业精神的实质是“乐”与“业”的和谐统一。“乐业者”通常也是“乐学者”和“乐道者”，乐学和乐业是通往乐道的必由之路。

教师应在教学活动中首先重视道德教育，以教书育人为乐，树立远大理想，追求更高品质的精神生活。教师可在自我完善、自我超越的基础上，将自己的全部才华和情操融进教育事业，在职业活动的全过程中传承好、贯彻好学而不厌、诲人不倦、育人为乐的教育观念。

教师只有从内心深处对自己所从事的职业产生真正的兴趣和热爱之情，才能在工作中无所畏惧，才能更好地发挥“乐学者”的优势，勤奋掌握专业知识，努力克服各种困难，积极开展教学实践，成为在平凡的工作中取得不平凡成绩的“乐业者”，成为勇于乘风破浪、敢于披荆斩棘的“乐道者”。

第三节　幼儿教师的师德修养

习近平总书记指出：“师德是深厚的知识修养和文化品位的体现。师德需要教育培养，更需要老师自我修养。”教师的道德情操是在长期的学习与不懈的实践与修炼中形成的。

孔子一生“学而不厌，诲人不倦”，是古往今来一直被推崇的教师自我修养和终身学习的楷模，在当下仍具有新的时代价值和现实意义。当代人民教育家于漪老师长期躬耕于语文教学事业，坚持教文育人，主张教育思想和教学实践同步创新，她积累 68 年教学实践，总结出一句话，即“一辈子当老师，一辈子学当老师”。像于漪老师这样为了心爱的教育事业付出青春和生命的老师在幼教界也不乏其人。

一、案例思考

（一）案例呈现

围绕“爱”的理念开展教育实践的幼教人

李建丽是“文化大革命”后北京幼师专业第一届毕业生，1981 年品学兼优的她服从分配来到后海幼儿园做教师，一干就是十年，把自己最美好的青春年华无私奉献给了一线幼教事业，也为自己的职业发展打下了坚实的基础。之后十年李建丽历任西城区教研中心教研员、西四北七条幼儿园副园长、西四北幼儿园园长和书记。

2002年李建丽成为北京首批"办园体制改革试点园"和北京"贯彻纲要示范园"西城区棉花胡同幼儿园的园长和书记。正值国家幼教事业迎来大发展的春天，李建丽也进入了自己职业生涯的第三个十年。"如何将这所北京市的名园办好？如何延续棉幼爱的教育传统，使之更有特色？"她说，"爱"是幼儿教育事业的灵魂，把教师之爱与培养儿童的优良品性结合在一起，更能体现育人的价值和意义。李建丽既是一名注重师德修养的优秀教师，也是一名治园有方的勤勉园长。

"我们的爱要无隐藏地奉献给幼儿和家长。"致力于精细服务，李建丽率先开设了北京市为数不多的"宝宝在线视频点播系统"，家长可以在任何有网络的地方，随时上网了解孩子在幼儿园的学习、生活、游戏等情况，给家长教育的知情权，搭建畅通的家园共育渠道。最初，有些教师对这种做法不理解，认为这是对自己无时不在的监管。李园长通过与教师们坦诚交流，引导她们辩证而全面地思考问题，以积极的心态来看待此事，激发教师对于事业的使命感和价值感。教师们最终将"宝宝在线视频点播系统"视为棉幼优质教育质量的展示平台、家园共育的桥梁，得到了家长的普遍认可。李园长以此为契机，在"幼儿电子档案制作""交互式白板使用"等方面进行了深入研究和探索。棉花胡同幼儿园被市教委评为"北京市教育信息化工作先进单位"，成为北京市幼教信息化教育示范基地，取得了良好的社会效益，也获得了业界的广泛认同。

师德为先，李园长注重培育教师心中爱的种子。她引导教师从观察幼儿入手，捕捉幼儿的每一个动作、表情及行为，用专业的视角审视、判断幼儿行为背后的原因，选择适宜的教育策略与方法，促进幼儿发展。例如，在一次美工活动中，一名托班的年轻教师为了让只有2岁多的幼儿能够自己动手粘贴，先后更换了三种粘贴材料，从固体胶棒到小棉签蘸胶水，再到小棉签蘸糨糊，终于找到了更加适合托班幼儿的粘贴工具，使孩子们体验到了手工课的乐趣和成就感。

"让棉幼的每一个人都获得发展是我们所追求的目标。"这是李园长常说的一句话。年轻的孟老师爱孩子，用心工作，但在处理人际关系上遇到了一些困难。李园长跟她谈心，讲述自己年轻时当教师的故事，和她分享人际交往的方法，鼓励她在专业发展上高标准、严要求。恰逢北京市幼儿园教育教学技能技巧大赛举行，李园长鼓励她报名参加，最终孟老师取得了综合全能一等奖的好成绩，并逐渐成长为一名优秀的区级骨干教师。胡老师是一名有经验的老教师，李建丽和她一起设计个人发展规划，帮助她分析自己的特点。胡老师最终成为北京市的名师之一，获得了西城区第一届霍懋征奖。

在开展教研活动、关注教师的专业发展方面，李建丽致力于将教师引入主动研究的境界中。想办法解决孩子不爱喝水的问题是研究，想办法让孩子们喜欢玩活动区的材料也是研究，渐渐地，幼儿园的研究和探索取得了实效。在全国贯彻《幼儿园教育指导纲要（试行）》结题总结会上，李建丽和教师一起代表幼儿园做了题为"尊重个体差异，让教育行为更贴近幼儿的发展需要"的发言，受到了来自全国各地100多名专家和教师的好评。2006 年她主编了《营造和谐　成就自我》《科学管理　健康成长》《研究儿童　关注发展》三本书，分别记录了幼儿园的管理、教育教学、卫生保健等方面的课程改革实践情况，受到业界一致认可。

李建丽呼吁加强幼儿教师的师德培养和实践技能培训。她始终关注学前教育改革发展，与学生家长坦诚沟通，到新建小区实地调研，在每年市政协会上，都把最新的调研成果、分析建议写进提案，从招生改革到师资队伍建设，从拓展办园方式到加强幼儿园监管，每一条建议都来源于对问题的把握与思考。她说，这些都是教育工作者义不容辞的责任。

（二）思考问题

（1）从李建丽老师的故事中你得到的收获和启示是什么？

（2）什么是幼儿教师的师德修养？

（3）幼儿教师应如何加强师德修养？

二、理论阐释

（一）基本概念

1. 修养

修养指经过长期锻炼与培养，人们在政治、思想、道德品质、知识技能等方面达到的一定水平，泛指人的综合素质。

2. 师德修养

师德修养指教师在职业活动中培养高尚的品质和养成正确的待人处事的态度，是为求取学识和完善品德所进行的自我教育、自我陶冶、自我锻炼并能够达到的师德水平和精神境界。

（二）基本理念

《大学》开篇第一句："大学之道，在明明德，在亲民，在止于至善。"《大学》的宗旨首先在"自明其明德"①，彰显和弘扬光明的德行，其次"当推以及人"，使人人都能弃除污染而自新，崇德从善，不懈追求"至善"的崇高境界和至美的卓越品格。

人的品德并不是与生俱来的，教师优秀思想道德品质的养成需要一个长期涵养和完善发展的过程。师德修养是教师在长期的职业教育、教学实践活动中，通过不断提高师德认知、陶冶师德情感、锻炼师德意志、培养师德行为而形成的。

第一，我们来讨论一下师德修养的"修"。

修，本义指外在的修饰、装饰和精心美化，引申为外力的改造和治理，内在的学习、修正和完善等。

---

① 朱熹．四书章句集注．北京：中华书局，2011.

师德修养，需要关注教师外在的仪容仪表，注重仪表是教师自尊自爱的表现，同时更需要关注教师内在的品格涵养、学习提升和人格完善。所谓文质彬彬，而后君子。

修，既包含外力的修理、外在的修整，更包含自我内力的修炼、内在的修为。2018年颁布的《新时代幼儿园教师职业行为十项准则》对新时代幼儿园教师提出了新的更高的要求，目的是增强教师的责任感、使命感、荣誉感，规范职业行为，明确师德底线。在教师的成长过程中，如果出现问题，会需要外力的帮助和及时的纠偏纠错。每一位教师都需要在遵循幼教规律的前提下，规范自己的保教行为。

《中庸》中说“天命之谓性，率性之谓道，修道之谓教”，是在告诫我们要按照人的自然禀赋和道的要求不断地提高自己的修养以达到教化的目的，通过不断的自我教育去激发人的自然禀赋中向上向善的品质，通过自我修为实现自我完善并达到更高的品德境界。

第二，我们来讨论一下师德修养的“养”。

养，本义是抚育，供给生活用品，使身心得到养护；引申义是培育，给以良好的教育和训练，使人才得以培养。

良好的师德需要国家教育培养，也需要自我师德养成。自我师德养成，首先是养心，在心上用功，只有人心宁静下来，才能保持清醒的思维和理智的判断；其次是养行，只有经过长期的养成良好德行的不懈学习与实践磨炼，才能逐渐实现“修己安人”的目标。养，需要关注内在的养性养德，只有不断自励自省，以更加平和的态度面对职业，发现更多美好，才能体验教师职业带来的真正的幸福。

第三，我们来讨论一下师德“修养”。

修养其实是一个不断选择取舍的过程，需要不断发现问题和修正问题，去粗取精，去伪存真，需要淘汰那些不适应新时代发展和不符合学前教育需求的东西，传承和发展具有强大生命力、使人向善向上和更具有应用价值的力量。

教师在修养过程中形成的自律自强的行为规范经过长期的沉淀和改进发展，也会成为促进社会发展和教育进步的优良习惯，进而成为值得人们广泛学习的行为准则。所以，人的一切优秀品质、良好的行为习惯都不是天生拥有的，都需要经过后天长期的修养。

陶行知先生说得好：“修身伦理一类的学问，最应该注意的，在于实行。”他指出实践是道德修养的根本途径。师德修养的过程就是教师在教育实践中不断探索和不懈努力的过程，要树立崇高的师德理想，践行师德规范，逐渐达到更高的道德境界。陶行知先生把师德修养的过程看成是教师“做事”的过程，即在实践中培养师德的过程。“做事即修养，修养即做事”，就是说教师应该去行动、去做事、去实践，在此基础上养成优良的师德。

三、实践启示

（一）案例启示

“用我真挚的爱，去了解并真正走进童心世界。”这是北京市政协委员、西城区棉花胡同幼儿园园长李建丽从教 30 多年的心声。在 30 多年的幼教工作道路上，她走过了 6

个单位，经历了教师、区教研员、副园长、园长的不同角色。岗位的变化和亲身的体验，使她能够从不同角度去思考工作，对幼儿教育有了更加深刻的感受和认识。开门办教育，以教科研引领提高教育质量，大胆改革办园模式和管理体制，李建丽说，这些成绩来源于始终不变的理念：站在幼儿、家长和教师的角度去思考和行动。

在李建丽园长的带领下，西城区棉花胡同幼儿园以“爱业奉献、勤奋进取、严谨求实、诚恳服务”的园训为立业之本，以“成就幼儿、满意家长、服务社会、办好优质精品园”为奋斗目标，以“一切为了孩子，为了孩子的一切”为工作准则，成为北京市幼儿园中的佼佼者。李建丽经过 30 多年的辛勤耕耘，坚持教学科研和服务管理两手抓，成为北京市特级教师，也是北京市为数不多的具有正高级职称的园长之一。李建丽提出了“以孩子利益优先”的思想，力争让每个适龄儿童享受优质教育，30 多年以来坚持在传承优秀文化中寻求新的突破与发展，坚守以“爱”的核心理念促进教师的职业发展。

“做一名幼师，就要做一名能够以真挚的爱走进童心世界的教师。”“做一名园长，就要做一名理念先进、勇于实践，让每个孩子获得快乐与个性发展的园长。”李建丽是这样说的，也是这样做的。三十多年的风雨历程，李建丽先后在不同的幼儿园工作，但她始终初心不改，坚守一个幼教人的使命和职责，没有惊人的壮举，但一路上都留下了她对幼教事业执着的“爱”和努力践行的足迹。“爱、勤、严、诚”文化已经成为西城区棉花胡同幼儿园的办园特色，“老师爱孩子，孩子爱老师”已经成为棉幼人的共识。李建丽深知幼儿园要想发展，必须拓展爱的领域，让教师们和孩子们感受到爱的氛围，家园共育实践爱的体验，各方合作传承爱的文化。

（二）见贤思齐

北京开放大学在建设“幼教职业道德与专业发展”课程时，邀请了李建丽老师做主讲教师，她在课程的第一讲中明确指出：幼儿教师首先要加强师德修养，这是幼儿教师的第一课。

媒体上报道的个别幼儿园教师虐童的事件，引起李园长深深的忧虑，她亲自带领教师们重温我国教育法、教师法、未成年人保护法等法律法规，开展了幼儿教师师德研讨。李园长在西城棉花胡同幼儿园工作计划中明确提出加强师德建设，倡导全体教师争做德才兼备的好老师，树立新时代的新教师形象。在幼儿园管理目标任务中，她建议教师们深入挖掘“德育”的内涵，加强以德育人的文化底蕴，强化师德意识，坚持立德树人，以文化人。

棉幼教师们围绕“育德”两字的内涵进行了充分的研讨和交流学习。

其中，新入职的教师说，“育人先育德”是党的教育方针，可见育德的基础性与重要性。育人为本，德育为先，教师在教授幼儿能力、本领的同时，一定要注重对幼儿的思想品德教育，因为学会做人应是教育的出发点与归宿，是教育中最首要的部分。同时，在育人的基础上，教师还应正己。幼儿最基本的学习方式就是模仿，所以教师在与幼儿相处时一定要注意自己的一言一行，时刻起到表率和示范作用，做一名品德端正、师德高尚的施教者，才能成为一名合格的教师。

青年教师说，“德”字中间有一只眼睛。眼睛要看前方，注意观察自然客观规律，吸收正向能量，然后把积极的能量传播出去，服务于自己和别人。“德”字右边的“十目一心”，也可以理解为，幼儿只有多看、多模仿、多熏陶，才能从内心生发“德”。幼儿身边的一切资源都可能会产生教育作用。教师作为幼儿的主要教育者之一，应起到榜样作用，要有社会公德、职业道德、个人品德，并将这些美好的德行通过恰当的途径传递给幼儿。

骨干教师说，育并不是教，教形式单一，但是育却形式多样。我们可以通过多种途径、多种方式去教育、感染身边的人和可爱的孩子。因此，育就是我们运用的方式方法以及形式。那么用这些方式方法去培养什么呢？那就是——德。我们都应该用自己的德行率先示范，让每名幼儿在德行上有所收获，用适宜的方法培育幼儿的美好品行。

我们通过这些教师的发言，看到了幼师们对于师德修养内涵的深刻认识，也看到了学前教育事业发展的美好未来。

六十多年以来，棉幼“爱”的师德文化传统一脉相承，绵延至今。李建丽园长在新的时代背景下，始终把幼儿园的师德修养、职业道德的建设放在工作首位，作为工作内容的重中之重，每位教师都在不断地思考和提升，不断地实践和探索。

首先是理念先行，在实践中引导教师们充分理解学前教育事业的发展目标，坚持师德为先，开展师德内涵研讨与案例教育，形成以爱为核心的教师队伍。组织教师进行关于“爱”的演讲比赛，围绕热爱幼儿、尊重幼儿的案例进行交流，收到良好的效果。加强思想道德教育是幼儿园的重点工作，通过组织参与式培训，教师们结合实践中出现的问题进行反思，从而转变教育观、儿童观。

其次是落实行动，开展系列教育活动，如青年教师拜师活动、“走进童心世界”、“照片中的故事”、“春苗杯”等演讲征文和技能才艺评选活动，教师在实践中围绕对教育的认识、理解及感悟来展开交流。在责任、行为等方面不断提高全体教师的主人翁意识。在抓师德建设上以“爱、勤、严、诚”为导向，赋予其新的内涵，结合新的问题进行研讨分析，建立教师学习共同体，实现多元化的自主发展。

如今，新一代棉幼人把“以‘爱’促发展”作为幼儿园的整体特色，在教育实践中不断加深对爱的理解，捕捉爱的真谛，感受爱的教育，创设了如棉花一般温暖的爱的环境和氛围。

四、学习建议

（一）总结反思

1. 坚定政治方向，自觉爱国守法

教师应贯彻党的教育方针，忠于祖国的教育事业，依法履行教师职责。

教师要重点学习《中华人民共和国义务教育法》，需要谨记学校、幼儿园、托儿所的教职员工应当尊重未成年人的人格尊严，不得对未成年人实施体罚、变相体罚或者其他侮辱人格尊严的行为。《中华人民共和国教师法》明文规定，体罚学生，经教育不改的，要给予教师行政处分或者解聘，情节严重，构成犯罪的，依法追究刑事责任。《中华人民共和国未成年人保护法》明文规定，教师应当尊重学生的人格，不得歧视学生，不得对学生实施体罚、变相体罚或者其他侮辱人格尊严的行为，不得侵犯学生合法权益。《幼儿园教师专业标准（试行）》明确要求幼儿园教师尊重幼儿人格，维护幼儿合法权益，平等对待每个幼儿。不讽刺、挖苦、歧视幼儿，不体罚或变相体罚幼儿。

幼儿教师的工作，最忌讳的就是体罚和变相体罚学生，对于幼儿教师来讲，首先要坚守师德底线，做到自觉遵守法律法规。

2. 传播优秀文化，潜心培幼育人

幼儿教师应弘扬真善美，传递正能量，落实立德树人根本任务，爱岗敬业。教师具有良好的职业道德和高尚的师德修养，关心爱护幼儿，遵循幼教规律，规范保教行为，才能真正保证教育质量，促进孩子的身心健康发展。

幼儿教师的工作具有特殊性，因为工作对象是 3 至 6 岁学前儿童，这个年龄段的孩子是个体认知、情绪稳定、个性发展、社会适应的初步形成时期，具有很强的可塑性和变化性的特点。幼儿教师职业是一个特殊而复杂的、素质要求很高的职业。幼儿教师要有传播优秀文化的能力，能够综合应用幼儿心理学、教育学、卫生学知识及相关教育方法。教师的价值取向、精神风貌和综合素质，关乎幼儿的道德品质和基本素质的培养与形成，幼儿教师的一言一行、一举一动都会潜移默化地影响幼儿。教师是幼儿效仿的榜样，教师的言行甚至可能会影响到幼儿的终身学习和终身发展。

良好的师德是幼儿教师的灵魂。教师必须正人先正己，树立正确的世界观、教育观和儿童观，不断改造自己，不断提高自身的师德修养。就像李建丽老师有了 10 年一线幼教的实践积累和 20 多年的教研和管理经验的沉淀，历经 30 多年磨砺和修养，才成长为幼儿教师的榜样和楷模。

（二）深化学习

我们已经了解了师德修养的重要性、师德修养的概念、师德修养的基本内容，那么，幼儿教师应如何提高自身的师德修养呢？

《幼儿园教师专业标准（试行）》中“专业理念与师德”维度规定幼儿教师的“个人修养与行为”应包括“富有爱心、责任心、耐心和细心”。据此我们倡导幼儿教师通过培养爱心、责任心、耐心和细心等专业素养来提高自身的师德修养。

1. 爱心——热爱每位幼儿

正如一位教育家所言：“爱”是幼儿教育事业的灵魂。当教师必不可少的，甚至几乎是最主要的品质，就是热爱幼儿。

“爱”的繁体字自带一个“心”字，含有用心疼惜呵护之意。“爱心”无疑是一名幼儿教师必不可少的专业素养。

爱是人类永恒的话题，爱心是一切道德之源。“仁爱”思想是中国传承了几千年的核心理念，“让世界充满爱”是人们对爱的普遍向往与追求。幼儿教师更应具有爱心，热爱每位儿童。这是一种博大的爱，像春雨般“润物细无声”。这种无私的感情，是沟通师幼心灵的桥梁。

我们来说说北京市西城区棉花胡同幼儿园的爱心故事。

大班有一个小朋友叫彤彤（化名），他上幼儿园存在一些困难。他因患小儿麻痹症行走不方便，虽经几年的家庭护理与康复训练取得了一些效果，但与正常孩子仍有较大差距，5岁了还没有接受过正规幼儿教育。棉花胡同幼儿园一直倡导围绕“爱”的核心理念开展教育实践，把爱洒向每一个幼儿，每一个适龄儿童都有享受教育的权利，平等对待每一个幼儿。幼儿园欣然接受了这个孩子，并通过多次家访，给彤彤制订了专门的教育与护理计划，目标是让他能够融入幼儿园的集体环境当中，为上小学打好基础。幼儿园采取的第一步是师爱加母爱的方法，保育员跟孩子家长一样抱着孩子来进行活动，让他尽可能参与到集体活动中，让班集体接纳孩子，也让孩子感受到集体的温暖。上下楼时老师会在他累的时候把他抱起来，做操的时候让他站在队列的后面跟着小朋友一起做。第二步是带领小朋友关爱彤彤，经过一两个月的时间，老师的言行感染了小朋友们，其他小朋友也想照顾彤彤。老师抓住教育契机，鼓励孩子们去关心和帮助他。于是由老师扶着他上下楼变成了同伴之间的互助，孩子们和他一起游戏，教他搭积木，教他参与区域活动，这样使彤彤首先在心理上融入了集体，在他需要帮助的时候，都会有小朋友过来帮助他，比如该喝水了，就有孩子走过去领着他一起去。第三步是培养彤彤的自立和独立能力。老师专门针对他的具体情况进行研究，想办法给他树立自信，让他自强，让他能够自己管理自己，为他上小学做好准备。老师慢慢尝试着给他布置任务，让他表现，让他为全班小朋友做一些事情，并且给他鼓励。这样大家就会觉得他不单单是被照顾的对象，有的时候他还能够帮助别人。通过大班一个学期的爱心帮扶工作，他自己能够独立行走了，并且在学习、智力发展和认知方面也做得非常好。彤彤学会了坚强、合作、与人交往，一年的幼儿园生活使彤彤融入集体中快乐地成长。

这个例子充分体现了爱心的力量，体现出教师应有的师德修养，爱心是教师必备的职业道德，是照进孩子们心灵的温暖阳光。教师有了爱心，才会变得善良、宽容、无私，幼儿园里才会充满真、善、美。

2. 责任心——对每位幼儿负责

幼儿教师的责任心是指教师在学前教育工作中认识到自己的工作职责，自觉地把分内的事做好的重要人格特质，即个体对自我应负责任的自觉意识及积极主动地做好本职工作的稳定心理和行为倾向。

“责”字从丰（变形），从贝。“丰”意为“（植物）节节长高”，引申为人的不断成长；“贝”指“钱币”，引申为值得珍视的东西。对于幼儿教师与幼儿来说，“责”字的意义也就可以引申为教师与幼儿的共同成长和发展，这里更多强调的是教师的自觉意识和负责行为。“任”的本义是能承担穿越丛林或带领人们冲出重围任务的人，引申为在职业岗位中负责任和勇挑重担。

幼儿教师的责任心是指具有责任感的心态，主要表现在对自我行为负责、对幼儿负责、对家庭负责、对团队负责、对国家和社会负责的情感和信念，以及遵守幼教职业规范、主动承担责任和积极履行义务的自觉态度。

教师责任心是教师专业素养的重要组成部分，是每位教师必备的品德，是教师健全人格的基础、职业成长的基石，也是家庭和睦和社会安定的保障。

爱心与责任心具有密切的关系，如前所举彤彤的例子，正因为有了爱心，才会有针对彤彤实施“三步走”的责任心，也才会有彤彤融入集体，在一年时间内比较顺利地完成正常的幼小衔接的教育目标的成果。

《幼儿园教育指导纲要（试行）》在指导要点中指出：“社会学习是一个漫长的积累过程，需要幼儿园、家庭和社会密切合作，协调一致，共同促进幼儿良好社会性品质的形成。”幼儿的成长过程不仅需要父母的陪伴，同时需要教师的正确引导。

众所周知，有些幼儿在成长的过程中难免会养成一些不好的行为习惯，比如偏食、孤僻、多动，个别幼儿还会出现说谎、攻击、破坏等问题行为，这就需要教师及时发现并与家长相互合作共同纠正幼儿的不良行为习惯。

我们来看看北京市海淀区新都凯蒂幼儿园的一个真实案例。

在幼儿园区域活动时间，童童小朋友和大家一样都选择了自己喜欢的区域进行玩耍，童童和好朋友一起选择了益智区的动物积木拼插游戏。区域活动结束后，小朋友们发现少了一块拼图，怎么也找不到了。晚上放学时，老师帮小朋友们拿书包的时候发现童童的柜子里有那块丢失的拼图，就悄悄嘱咐童童送回了拼图。第二天，又有一位小朋友说一块积木不见了，老师通过讲故事的方式告诉全班小朋友幼儿园的东西是属于大家的，没有经过同意就拿走或藏起来是不好的行为。老师让小朋友们去看看自己的柜子里有没有积木，小朋友们去看了之后都说没有，童童也说没有。结果老师又在童童的柜子里发现了那块积木，也发现了童童说谎的问题。当天晚上班里的几位老师就开了会，内容是进一步观察童童的行为，分析童童为什么会出现这种行为。同时老师给童童妈妈打了电话，说明了事情的经过，一起分析了三种原因：（1）幼儿物权意识不清晰，她分不清自己的、别人的、大家的东西的归属。（2）幼儿不具备完全行为控制能力，对于不是自己的但自己想要的东西，还不能完全控制自己的情绪和行为。（3）通过负面行为求得关注，当自己被忽视时、做错事情时，会被家长和老师关注，因此尽管会被责问也要以此作为寻求关注的办法。老师和家长达成了共识，一起配合解决这个问题。当童童出现这样的行为后老师和妈妈的做法不能是愤怒、责备、小题大做、贴标签，而是要在保护童童自尊的前提下，正确引导童童控制自己的行为，并鼓励她主动将东西送回去。经过老师和家长两周的相互反馈和配合引导，童童拿玩具的行为越来越少，能够看得出来童童在努力地控制自己的行为，也在一点一点地进步。最终通过家园共同的合作，童童在幼儿园里“拿玩具”的行为次数完全归零。

（高海波老师提供案例）

这个案例说明幼儿良好品行的培养需要教师具有高度的责任心，幼师应抓住孩子成长的本质问题，不随意给孩子贴标签，及时跟家长反馈沟通，分析孩子行为的深层原因，与同事和家长同心同德，在尊重孩子自尊的前提下，找到有效解决问题的办法，引导和帮助幼儿健康成长。

3 至 6 岁的学龄前时期是给孩子建立行为习惯的最佳时期，这个时期对一个人的品格、人生观和道德观的形成以及生活学习习惯的养成具有举足轻重的作用。有的孩子在小时候养成的品行习惯，在长大后很难改变。幼儿园教师需要通过教学活动，帮助幼儿去认识美与丑、善与恶、诚信与不诚信的言行、文明与不文明的行为，运用科学的理念和适切的方法引导和帮助幼儿塑造美好的心灵。要全面实施素质教育，关注幼儿的德育问题，真正使幼儿德智体美劳得以全面发展。

做一名幼师，爱心和责任心是耐心和细心工作的前提，如果没有爱心和责任心，那么耐心和细心都无从谈起。要成为优秀的幼师，就应该牢记“人生百年、立于幼学”的使命，这就是幼师肩上所挑的重担。

3. 耐心——坚持对每位幼儿不急躁、不厌烦

幼教工作中的“耐心”，主要是指教师能够针对幼儿的生长发育情况和心理特点采取不急躁不厌烦的尊重的态度和恰当的言行，它是教师职业工作中的一种良好心态和稳定品质。

耐心作为幼儿教师的一种重要的心理品质，对教师指导幼儿的日常生活和教学实践有着重要影响。耐心是教师在教育活动过程中持之以恒的态度，贵在积极向上的心态和稳定坚持的品质。

《幼儿园教育指导纲要（试行）》指出：“教师应成为幼儿学习活动的支持者、合作者、引导者。以关怀、接纳、尊重的态度与幼儿交往。耐心倾听，努力理解幼儿的想法与感受，支持、鼓励他们大胆探索与表达。”幼师作为幼儿学习活动的“支持者”“合作者”“引导者”，其“关怀”“接纳”“尊重”的态度和行为，都必须建立在耐心的基础上。

耐心是一个教师的修养，是一个教师的素质，是一个教师的责任。耐心能让教师对孩子的爱更持久。

我们来看看北京市海淀区中科幼教中关村实验幼儿园的一个案例。

小班有一位叫楠楠的小男孩，是一个爱吃面食的小朋友，最喜欢豆沙包、金银卷、南瓜包、奶黄包等甜甜的面食，蔬菜和荤菜一概不喜欢吃。每次进餐环节，楠楠旁边都会蹲着一位老师，使尽十八般武艺去引导他和蔬菜“做朋友”，可是收效甚微，有的时候他还会莫名勃然大怒，甚至把小勺子和碗给推到地上。班里的刘老师通过对楠楠每日进餐环节的耐心观察，发现凡是绿色和有特别气味的食物都在楠楠不食用的范围之内。于是刘老师主动和家长沟通，采取“联合行动”。

联合行动一：亲自喂饭。楠楠自己吃米饭是没有问题的，而对于他不喜欢的绿色蔬菜，老师采取了跟家长一致的喂饭方式。刚开始这样的方式收效甚微，在老师的坚持喂饭下，他不得不吃。时间一长，老师发现他对喂饭产生了依赖，不能正确地使用勺子，变得有点“懒惰”，动手能力和独立能力也得不到锻炼，于是“喂饭”的行动便告一段落。

联合行动二：和蔬菜做朋友。老师开始用多种方法让楠楠知道食物的营养价值，比如用讲故事和做游戏的方式来进行，这样也体现了教育的游戏性、趣味性原则。幼儿园里开展健康活动时，会结合多媒体图片的展示，告诉幼儿挑食的危害，然后每天不断地强化，同时开展一些小游戏，让幼儿敢于接触原本抵触的食物。开展健康活动之后，楠楠有了一定的转变，在幼儿园的进餐环节当中，会越来越愿意接触一些之前不愿意接触的食物。

联合行动三：偶尔的“小奖励”。在进餐环节，老师会鼓励楠楠吃蔬菜，吃完了就可以给他一个小小的奖励，比如贴纸或者其他有趣的东西。楠楠渐渐愿意尝试吃一些之前不愿意吃的食物。这样的方法在当时是行之有效的，可是渐渐地就会发现进餐时有奖励他吃得很认真，如果不给奖励，原来喜欢吃的米饭等都不吃了，本来是希望强化孩子的行为，让孩子改掉挑食的习惯，可是这一做法最终也没有收到好的效果。后来，刘老师认真反思，明白了奖励要适度，不能经常使用这样的方法，偶尔的奖励才会有适当的促进作用。

联合行动四：不断与妈妈沟通，家园教育保持一致。楠楠从刚开始的“不吃”到可以在汤里出现几片蔬菜叶子，到可以接受汤里的蔬菜，再到吃土豆丝、西葫芦、菜花和茄子这四种蔬菜，由此刘老师也认识到不要要求孩子从挑食迅速变成不挑食，而要把对孩子的“不挑食”要求变成“不过分挑食”。从“凡是菜皆不吃”到“不过分挑食”，楠楠小朋友的点滴进步，都让刘老师感到欣慰。幼师应该允许并且肯定孩子在自己成长的过程当中慢慢来，慢慢进步。我们必须要承认孩子之间的个体差异，不可以用一把尺子去衡量所有的幼儿。有些时候，作为老师和家长，必须要在适当的时候去调节自己的速度，调整自己迫切期待的目光和说一不二行动的频率。

（刘洋老师提供案例）

这个案例事情虽小，但反映出了教师对于孩子成长规律的尊重。对于正在挑食的楠楠，教师需要去享受孩子慢节奏的进步，需要慢慢地等待小朋友的不断改变和逐渐成长，不可操之过急，只要每天进步一点儿，暂缓期待也许就是最适合楠楠的速度。教师可以静待花开，学会等待。

有心理学家认为，一句话对孩子说超过 16 次就能够进入他的潜意识。对孩子某一个习惯的纠正可能要超过 16 次，甚至需要 30 次到 50 次的努力才能再给孩子建立起一个新的习惯。所以，我们对孩子习惯的改变要具有极大的耐心和耐力。

作为幼师，除了教师的角色，还可以通过适当的教育教学活动，扮演儿童的朋友、父母以及长辈等多种角色，尽可能利用恰当的教育契机给予幼儿更加人性化和有效的成长支持。由此可以看出，教师的耐心实质上是教师全面认同自身多重角色和充分体悟自身专业责任的结果。

4. 细心——细心捕捉教育契机

幼儿园教师要把幼儿看作发展中的人，深入研究幼儿的年龄特点，按照幼儿成长规律，正确加以引导，促进幼儿发展。

幼儿教育是一项既全面又细致的工作。幼儿教师既要关注幼儿的教育问题，还要关心幼儿的养护问题，甚至衣食住行都要时时关注，事事细心。

教师需要关注每位幼儿，细心观察每位幼儿的需要，当发现幼儿在活动中遇到困难时，要主动发出回应信号，并给予适时的指导，满足幼儿对援助的需要。幼儿的身心是脆弱的，需要教师细心的呵护，可以说师爱有着比母爱更细腻丰富的内涵。

这里说一个北京市西城区棉花胡同幼儿园的一个例子。

小班有一位王老师，在一次美工教学的粘贴活动中让孩子使用粘贴工具来粘小花，她发现孩子在粘贴过程当中遇到了困难。她每次都对粘贴活动进行反思、调整，而且在这个过程中，如何使用胶水，或胶棒，或糨糊，她进行了多次尝试。其实美工课往往是老师提供粘贴的工具，让孩子统一使用。但王老师特别细心，她仔细观察孩子是怎么学习的，发现小班的三岁孩子不太会用胶水，在粘的时候总是把胶水弄得到处都是。于是她把胶水改成了胶棒，但是因为孩子的力度不同，涂抹不会那么精细，常常会涂出去。第三次，她自己打糨糊，先自行使用。她发现对于小孩子来讲，使用糨糊是最适宜的。虽然这是一个小小的细节，是老师在准备教学过程的一个很小的点，但是说明王老师在教学过程中爱孩子，细心观察孩子，关注孩子的学习过程和教师应如何提供学习材料，最大限度地减少孩子在使用工具过程中的困难，努力支持孩子的学习发展。

（李建丽老师提供案例）

孩子的事情没有小事，每一件小事老师都应该看在眼里。人们都说幼儿教师的工作是一个良心的工作，面对着纯真烂漫、天真无邪的孩子，幼师绝不能凑合，或者是遇到问题敷衍了事。幼儿教师要认认真真地做好每一件小事。

从以上这个例子中，我们可以看到幼师在平凡的工作岗位中所具有的不平凡的师德风采。这位老师所表现出来的细心的工作态度和专业化的职业精神，非常值得称赞。虽然是点滴小事，但是正是这些许许多多的小事，会积善成德，积累成能够焕发出灿烂光芒的爱岗敬业和无私奉献的高尚师德。

无论你是幼儿园的新入职教师、骨干教师还是资深教师，只要是从事幼儿教师工作，都需要在师德修养方面不断地学习充实，不断地丰富体验，不断地感受总结，不断地反思提升，这是幼儿园常提不怠、常抓不懈、永远不能放松的一个主题。

如前所说“四心”，是提高幼师自身师德修养需要努力做到的四点核心内容，在后面的章节里还会从不同的角度举例强化说明和阐释。相信有了爱心、责任心、耐心、细心，我们的视野会更加开阔，会更加用心关注每名幼儿，会以更加到位的认知和饱满的热情投入我们所从事的幼教事业，会更加专注地去帮助幼儿健康快乐地成长。

在互联网+教育的时代，每一个行业都在发生着急剧的变化，幼儿教育也面临着新的挑战。面对伴随着多元化电子产品成长起来的新一代，面对后疫情时代出现的新问题，幼儿教育的教育观念需要改变，教育模式需要改变，甚至是幼儿教师的职业态度和教育手段也需要改变和调整。

如果我们能够坚守敬业、乐业的职业精神，坚持幼儿为本、师德为先、能力为重、终身学习的基本理念，真正修炼好自身师德修养，在幼教活动中处处时时保有爱心、责任心、耐心、细心，就不会是凭感觉和经验去解决新的时代背景下孩子的教育问题，就能够将科学育儿落到实处。

有学者曾说：“我们留下一个什么样的世界给子孙后代，在很大程度上取决于我们给世界留下什么样的子孙后代。”我们祖国的未来、家长的希望、事业发展的后代正在幼儿园里。孩子在幼儿园成长的过程中，幼师的一个眼神、一个表情、一句话、一个动作，都会在孩子洁白的内心留下深深的烙印，甚至会影响孩子成长发展的一生。幼师在工作中需要拥有对祖国未来、对人类社会负责的仁爱之心和宽广视野，从自身做起，从点滴做起，促进幼儿的身心发展。

相信我们的幼儿园教师们能够用润物细无声的陪伴、引领、指导和鼓励走进幼儿心灵。幼师高尚的师德会化作春风拂面、春雨育苗般绵长而隽永的助力幼儿健康成长的力量。

第二章

师幼关系中的职业道德

• 学习导引 •

幼儿教育是教育的起点，幼儿教育的最根本任务是促进幼儿发展。“幼儿教师是素质教育的主要实施者，是教育过程中的主体，同时又是幼儿学习、模仿的对象。教师的人格特征、言行举止、心理健康状况以及对待幼儿的态度，直接影响幼儿的发展”①。幼儿教师要“师德为先——热爱学前教育事业，具有职业理想，践行社会主义核心价值体系，履行教师职业道德规范。关爱幼儿，尊重幼儿人格，富有爱心、责任心、耐心和细心；为人师表，教书育人，自尊自律，做幼儿健康成长的启蒙者和引路人”②。因此，作为幼儿教师的我们，必须要把责任心、事业心和职业道德落在实处，真实地呈现在幼儿和家长面前。

• 学习目标 •

学习完本章内容后，你将能够：

1. 复述师幼关系、情绪管理、幼儿自我管理的基本内涵。
2. 举例说明幼儿教师最需要的职业精神和专业素养。
3. 通过案例分析的方式说明幼儿教师的职业精神与专业素养的重要作用。
4. 将职业道德融入教育教学和生活劳动中，运用正确的理念和方法指导幼儿活动。

• 思政目标 •

1. 树立正确的教育观，在教育教学活动中，培养幼儿积极向上、乐观开朗的品格；保教并重，通过游戏等寓教于乐的形式促进幼儿身心健康成长。

2. 指导和帮助幼儿树立劳动光荣的观念，为培养德智体美劳全面发展的社会主义建设者和接班人打下幼儿时期的良好基础。

• 思维导图 •

以下是本章内容的整体框架以及学习这部分内容的思维过程规划。此图可以帮助你从整体上了解本章内容的知识结构和学习路径，包括幼儿教师需要的职业精神、专业素

---

① 北京市教育委员会. 北京市贯彻《幼儿园教育指导纲要（试行）》实施细则. 北京：同心出版社，2006：7.
② 教育部教师工作司.《幼儿园教师专业标准（试行）》解读. 北京：北京师范大学出版社，2013：33.

养，以及幼儿园教育活动中的教师职业道德和幼儿园生活活动中的教师职业道德。请你仔细品读和理解，帮助自己建立对本章知识的整体印象。

- 师幼关系中的职业道德
  - 幼儿教师最需要的职业精神
    - 爱心——当好幼儿教师的前提
    - 责任心——幼儿教师的光荣使命
    - 童心——幼儿教师的师爱之源
  - 幼儿教师最需要的专业素养
    - 微笑——幼儿教师最美的语言
    - 沟通——幼儿教师必学的一门艺术
    - 尊重——让幼儿教师赢得尊敬
    - 宽容——幼儿教师的一种美德
    - 做一名阳光的幼儿教师
  - 幼儿园教育活动中的教师职业道德
    - 教师职业道德在幼儿园教育活动中的积极作用
    - 教师职业道德在幼儿园教育活动中的践行与评价
  - 幼儿园生活活动中的教师职业道德
    - 教师职业道德在幼儿园生活活动中的实践

看完上面的思维导图后，你是否已经对本章所要学习的内容以及如何学习这些内容有一个初步的整体印象了呢？我们可以在这个整体框架的指引下学习本章的具体内容。我们要重点学习幼儿教师需要具备的职业精神、专业素养。同时，在学完这些内容的基础上，将教师的职业道德在幼儿园的日常教育教学及生活活动中进行实践。

第一节　幼儿教师最需要的职业精神

爱是一个永恒的话题，第一章从师德修养的角度说明了幼儿教师需要具有爱心，本章我们从师幼关系的角度再次深入讨论这个主题。

教师不仅要有一定的文化专业知识和技能，而且要有一颗纯洁的爱心，这是幼儿教师最基本的素质，也是做好幼教工作的首要条件。著名的教育家苏霍姆林斯基说过，“没有爱就没有教育”，爱是一种无形的力量，幼儿应该在充满爱的精神环境里接受教育。

一、案例思考

（一）案例呈现

入园第一天——“老师我要回家”

小班新生入园时，大多数孩子都会表现出分离焦虑。刚开始不哭闹的孩子可能对新的环境比较新奇或者暂时还不知道为什么来幼儿园，等过两天明白上幼儿园就要离开家和熟悉的家人时，早晨来园，有的孩子会紧紧抓住家长的衣服，有的会抱紧家长不松手，有的什么话都听不进去。家长和老师总会进行不同形式的劝说：“豆豆乖，听老师的话，老师也是妈妈”……孩子和家长分开后会哭闹着说“我要找妈妈”“老师，我要回家”“我要给我妈妈打电话”“妈妈什么时候来接我呀?”“我不要睡觉”“我不要吃饭”……家长一般会说“好的，妈妈第一个来接你”……老师则会说“吃完三顿饭妈妈就会来接你”“妈妈一会儿下班就来”“看，这里有很多好玩儿的玩具”……

（二）思考问题

（1）小朋友基本上都是从入园第一天开始过集体生活，通过与老师的互动建立起初步的人际交往体验，那么幼儿园教师应该给孩子留下一个什么样的第一印象呢?

（2）小班新生入园大概一两个月的时间里，很多孩子会反复出现情绪不稳定、焦虑的情况，这时候最需要老师怎么做呢?

二、理论阐释

（一）基本概念

1. 师幼关系

师幼关系是指在幼儿园教育过程中教师与幼儿通过交往和相互影响而形成的双边互动关系。

师幼关系是幼儿园教育过程中最基本、最重要的人际关系。良好的师幼关系对幼儿认知事物、情感体验、身心健康等方面的发展有着积极的作用和影响，是保证教育活动顺利开展的重要条件。

2. 分离焦虑

分离焦虑是指幼儿与亲人分离时面对陌生环境表现出的紧张不安、担忧害怕等不愉快和消极的负向情绪，是儿童个体对环境不适应的一种情绪反映。

3. 幼儿情绪管理

幼儿情绪管理是指幼儿园教师指导幼儿觉察自己的情绪之后，对幼儿情绪进行疏导、调节、控制或者改变的方法和过程，是幼儿教师对儿童驾驭情绪的能力的培养。

幼儿情绪管理的目的不在于控制幼儿情绪本身，而在于教师采用科学合理的策略和方式对自己和儿童的情绪进行觉察、表达、调节和控制。情绪管理能力的提高对于一个儿童的未来发展有着至关重要的作用。

4. 爱心

爱心是指同情怜悯的心态（包括相应的一定行动），是一种奉献精神，更是关怀、爱护人的思想感情，存在于所有正向情感之中。爱心的深层含义就是保护所有的生命。

爱心是一种关爱他人的道德情感，包含一种善的心态、仁的德行和一种利他行为倾向。爱心主要有四种表现：对血亲对象的孝悌心，对弱者的同情心，对他人、对集体的责任心和对自己的自尊心。

（二）基本理念

爱心，是当好幼儿教师的前提。

教师的爱心是具有动力作用的优秀心理品质，有爱心的教师才能做到对孩子循循善诱，耐心施教。只有给予幼儿发自内心的爱，幼儿才会喜欢你、接纳你，只有让幼儿喜欢你，你实施的教育才会真正发挥作用。有的孩子很淘气，可是当你真的很爱他的时候，他会把你教的所有东西都一一记在心里。高尔基说过："谁爱孩子，孩子就爱他，只有爱孩子，他才可以教育孩子。"作为新时代的幼儿教师，我们应该成为真正爱孩子、会教育孩子的人。

教师情绪稳定，才能指导孩子情绪稳定。首先教师要认识到"情绪"的重要性，自己有稳定情绪的同时，还要学会科学、有效、适度地回应孩子的情绪。其次在日常的工作中，教师要时刻注意不要将负面情绪带到工作中，减少自身情绪不稳定引发的不恰当行为（如大声斥责幼儿或出现一些过激言行）。最后教师还要意识到幼儿是观察者、学习者、模仿者，我们只有管理好自己的情绪，创设温馨、和谐的班级氛围，才能让身边的幼儿感受到爱与安全，逐渐学会管理好自己的情绪。

三、实践启示

（一）案例启示

"入园第一天——'老师我要回家'"的案例告诉我们，小班新生入园，需要在老师们耐心的呵护与陪伴下，在老师的拥抱与爱抚中，才能渐渐缓解分离焦虑。此时的老师需要付出更多的爱心，让孩子们获得安全感，尽快熟悉幼儿园生活，减轻分离焦虑带来的困扰。幼儿园教师应该给每一个孩子留下爱心满满的温暖印象。

由此联想到这个真实的案例。

9月开学，北京市东城区光明幼儿园大一班新转来一名插班生，他叫驰驰，因感觉统合失调导致注意力与交往障碍，他从不主动参与班里的任何活动，经常独自游离在教室的一角或操场的一边。有时一天下来他安静得会让你感觉不到他的存在。面对这样的孩子，老师该怎么办呢？只有爱他就够了吗？

通过观察、了解，我发现他的自我认知不足，导致他做事不自信，与人交往能力弱；与小朋友发生冲突后不知如何解决，遇到困难和问题不敢主动表达；等等。我决定以情感交往为切入口，对他进行鼓励教育，一切从建立自信开始。作为老师，我在接纳他的同时给予他更多的积极鼓励和同伴的宽容，帮他获得更多的自信以促进身心发展。

游戏时间到了，可孩子们游戏用的名字卡片都不见了，谁都说不知道在哪里。正在大家焦急地寻找时，驰驰小声说："是我，是我藏的，我把它们藏在钢琴后面了！"我不可思议地看着他，竟然是驰驰，一下子让我也不知如何是好，喜的是他能自己主动决定去做某件事情了，为难的是他做的是不正确的事情。我要怎么解决这件事情呢？是批评责备他，还是给他宽容的空间帮助他获得信心呢？我决定用鼓励的语言告诉他："驰驰有进步了，你能自己决定做事情了，但是藏小朋友的卡片可不对，这样大家会着急的！"晚上离园时我把事情的经过告诉了驰驰妈妈，第二天早上妈妈无奈地找到我说："孩子又给您添麻烦了，昨晚驰驰回家后，给家里所有的亲戚打电话，高兴地把自己藏卡片的事情告诉了他们。我们都不知怎么说他好了。"我告诉家长："对于其他孩子来说，分辨对错是重要的，但是对于驰驰来说，比起事情的对与错，孩子的自信心更为重要，他能自己决定做一些事情了，这是好事。"我的宽容让家长感到欣慰，更多的是看到了孩子的希望。

大班毕业前夕，我和孩子们围坐在一起说自己的好朋友都有谁，孩子们都争着说出了自己好朋友的名字，有三个的，有两个的，还有五个的。活动即将结束时，"任老师，我还没有说好朋友的名字呐！"驰驰认真地说。我赶快请大家安静下来听驰驰说说他的好朋友。驰驰慢慢地站起身看着全班小朋友大声地说："我的好朋友有郑玥、壮壮、豆豆、李可心、……"孩子们都静静地盯着他，等着他说出自己的名字。驰驰把那天在座的小朋友的名字都说了一遍，最后他又补充说："我的好朋友还有辰辰，可惜他今天没有来。"当他说完最后一个名字时，我的眼泪不禁流了下来，或许这就是爱的力量！以前一提起他的情况就眼泪汪汪的妈妈，脸上也露出了欣慰的笑容，高兴地说："谢谢你，晓燕老师！"

（任晓燕老师提供案例）

教师的爱心，需要落实到行动上，贯穿在小朋友的游戏活动中，达到寓教于乐的效果。

孩子们的世界是最纯真、最透明、最敏感的，每个孩子都是一棵稚嫩的小苗，都渴望老师爱的滋润和呵护！教育幼儿的工作是琐碎的，日常工作涉及孩子的吃、喝、拉、撒、睡，学习与生活都在幼儿园，每件事都是小事，但每件事都是要紧事。在我们日复一日的工作中，爱不仅是一种情感，更是一种积极的人生理念、一种无私的工作态度。

（二）见贤思齐

现在幼儿园随班就读的特殊儿童越来越多，这些幼儿需要老师给予他们更多的关心与爱。我国著名的教育家陈鹤琴先生告诉我们："热爱儿童是做一个优秀教师的起码条件，一个热爱儿童的教师，他会全心全意地为儿童谋幸福，持续不断地改进自己的工作。反之，一个不热爱儿童的教师，他是不会时时刻刻想到如何指导儿童的生活，如何使儿童得到合理的教育的。"

老师们，如果你的班里有需要你给予特殊关爱的孩子，不要排斥、漠视他们，请和班上的老师、孩子们共同伸出双手拥抱他们，用集体的爱点亮他们多彩的童年，让他们也都快乐自信起来。

四、学习建议

（一）总结反思

作为幼儿人生的启蒙者，我们要用爱心去开启孩子们的心灵之门，更要把爱心融入教育工作中开启孩子们的智慧之门。

幼儿教师在拥有爱心的同时也应怀有童心，因为童心是幼儿教师的师爱之源。幼儿教师拥有一颗童心，对于从事幼儿教育工作是至关重要的。苏霍姆林斯基在《教育的艺术》中曾写道："只要人们没有做到以童年的欢乐吸引孩子，只要在孩子的眼里尚未流露出真正的欢欣的激情，只要他没有沉醉于孩子气的顽皮活动之中，我们就没有权利谈论什么对孩子的教育有影响。"

这里我们来看看这样一个真实的案例。

新冠肺炎疫情期间，孩子们都不能到幼儿园来，北京市东城区光明幼儿园老师与幼儿之间的互动联系都在微信群中进行。开始老师们推送的活动都是静态的图片或故事录音，李磊老师发现孩子们都不感兴趣。在组织孩子们在微信群里进行美工"小老鼠上灯台"活动时，为了增加作品的直观性，激发孩子们的创作热情，李老师也和孩子们一样做了一个"小老鼠上灯台"的成品玩具。这天，在录制操作"小老鼠上灯台"游戏的时候，李老师养的小宠物——一只玄凤鹦鹉突然飞到了她的肩膀上。她赶紧对着手机屏幕与鹦鹉对话："小鸟，你觉得这个游戏好玩吗？好玩呀！那小朋友就赶紧准备彩纸做起来吧！小鸟等着看你们做游戏呦！"这个视频一发出，孩子们一下就被灵动的小鸟吸引了，纷纷制作起来。不一会儿，群里就炸开了锅，家长纷纷发来孩子们制作作品的视频，有的孩子还可爱地说："小鸟，你看我做得好吗？"这个无意间的合作伙伴给了大家很多惊喜，于是李老师家的小鸟——"大美丽"就成了她的助教，经常与李老师合作和孩子们进行游戏互动。孩子们知道李老师家有只可爱的小鸟，特别喜欢模仿李老师和"大美丽"的互动游戏，班级云端游戏活动参与度大大提升。

李磊老师与助教
鹦鹉"大美丽"

教师需要认真思考童心的意义。童心是指孩子般的心灵、儿童般的心境，直率、纯真、不带有杂质，可以代指成人所具有的孩子般的纯真的心理。

在与孩子们朝夕相处的过程中，教师会渐渐地发现自己其实就是小孩，教师跟孩子们玩一样的游戏，跟他们谈论一样有趣的话题，或许就在这个交流的过程中，孩子们会真正喜欢上你。童心，是走进儿童心灵的门票。陶行知先生曾经多次告诫教育者，我们必须变成小孩子，才配做小孩子的先生。这也就告诉我们，只有拥有童心，才能真正走入孩子的心灵。

幼儿教师的童心，不仅仅意味着纯真，更重要的是要能站在儿童的视角去看世界、想问题，能够自然地与孩子们“一起玩耍、一起欢笑，甚至一起悲伤”。

童心是人生初航的小舟，只有遇到好的水手，才能驾驭它扬起风帆驶向理想的彼岸。童心是稚嫩的、脆弱的、敏感的，儿童时期是心灵最脆弱、最稚嫩的阶段，需要被保护和理解。李磊老师用她的童心带着她的鹦鹉“大美丽”，开启了孩子们表达的窗口，她们班的班级微信群互动呈现出了与其他班不同的快乐氛围。这里就像个童话世界，孩子们自由地与小鸟交流互动，此时李老师也活跃在他们之间，扫去了疫情带给孩子们的不快情绪。

童心是通往儿童心灵的桥梁，教师应成为幼儿学习活动的支持者、合作者、引导者。幼儿园教育应充分尊重幼儿作为学习主体的经验和体验，尊重他们身心发展的规律和学习特点，以游戏为基本活动，引导他们在与环境的积极相互作用中得到发展。我们作为老师，应该思考在幼儿的活动环节里，你是否真正支持他？是否和他一起学习？是否引导孩子做他真正喜欢的事情？

每个孩子都有他自己的发展轨迹，有他独特的思维方式，有自己处理问题的方式和评价的标准。教师应以开放的心态接纳幼儿不同的选择，以开放的意识创设环境，并给予物质上的支持。在幼儿园里，很多时候我们会给孩子开辟一个小的角落，这个角落可能张贴着他的作品，可能是他收集的一些有趣的东西，或许藏着他的小秘密，在这里能看出他们每个人的不同特点。对孩子来说，这就是一种肯定和鼓励。

（二）深化学习

责任心，是幼儿教师的光荣使命。

做幼儿教师，只有爱心是不够的，除了爱心，还必须有高度的工作责任心。这里我们再次结合一线教师的实例讨论幼师关系中的责任心问题。

因为疫情，北京市东城区光明幼儿园的老师和孩子们已经3个多月没见面了，老师很想孩子们，想方设法给孩子们推送一些游戏。

这周推送的是“橘皮创意拼摆活动”。在活动中，孩子们可以发挥自己的想象力和创造力，摆出各种各样的造型，老师在给孩子们点赞的同时想念之情也被一一牵出。如何表达我的这种难以言表的心情呢？看着桌子上的一堆橘子皮，我想是不是可以用橘子皮试着拼摆孩子们的名字。我把橘子皮撕成许多小长条，对照班上孩子的名单，开始用这些撕好的橘子皮拼孩子们的名字。拼好了就拍张照片准备作为小奖励送给家长和孩子们。拼着拼着，我发现34个名字是一个不小的工程。在拼的过程中，既要顾及字体的正确和美观，还要顾及有没有落下的名字。我坐在椅子上足足拼了一个下午才拼完。虽然有些疲惫，但是每当拼好一个名字时，眼前就会浮现出这个孩子可爱的小模样。这是一个美好的下午，一个装满回忆和想念的下午。晚上当我把用橘子皮拼好的名字照片一一发送到班级家长群，请孩子们辨认自己名字时，家长和孩子们都兴奋极了，认真地寻找属于自己的那个飘着橘子皮清香味的名片，家长和孩子们发来深情的感激话语："李老师谢谢您""李老师您太有爱了，我们家长和孩子都很喜欢这份礼物""李老师我们翻到最后才找到孩子的名字，原以为老师把他的名字落下了，结果我们也有，谢谢您"……接下来中二班的班级群可热闹了，小朋友们也把自己创作的橘子皮创意画发到班级群让大家欣赏。通过橘子皮拼摆游戏，就这样拉近了孩子、家长和教师之间的心理距离。

橘子皮拼摆游戏乐趣多

这里幼儿教师需要思考的问题是：你是如何看待幼儿教师琐碎、繁杂的工作的？你是如何看待李磊老师在橘子皮拼摆游戏这样平凡的工作中找到与孩子们沟通互动的快乐的？为什么有的老师在工作中会觉得干着干着就找不到乐趣了？

我们需要常常记得幼儿教师的责任心，这是教师应该具备的基本素养，是健全人格的基础，是家庭和睦、社会安定的保障。具有责任心的教师，会认识到自己的工作在班级、园所的重要性，把实现园所的目标当成是自己的目标，并为之付出努力。

从事幼师这份工作就要承担责任与压力，不能怕麻烦与琐碎，不能失去在繁杂工作中的责任心。孩子一来园，我们就要关注他的健康，关注他的学习，更要关注他的安全。

如上所举案例中的橘子皮拼名字，事虽小，意义却非凡。李老师沉甸甸的责任心，让孩子们感受到了那份尊重，让家长对幼儿园教师有了新的认识和评价，让幼儿园教师获得了职业幸福感。

家长把孩子送到幼儿园的时候，他们一定是很信任老师、信任这所幼儿园的。为此，我们更要认真做好每一项工作。爱心是基础，而责任心是我们把工作做得更好的动力。幼儿教师要真的爱孩子，调动起童心，树立起责任心，这样才能成为优秀的老师。

第二节　幼儿教师最需要的专业素养

其实，我们天生就会微笑。通过多维的超声波技术可以看到，在子宫中已经成形的胎儿也会有微笑的表情；孩子出生后也会在睡眠的时候微笑。微笑是全人类生理上最统一、最基本的表情。微笑的动作很简单，但它的背后却隐藏着巨大的力量，它不仅是心情好的产物，还可以让我们变得更健康、更幸福。

一、案例思考

（一）案例呈现

你笑起来真好看

你笑起来真好看，像春天的花一样，把所有的烦恼所有的忧愁统统都吹散。

你笑起来真好看，像夏天的阳光，整个世界全部的时光美得像画卷。

…………

这首歌相信很多人都听过，听歌的同时你是不是会轻声地合唱“你笑起来真好看……”，还会情不自禁地微笑？

那是一个周一的清晨，我在光明幼儿园班级门口迎接孩子和家长的到来。茜茜拉着妈妈的手不舍得分开，我微笑着走过去对她说：“茜茜是有事情要和妈妈说吗？”茜茜妈妈不好意思地对我说：“任老师，今天的午餐有虾皮小白菜，茜茜不喜欢吃，一起床就闹脾气。”我知道原因后微笑着对茜茜妈妈说：“原来是这样，中午孩子吃饭的时候我会多关注茜茜，您放心。”接着我又对茜茜说：“中午吃小白菜的时候，老师先少给你盛一些，你不用担心。”茜茜听完我的话，松开了妈妈的手，小脸上露出放松的神情，拉起我的手走进班级。为了让茜茜妈妈放心，午餐的时候我还拍了茜茜吃饭的照片发给她妈妈，晚上接孩子的时候，茜茜妈妈对我说：“任老师每次看到您笑眯眯站在门口迎接孩子，我们一天上班都特别踏实。”

很多人都说任晓燕老师爱笑，好像从没有烦恼。其实，每个人都有烦恼，可谁又喜欢看你愁眉苦脸的样子呢？尤其是作为幼儿教师，更不能把不良情绪带到每天的工作中，要让微笑伴随孩子们健康成长。

（二）思考问题

（1）幼儿园中的事情不大却很琐碎，你每天工作的时候微笑了吗？有没有人说过“你笑起来真好看”？

（2）你有没有发现微笑在人与人沟通时所带来的神秘力量呢？

二、理论阐释

（一）基本概念

1. 微笑

微笑是一种令人感觉愉快的面部表情，是一种得体的笑容，是内心平静、情绪稳定的外在表现，可以拉近人与人之间的心理距离，能够促进教师与小朋友在幼儿园活动中的相互信任和相互尊重。

微笑不但能使教师保持良好的外在形象，而且影响着教师和儿童的情绪。真诚的微笑能调节体内的荷尔蒙，体内产生的安多酚，能够让人由内向外放射出愉悦的光彩。笑容能够影响儿童，让他们也像教师一样产生愉悦的情绪，这是一个良性的传播快乐的过程，也能够增进师生之间的沟通和互动。

2. 沟通

沟通是人与人之间、人与群体之间思想与感情的传递和反馈的过程，以求思想达成一致和感情通畅。沟通包括语言沟通和非语言沟通。语言沟通包括口头和书面语言沟通，非语言沟通包括声音语气（比如音乐）、肢体动作（比如手势、舞蹈、武术、体育运动等）的沟通。最有效的沟通是语言沟通和非语言沟通的结合。

（二）基本理念

微笑，是幼儿教师最美的语言。

微笑是塑造自我形象的有效而简易的方法。养成微笑的习惯，可以增强自信，使人变得柔顺、友善，更易被他人所接纳，增强自尊和自豪感。

微笑是自信的象征，是礼貌的表示，是身心快乐的标志。微笑能散发出使人无法抵挡的魔力。心理学家分析，当我们看到一张笑脸时，我们的大脑神经就会收到指令，指挥面部肌肉展示微笑，因而会以微笑来回馈对方。

微笑是一种令人愉悦的表情，能够表达一种平和热情而积极向上的处世态度。一个热爱生活的人，一个心态平和的人，一个积极向上的人，微笑是其展露最多的表情，也是其内在修养的外在气质体现。

微笑，是人类最美丽的语言，因为微笑承载着人类最美的情感——爱。幼儿园教师应让发自内心的微笑成为一种习惯，让微笑成为自己工作的动力，把微笑送给每一位小朋友，送给身边的每一个人。

教师微笑背后的支撑力量是对幼儿的尊重和宽容的美德，是沟通的艺术和方法，是做一名阳光教师的初心和使命。

三、实践启示

（一）案例启示

“你笑起来真好看”的案例让我们思考的问题是：在幼儿园工作中，哪些环节需要我们注意“微笑”？

首先是晨间微笑接待幼儿来园，这个环节幼儿容易出现情绪波动的情况，容易哭闹、发脾气，这时教师的一举一动、言谈话语就会显得特别重要。此时的你不要因为孩子的表现而忘记微笑，遇到这种情况，我们更要用微笑来感染他们，用温暖的手臂拥抱他们，让焦虑的孩子、忐忑的家长都能感受到老师的真诚与爱，消除孩子的焦虑和不安，赢得孩子的信任和喜爱，开启幼儿园的美好一天。

其次是在教育教学的环节中我们要注意微笑，并给孩子们送去鼓励与赞赏，让所有的孩子都能感受到老师对他们的关心与关爱。

最后是离园环节，老师面对接幼儿的家长要面带微笑，家长们一定希望老师友好地面带微笑迎接他们。情绪会互相传递，你发出的是友善的信息，也会收到善意的回应。

在幼儿园的一日生活中，教师的微笑是一种自然的流露，并不是必须只在某一个环节出现。所以，在每天的工作中，教师要保持良好的心态、控制好自己的情绪，让微笑伴随孩子们的游戏和生活。

（二）见贤思齐

日常工作中，我们会发现时常微笑的老师，会让孩子从心理上更加放松、更有安全感、更愿意接近，这样师生间的沟通就会更加顺畅，交流也会渐渐变多。知道孩子心里怎样想的，开展日常工作就容易多了。微笑的背后是尊重，而对幼儿的尊重能够让幼儿教师赢得幼儿和家长的尊敬。

苏霍姆林斯基曾经说过，“在每个孩子心中最隐秘的一角，都有一根独特的琴弦，拨动它就会发出特有的音响，要使孩子的心同我讲的话发生共鸣，我自身就需要同孩子的心弦对准音调”。这或许就是做幼儿教师的最高境界。幼儿期是孩子人生的重要阶段，是人格形成和塑造的最佳时期，我们要把尊重和热爱幼儿作为做好幼教工作的前提。

这里分享一个真实的案例。

9月，我们班迎来了7个插班生，其中一个小朋友格外引人注意。他叫小峰，一天下来他很少说话，总是静静地待在班里，谁也不打扰。每到画画的时候，他会偷偷地用手盖住自己的绘画本，不让其他人看。我很好奇他画的到底是什么。一天他画完以后，我拿着他的绘画本问他：“小峰，你画的是什么故事？能不能给任老师讲讲？”他想了想，小声对我说：“任老师，我画的是坐船去钓鱼。”过了些日子，他又画了一幅画，小峰告诉我说：“我画的是坐船去钓鱼。”一连几幅画都是同样的内容——坐船去钓鱼，我却从画面中看到了变化。他画的画面比以前大了，内容也丰富了，还用了不同的颜色。每次我都会特意对他的作品做点评。有一次我在班里表扬他：“今天小峰画的《坐船去钓鱼》很有意思，他和他的爸爸坐着船去钓鱼，快看，他的渔网里捞了许多的鱼。”我的每次赞赏与鼓励，以及欣赏的目光都给了他无穷的力量，不知从什么时候起，他画画不再用小手遮挡了，也愿意与同伴分享了。

大班临近毕业的时候，小峰每天都到图书区自制一本书，我很奇怪，问他为什么做书，他却不说话。6月28日，是孩子们最后一天在幼儿园，离别的伤感笼罩着班级。游戏时间后，只见小峰手里拿着几本自制图书对我说：“任老师，这是我给你做的书。”看到他做的这八本书的时候，我在想，这需要他做多少努力？从纸张的选择到书籍的装订、从版面设计到绘画完成，他一点一点坚持完成了八本书的制作。当时的我很激动，也很惊喜，我不知道他到底为什么这么做，但我知道我在他心里一定是很重要的老师。

送给老师的八本书

他之所以想将这八本书作为礼物送给我，我想就是因为我很尊重和欣赏他的创作，我的赞赏、我的鼓励让他有了自信，这一定是他想了很久的事情。在他的心里，任晓燕老师一定有一个特殊的位置，是可以获得这八本书的老师。

我们需要思考的问题是，尊重不是随便说说而已，大家在日常的工作中是否真的做到了尊重幼儿、理解幼儿，关注不同幼儿的需求，为他们的健康成长铺路搭桥？

《北京市贯彻〈幼儿园教育指导纲要（试行）〉实施细则》明确指出："幼儿园教育必须遵循幼儿身心发展规律，尊重幼儿的年龄特点和学习特点。以游戏为基本活动，保教并重，寓教育于生活及各项活动之中，关注个别差异，促进每个幼儿富有个性的发展。"教师只有首先尊重幼儿，幼儿才会更加尊重老师。幼儿年龄虽小，但他们是完整的人，他们需要尊重，他们有自己的人格，也有自己的个性。

幼儿教师应怀着一颗爱心，用赏识的目光，仔细体会每个孩子独特的语言，让每个孩子都焕发智慧的光彩。世界上很少有人能为你专门制作八本书，这反映出一种互相尊重的师幼关系，也代表着一种互相认可的回馈。

四、学习建议

（一）总结反思

幼儿期是一个人的个性形成的重要时期，幼儿教师的爱与尊重对孩子的全面发展起着重要的作用。因此，我们要把尊重和热爱幼儿作为幼儿教育工作的前提。有的时候孩子日常创作的画会占用班级的游戏空间，保育员老师有时会在整理物品和环境时，随手把它们扔掉。这种做法是不恰当的，老师一定不能当着孩子的面处理他们的作品。这些对于每个孩子来说，都是他自身价值的体现，我们可以让孩子带回家，如果他真的不要了，不记得自己的创作，我们也要把它先收起来，然后在他们不在场的时候再以其他方式处理。这样既保护了孩子的自尊，也让他们知道所有的创作都值得珍惜，老师和小朋友都要这样做。

在玩色彩游戏的时候，需要选颜色，这么多的颜色，如果只是让老师来选的话，孩子们不会觉得开心。为什么呢？因为他觉得自己没有机会去选择，游戏的兴趣和参与的主动性就会降低。因此，我们在玩色彩游戏的时候就可以充分地给孩子自主的机会，让他们自己选工具、画材、颜色，不限制创作手法，只用简单的涂抹、拓印等方式进行创作即可。这个过程就能让孩子知道我们尊重他的选择，让他觉得自己是很有分量的，在老师的心里是非常棒的孩子。可是有的时候我们会发现有的孩子会在角落里一声不响，他不想说也不想玩儿，当遇到这种情况时我们是让他跟我们一起来玩，还是让他静静地待一会儿呢？

尊重幼儿的选择。其实有的时候给他一点儿空间，他就会觉得老师很尊重他、保护他、爱他。我们要尊重孩子的感受，这样才能建立平等的关系，孩子不开心的时候，你是否能够理解？你是否能够感受到他的情绪？作为教师，一定要让孩子知道你能够理解他。要尊重孩子的想法，给予他们自由。比如，区域游戏时间，可以让孩子们自主选择游戏或自选创作所需的材料。他的想法或许很新奇，他的创意或许很抽象，有的想法可能无法实现，但是我们是不是给孩子创设选择、体验的机会了？你尊重他的想法，支持他的探索与实践，即使没有结果也不重要，这个体验的过程才是有助于幼儿成长的阶梯。

尊重幼儿的需要，保护幼儿的自尊心。“幼儿为本”，教师要尊重幼儿期的独特性和价值性，尊重幼儿的个体差异性。在绘画活动中，你会发现有的孩子画面内容丰富、构图完整，而有的孩子画得却很简单。每个孩子之间的能力是有差异的，这种差异也各不相同，有的差半年，有的可能差一年，从孩子的发展角度来说，不要拿他的画跟别人比，关键是要关注他跟自己比进步了没有，如果他进步了，教师一定要给他鼓励、给他掌声。

（二）深化学习

作为教师，我们需要去发现每个孩子心中最隐秘的一角，需要同孩子的心弦对准音调。让我们用宽容的心去倾听，用充满爱和温暖的心去呵护、去沟通，找到与孩子们的共鸣点。

1. 宽容，是幼儿教师的一种美德

金无足赤、人无完人，每个孩子都有他的优点和闪光点，幼儿教师要有一双慧眼，善于发现每个幼儿的独特性，促进幼儿不断向前发展。我们宽容孩子的过失，并不是一味地迁就，而是用智慧化解问题，给幼儿新的机会。宽容能产生强大的凝聚力和感染力，它蕴含着期许与能量。

下面来看看郑明慧老师的案例。

木耳营养丰富，在北京市东城区光明幼儿园营养食谱中是必不可少的食材。可对于小班挑食的孩子来说，饭碗里一旦出现它，不论它与鲜艳的蔬菜搭配在一起，还是混在美味的肉类中，也不论师傅们把它切得多么细碎，它都很难被接受。有的孩子会默默地把它堆在碗边，有的会藏在米饭下面，还有的干脆扒拉到桌上。每当进餐环节遇到有木耳的时候，对于老师们来说都是一个挑战。

今天午饭有鱼香肉丝，饭菜刚推进门，孩子们闻到了香味就流着口水喊：“哇，好香啊！我要吃饭!”当我看到菜里有木耳时忍不住担心起来，我一边介绍菜名一边说：“哎呀！今天的鱼香肉丝太香了，不仅有香香嫩嫩的里脊肉丝，还有对眼睛有好处的胡萝卜丝，有能清热化痰的冬笋丝，还有能让小朋友变漂亮能补血的木耳丝呢，这道菜啊不仅好看好吃，还特别有营养，我也好想吃啊!”说着我开始给孩子们的小碗里盛菜，他们扬起笑嘻嘻的脸紧盯着老师手中的菜勺，很快都低下头大口地吃起来。不一会儿，班里几个挑食的孩子开始发愁了，他们一会儿吃几口，一会儿斜着小眼睛望望我，没了刚开始的兴奋劲儿。豆豆用小勺子压着木耳丝说：“老师，木耳黑黑的、脏脏的，我不吃。”我走过去蹲下来说：“豆豆身体最棒了，就是因为不挑食。巧克力也黑，可是豆豆最爱吃，他们都是健康食品，能让豆豆聪明又漂亮。你看，老师的头发多黑，你闻闻香喷喷的呢，一点都不脏。”旁边桌上的珩珩说：“老师，这个木耳恶心、有味儿，我咽不下去。”我转过身对他说：“珩珩是最勇敢的男子汉，感冒冲剂都不怕，木耳吃了可以长力气，我们都相信你才不怕木耳呢，愿意把木耳吃下去。”清清这时则是不声不响地把木耳从碗里扒拉到桌上，皮皮看了说：“老师，我也不要吃，木耳滑溜溜的，吃在嘴里想吐。”看来光讲道理是不够的，我灵机一动说：“我小时候一开始也不爱吃木耳，我的老师告诉我木耳会唱歌，它唱歌的声音很小，咯吱、咯吱的可好听了。后来我试着吃了，真的耶，木耳会唱歌，我就变得越来越爱吃木耳啦！不信你们试一试，把木耳放嘴里嚼嚼，用里面的槽牙不停地嚼，就能听到它唱歌的声音了。”

这时孩子们都好奇地挑木耳放进嘴里咀嚼，不吃木耳的几个孩子也试着将木耳放进了嘴里，并不停咀嚼着，我鼓励他们：“听见木耳为你们唱好听的歌了吗？它们可喜欢大家了，想帮助小朋友长得又壮又健康，我们一起奖励木耳吧。”孩子们都好奇地看着我，我接着说：“快让木耳从你的嗓子眼儿坐滑梯，滑到肚子里去游泳吧！”孩子们都伸伸脖子把木耳咽了下去，还一个劲儿地说“真好玩儿，我还想让它唱歌、滑滑梯”，边说边用小勺在碗里翻找木耳。

小班幼儿入园初期，由于饮食习惯不同，都各自有偏爱的食物，但不喜欢吃木耳的现象普遍存在。在进餐环节中，我依据小班幼儿的年龄特点，用适宜小班幼儿的拟人化、游戏化的教育策略，对幼儿个体差异进行分析，并创设游戏情境，激发幼儿的好奇心，从“木耳会唱好听的歌”这一点引发幼儿的兴趣，使幼儿自然回避了吃木耳过程中各自面临的困难，把注意力放在了边嚼边听木耳发出的咯吱咯吱的声音上。我还抓住幼儿喜欢玩滑梯的年龄特点，鼓励幼儿“帮木耳玩滑梯游戏”，促使幼儿主动将嚼碎的木耳咽了下去，让他们意识到吃木耳并不困难，而是一件快乐的事情。

这个案例让我们思考的问题是：每个人都有自己的特殊喜好和习惯，作为幼儿教师，对于孩子的一些特殊的行为或习惯能否宽容接纳，并尝试用智慧的方法巧妙化解呢？

宽容，是宽厚，能容忍、包容、原谅、不计较。宽容是一种美德，是对他人人格的理解和尊重，体现在人与人之间的合作过程中。宽容，表现为一种气质，一种勇气，一种智慧，一种文化底蕴和涵养，是一种综合素质的体现。

宽容是一种智慧，郑老师熟悉小班幼儿的年龄特点，知道如何与幼儿沟通，用游戏的方式化解了幼儿的负面情绪，引导幼儿从拒绝吃木耳到尝试让木耳“咯吱咯吱唱歌”，再尝试让木耳“坐滑梯”，不爱吃木耳的问题就这样巧妙地化解了。我们都知道，小班幼儿逆反心理很强，越不让做的事情就越去做。游戏的方式缓解了对抗情绪，幼儿在感受游戏快乐的同时，也完成了对自己的挑战。

有的时候两个孩子发生冲突了，我们不要只盲目地看到这个现象是什么，教师应该先了解孩子行为背后的原因再决策。例如，有小朋友来告状，可他不是最初受委屈的，他可能把别人的东西弄坏了，然后和别人发生了冲突；也可能他去抢别人玩具别人不给他，他就来告状。了解了原因以后再想办法解决才不会冤枉孩子，让每个孩子都觉得老师是尊重他的。

宽容一定是建立在理解和尊重的基础上的，教师要学会批评的技巧，保护好孩子的自尊心。当着大家的面，简单粗暴的指责或批评会让他觉得很没面子，有可能会引发其他不良行为或情绪。教师应该以理解和尊重的态度与孩子沟通，教会孩子一些解决问题的方法，帮助他缓解自己的情绪。

宽容的老师是智慧的，是温暖的，是有爱的。他们知道如何尊重孩子，知道多包容孩子并给予正确的引导和疏导，让每个孩子都能拥有健康快乐的童年。

2. 沟通，是幼儿教师必学的一门艺术

沟通是幼儿教师必学的一门艺术。作为幼儿教师，我们在与幼儿交流的过程中起着引导、启发、询问、建议的作用，而幼儿则是选择性观察、模仿、尝试和操作，并把信息内化。在与幼儿沟通的过程中，教师一定要充分地调动孩子的多种感官，让孩子在观察的过程中选择自己需要表现的，并尝试付诸实践。这个沟通互动的过程是需要教师和孩子共同来进行的。

我们来看这个杨树花的案例。

随着天气渐渐变暖，北京市东城区光明幼儿园院子里的杨树花开了。户外活动时，只见嘉嘉、天天、浩宇跑到杨树底下开始捡杨树花，天天捡了一把杨树花后飞快地跑到晨晨的背后把手中的杨树花扔到了他身上，又转身跑掉了。接着浩宇也将自己手中的杨树花抛向了天空，花落下来的时候掉在了香香的头上，香香生气了，也将手中的杨树花扔向浩宇。接着萧萧、大丁、可昕也加入了乱扔杨树花的队伍中，此时的操场上到处飞扬着杨树花、尘土，大部分孩子的头上、脸上、衣服上都挂着杨树花的毛毛。有的孩子很开心，有的孩子很生气，有的孩子则躲到了一边不参与。最多的是告状的："老师，天天把杨树花扔到我头上了!""老师，大丁把毛毛放到我脖子里了!"看到孩子们的表现，我正要大声制止，看见晨晨手里拿着一根杨树花来到我跟前说："任老师您看，杨树花软软的，多像只毛毛虫。我能把毛毛虫变成一幅画吗?""当然可以啦，你还可以再叫几个朋友一起来试试。"站在身边的雅萱、悦悦也都争着说要试一试。晨晨的话提醒了我，我们可以把杨树花变成孩子们天然的游戏材料，引导幼儿观察不同种类的杨树开的花是不同形状、颜色的，还可以利用杨树花柔软的特性来进行创作。不一会儿晨晨用杨树花拼了一个小姑娘，开心地告诉我说："这是我变的小妹妹。"

如果孩子们能把软软的杨树花变成艺术创作的自然材料，感受它的柔软、发现它的变化、享受创作的快乐，那一定是个有意思的过程。我把四散活动的孩子们叫到我身边，请大家来欣赏晨晨的创作。"小朋友们，快看晨晨把杨树花变成了什么?""呀！是个小人!""真可爱!""它好像在跳舞。"看到晨晨的创作，刚才乱扔杨树花的小朋友也纷纷对我说："任老师我们也可以用杨树花变点东西吗?""当然可以啦，那谁能告诉我，为什么杨树花可以变出不同的形状?""它是软的、它是软的!"孩子们举着手中的杨树花大声地叫着。"你们一定也能用软软的杨树花创作出与众不同的作品!"

听完我的话，浩宇开始捡这些软软的杨树花；天天也安静下来和飞飞用软软的杨树花变房子；嘉嘉和香香合作游戏，香香捡杨树花，嘉嘉变"小人"。画面最大的是可昕、悦悦和轩轩一起用杨树花变的大公共汽车，好长好长。他们都根据自己的需要或将杨树花弯曲围圆，或将杨树花延长变形，操场上没有再出现刚才"混战"的现象。孩子们都沉浸在用软软的杨树花创作的游戏过程中。

在这个案例中，我们需要思考的问题是：在我们平时的工作中，是否会因为不了解幼儿的所思所想，或者不知道他们的兴趣点是什么而导致慌乱或手足无措呢？

老师和幼儿需要沟通，沟通从来不是单一的，一定有双方或多方的不同互动。老师和幼儿的沟通要适时，适时就是当幼儿很专注地玩游戏的时候，我们尽量不打扰他，有些话题可以在他静下来或者是在做别的事情的时候跟他沟通。在沟通的过程中不能只是老师说，也不能只是幼儿说，应该双方各自表达自己的观点，老师要让孩子有交流、沟通的选择，当他想说、愿意说的时候，我们要给他机会，我们要做倾听者，倾听孩子的心声，孩子也需要表达，在这个表达的过程中，我们需要更好地去理解孩子。幼儿教师与幼儿在沟通中是平等的，这种平等是建立在老师和孩子和谐的关系基础上的。因为当很多孩子能够把自己的想法直接向老师反馈的时候，说明老师一定跟孩子有一种平等的关系，就像朋友一样。

关注幼儿的发展需要，善于发现幼儿感兴趣的事物和偶发事件中所隐含的教育价值，是教师把握教育契机、积极引导的第一步。兴趣是幼儿参与活动的原动力，幼儿一旦对事物有了兴趣，往往就会主动参与活动，并根据自己的直观印象，无拘无束地把对事物的感受、理解用语言及行为表现出来。幼儿教师在尊重、理解幼儿的基础上，不仅要有一双善于发现的眼睛及时捕捉生活中、大自然中的教育契机，还要有智慧的头脑，能及时将幼儿的兴趣转化到有效的学习中，让每个幼儿都能够在探究的过程中获得满足和发展。

案例中的户外活动出现的问题其实非常棘手，如果武断地制止，会打消幼儿尝试探索的积极性；放任不理，又怕幼儿之间发生冲突或危险。如何将幼儿的兴趣引向更积极的方向，发展幼儿的探究能力，更好地促进他们与大自然的互动呢？

首先关注幼儿的年龄特点，大班幼儿正处于幼儿时期心理发展的最高阶段，他们活动的自主性、主动性水平都明显提高。活动中的共同学习是实现大班教育目标的适宜途径。教师根据幼儿的提议，将幼儿引向活动化的同伴间的共同学习。一根根普通的杨树花在幼儿手中具有了生命和灵性，每个人都在根据自己的感受和需要进行创造性的表达。在“会变的杨树花”活动中，幼儿在感知到杨树花柔软、易变形、易组合的特性后，能够主动地进行多种形式的艺术造型活动，小小的杨树花游戏让师幼沟通上升了一个新台阶。

其次幼儿教师与家长的沟通也很关键。教师在和家长沟通时也要注意多种途径，尤其现在已经进入信息时代，用微信沟通非常方便。这个过程对老师来说也是一种挑战，要跟这么多家长进行有效的沟通，就要遵循分层、分地点、分事情、分方式的原则。

做好幼儿教师的工作，需要教师有爱心、童心，还要有真心的付出，教师之间也要默契配合，形成良好的团队精神。每个班都是一个小集体，只有幼儿与幼儿、幼儿与教师、幼儿与家长、教师与家长、教师与教师形成一个关系融洽、相互协作的沟通生态圈，才能助力幼儿健康快乐地成长。

3. 做一名阳光的幼儿教师

春天，阳光给万物带来勃勃生机。冬天，阳光给寒冷的大地送去温暖与希望。都说教育是根的事业，当它扎根于泥土中吸取着养分时，还需要阳光给予它能量。爱是一切教育的源泉，阳光的教师可以让这份爱的事业更有温度，希望每位幼儿园教师都能够成为一名阳光的幼儿教师。

面对幼儿，教师要有阳光般灿烂的笑脸——清晨你的微笑将带给孩子和家长们对新一天的憧憬与期待。微笑有一种魔力，它可以让人心情好起来不再沮丧，可以让人获得成功的体验而信心满满。

面对琐碎的班级工作，教师要有阳光般平和的心态。大家都知道，幼儿园的班级工作是平凡而繁杂的，一天忙碌下来，老师们可能都记不得自己说了多少话、帮助孩子做了哪些事。教师一定要心态平和，认真对待每一项工作，用你心中的阳光照亮周围需要你的孩子们。

面对多彩的教育教学活动，教师要有阳光般炽热的情感。在开展教育活动的过程中，教师们不仅要精神饱满，还要有积极的态度，将课堂变为舞台，去赢得幼儿的信任与爱戴。

面对困难，教师要迸发出阳光般智慧的火花。都说办法总比困难多，希望老师们遇到困难时不要退缩，多想想还有什么方法，多试试其他路径，或许你的智慧火花也因此而被点燃。

面对专业发展，教师要有阳光般生生不息的能量。《幼儿园教师专业标准（试行）》提出，作为教师要努力做到终身学习，“学习先进学前教育理论，了解国内外学前教育改革与发展的经验和做法；优化知识结构，提高文化素养；具有终身学习与持续发展的意识和能力，做终身学习的典范”。让我们把学习作为一种习惯，并在实践中不断积累升华，让它带给我们生生不息的能量。

第三节 幼儿园教育活动中的教师职业道德

师德，即教师的职业道德，是幼儿园教师最基本、最重要的职业准则和规范。幼儿园教师的教育对象是 3 至 6 岁的幼儿，他们正处于身体、智力、情感和社会性发展的关键期。“幼儿为本”是“以人为本”的科学发展观在幼儿教育上的具体体现，是幼儿教育本质的重要内涵，也是幼儿园教师应秉承的核心理念①。对于幼儿园教育来说，促进幼儿健康成长是一切工作的起点和落脚点。

一、案例思考

（一）案例呈现

案例一　和小哥哥一起学本领

2020 年上半年疫情期间，我作为东城区光明幼儿园的一名幼儿教师，又是一位妈妈，在家经常需要边带孩子边准备相关的教育活动。恰好我所在的是大班，我的孩子又刚刚步入小学一年级，所以在给班级推送活动时，我设计了部分有助于幼儿顺利衔接小学的课程内容，选择了更适合大班幼儿的形式呈现给孩子。比如，一年级有通过七巧板认识几何图形的单元，而幼儿园都有七巧板玩具，《幼儿园教育指导纲要（试行）》

① 教育部教师工作司.《幼儿园教师专业标准（试行）》解读. 北京：北京师范大学出版社，2013：36.

里也鼓励幼儿在做中学。于是，我带着儿子可乐一起用纸板自制七巧板，涂上漂亮的颜色，并且用七巧板拼出不同的几个图形和漂亮的图画，一边做一边将过程拍照记录下来，制作成美篇推送给家长，引导小朋友跟可乐哥哥比一比，看谁拼的图形最多、谁拼出的图画最好看！我还带儿子一起画了《数字畅想画》，自制了刮画纸等等。

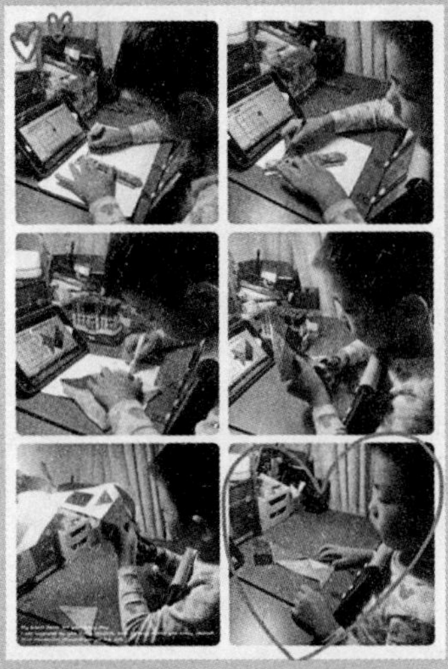
和小哥哥一起学本领

七巧板拼出漂亮图形

推送的活动中，孩子们最喜欢的是既可以动手制作又可以表演的“三只小猪”活动，这也是我儿子最喜欢配合的。我带着儿子先用彩纸以折东南西北的方法折出了三只小猪和大灰狼，又用白纸折出了三个小房子，并用彩笔装饰成草房子、木房子和砖房子，道具都制作完就可以套在手上进行“三只小猪”的故事表演啦！我把制作步骤和游戏视频推送到班级群以后，班级群就陆续收到了来自班中小朋友制作的三只小猪和故事表演视频，孩子们都特别兴奋。

疫情期间，简单的折纸游戏也不再简单，需要做更充分的准备，包括内容、材料、呈现方式等，在我的精心设计以及“小助教”的示范下，我们班的云端课堂也从此丰富、活跃起来。

郑薇莉老师和儿子带领小朋友们一起做折纸游戏

（郑薇莉老师提供案例）

案例二　看电影中的数学活动

看电影是孩子们比较喜欢的一种娱乐活动，现在孩子去电影院的机会也越来越多，经常会听到小朋友们谈论自己看电影的经历。然而，在与孩子们的个别交流中，我发现孩子们对看电影的经验还是比较粗浅的，对于“为什么要买票”“看电影坐哪个位置”，大部分孩子的经验是模糊的。怎样让孩子运用数的经验为自己的生活服务，并在生活化的游戏情境中提升数的运用能力呢？

《3—6岁儿童学习与发展指南》指出：“引导幼儿感知和体会生活中很多地方都用到数，关注周围与自己生活密切相关的数的信息。”幼儿的数学学习依赖于对具体事物的探索和体验，通过与环境的交互作用，使数学经验逐渐内化，并自我建构获得发展。活动内容需来源于幼儿的实际生活，把数学活动与社会经验相结合，迁移生活，联系生活，让数学回归到生活中。

基于以上的现状及相关理论知识，我设计了“看电影”数学活动，利用孩子生活中已有的经验来开展活动，通过游戏引导幼儿在情境中学会看懂“电影票”上的信息，并根据信息提示找到相应位置。

活动的开始部分，通过情境的导入和提问的引出，激发幼儿对于活动内容的兴趣，引导幼儿跟随教师一起回忆自己和家人看电影的情景，主动地投入教学活动中。同时，通过问题的提出调动幼儿的已有经验，在幼儿原有经验的基础上梳理出：我们看电影要先买票，根据电影票上的数字找座位。活动进行到这里，孩子们的兴趣逐渐上涨，迫不及待地要到“大一班小剧场”去看电影。然而，“怎样才能去看电影”“怎么找座位”等一系列问题，挡在了孩子们的面前。这时，屏幕上出现了电影票的图片。大家通过观察，发现了电影票上的关键信息。经验丰富的幼儿，一下就找到了电影票上的座位号、时间等。就这样，在系统的梳理总结下，将幼儿初步的感性经验真正上升为理性知识，在活动中不断地强化，为幼儿接下来的操作做好铺垫工作。

拿到“电影票”，孩子们兴奋不已，但走到“大一班电影院”，又不知道该如何按照自己的电影票正确地找到座位。于是，我引导幼儿观察电影院的结构，并通过提问的方式调动幼儿的已有经验，讨论“从哪里入场”“从哪里开始找座位”等，在孩子们的激烈讨论下，终于将“大一班电影院”的入场位置及座位号的方向确定了下来。孩子们拿着电影票，按着顺序找座位。有的小朋友从前往后走一步数一下排数，再走过去向右面一个一个地数，找自己的座位号；有的小朋友从后往前数，找到相应的排数后，再数自己的座位号，但是座位上已经有小朋友站在那里了；还有的小朋友，走来走去还是找不到自己的位置，只能一个个地翻开地上的标记，对着自己的座位号去找相应的位置。音乐响起，电影正式开始，这时有的小朋友迅速站到空着的座位号上。看到这一情景，我进行了及时的反思，将本该加深难度的第二环节“按照单双号找自己的座位”调整为“再次按照座位号找座位”，并在这一环节结束后，请小朋友们说一说自己找座位的好方法以及遇到的困难，帮助幼儿梳理已有经验，引导幼儿同伴间相互学习，逐步理解序数的含义，能看懂电影票上的符号，并找到相应的位置。

讨论结束后，孩子们再次拿起电影票。这一次，孩子们不再像第一次那样手忙脚乱找不到位置，而是每个人都低着头，认真地按照“电影票”上的信息找自己的座位，很快就听到了孩子们开心的笑声以及“我找到喽！”“我坐在这里！”等声音。游戏的再次进行，对幼儿的数学知识进行了深入的巩固。通过一系列的教学活动环节、老师的讲解、自己知识的内化和探索，实现了幼儿操作的有效性。

在“看电影”数学活动中，幼儿不断地进行探索、思考，从而获得了初步的数学经验、知识和技能，再通过自己的操作探究，加深和巩固了自己的数学经验、知识和技能。幼儿在轻松愉悦的环境中感受数学与生活的密切联系，学会了运用已有的知识解决生活中的问题。

（郝宏涛老师提供案例）

（二）思考问题

（1）2020 年的新冠肺炎疫情打乱了所有人的生活及工作模式，幼儿园和学校也开启了新的教育教学模式。作为幼儿教师，案例中的郑薇莉老师和郝宏涛老师都在摸索实践新的教学模式，你认同她们的做法吗？你认为幼儿园教师怎样才能做得更专业？

（2）你认为幼儿园的教育资源应如何拓展？教师应该怎样培养幼儿良好的学习习惯？

二、理论阐释

（一）基本概念

1. 教学模式

教学模式一般指在某种教学理念或教育理论的指导下，在实践操作中建立起来的较为完整和典型的教学活动框架体系。它是理论的具体细化，直接面向和指导教学实践活动，规范教学活动的步骤、可操作性。可以说教学模式是一种策略体系，一种关于教学的思路和策略。

从教学活动实施的角度来看，教学模式的构成要素起码包括课程设置、教材选择和教学活动。

2. 专业

《辞海》对“专业”一词的释义为：“高等学校或中等专业学校根据社会专业分工的需要设立的学业类别。”人们对于专业通常有两种理解，一种是指职业发展高级阶段，如教师是一门专业，律师、医生、工程师等都是一门专业。这种意义上的专业是以高深的专业知识和持久的专业训练为基础的。另一种是指学校内部由主修课程所界定的一个学业领域，也是一个人才培养的平台或框架。

3. 习惯

习惯是指积久养成的生活方式。学习习惯是在学习过程中经过反复练习形成并发展，成为一种个体需要的自觉的学习行为方式。

《汉英辞典》对习惯有两种解释：一是适应；二是长期养成的行为、倾向。教育学家们倾向于将习惯解释为：经过后天不断练习获得的，并与某种自动化动作的需要联系在一起的动作方式。

（二）基本理念

正如第一章所述师德，即教师的职业道德，是教师在教育教学工作中必须遵循的各种行为准则和道德规范的总和。“师德为先，即教师在开展教育教学活动、履行教书育人职责的过程中，必须将师德放在首位，幼儿园教师也不例外，师德是幼儿园教师最基本、最重要的职业准则和规范。”①

幼儿园教师是对 3 至 6 岁幼儿进行教育的专业人员。他们提供的这种社会服务是特殊的和不可替代的，是一项专业性很强的工作②。只有具备高尚的师德，把师德放在首位，才能应对复杂烦琐的幼儿园教育教学工作，充分履行教师的职责。幼儿园教师的教育对象有着独特的身心发展特点，3 至 6 岁幼儿的身心发展规律和学习特点决定了他们主要不是借助书面文字或抽象符号来学习，而是通过行动和经验并动员多种感官来学习。幼儿的学习，需要教师为其创造条件和机会、提供材料并给予专业的帮助和引导，使幼儿获得有益的感知经验。幼儿园开展的教育教学活动，既要遵循幼儿的发展规律，还要遵循幼儿的兴趣需求和生活的逻辑。而要实现以经验为核心的教育，幼儿教师必须掌握幼儿的身心发展规律和学习特点。

三、实践启示

（一）案例启示

2020 年新冠肺炎疫情的出现，改变了我们的生活和社交模式，教育模式也在调整和改变，幼教工作者需要适应新的形势发展。很多老师开启了新的学习和工作模式，她们学会了网络直播、网络会议学习、视频的编辑、课件的制作等，也就是说教师作为专业人士，在新的平台上要不断学习、不断完善自己。

同时我们可以发现，教师的课程资源也在不断拓展，还可以将幼儿的生活经验、社会经验都纳入幼儿园的课程资源。幼儿园教育教学内容及形式发生的变化，都是源于这些可爱的老师对幼儿教育职业的热爱和对幼儿的关爱。

（二）见贤思齐

在特殊时期，郑薇莉老师在家中借助有限的材料和她的一年级小学生“助教”同她一起，为班上的孩子们设计教学活动，用亲子游戏的模式示范在家庭中如何开展相关活动，小哥哥的出镜给云端课程增添了温暖与亲情。在幼儿园里，像李磊老师用橘子皮为孩子们设计名片、郑明慧老师教小朋友木耳会咯吱咯吱唱歌、郝宏涛老师设计“看电影”数学活动等案例，数不胜数，这些都是以幼儿为本的科学发展观在幼儿园教育教学中的具体体现。

---

① 教育部教师工作司.《幼儿园教师专业标准（试行）》解读. 北京：北京师范大学出版社，2013：33.

② 同①：7.

四、学习建议

（一）总结反思

“幼儿园教师职业的对象是学龄前儿童，是处于身体智力、情感和社会性发展的关键时期的幼儿，该时期的幼儿其个体身心发展具有多重矛盾性和特殊性，这也决定了幼儿教师职业是一个非常复杂、对教师素质要求很高的职业。在众多的教师素质中，师德无疑是最为重要的素质，具有引领性作用。只有具备了高尚的师德，把师德放在首位，才能在面对复杂的幼儿教育活动时，充分履行教师的职责。”①

处于身心发展关键期的幼儿模仿能力强、可塑性高，家长、幼儿园的教师都是他们日常接触最多、最亲近的人，也是他们的模仿对象，所以我们要以身作则，为幼儿提供一个可信任的、言行一致的楷模，发挥榜样示范作用，用“润物细无声”的方式，潜移默化地传递正能量。

（二）深化学习

随着社会的不断进步和变化，幼儿教育也在向着更加人本化、专业化、规范化的方向发展。作为一名新时代的幼儿教师，一定要树立正确的理想和信念，与时俱进，让信念之光照亮我们的幼教之路。

关于教师职业道德在幼儿园教育活动中的践行与评价，我们来看看郑薇莉老师的故事。

正值世界图书日，我们在班级群中发起了“坚持阅读21天养成爱读书的好习惯”这一倡议。为了引导鼓励幼儿学会分享，也为了让孩子们阅读到更多更优秀的绘本，我带着儿子一起来到图书大厦选择好的经典绘本。

回到家，在和儿子一起阅读的过程中我认真分析绘本，还在网上参考了相关的评论，考虑到每周分享一次，为了能让孩子都有所收获，我选择推荐系列绘本，比如：安东尼·布朗的大猩猩系列、宫西达也的恐龙系列、埃米·扬的大脚丫系列以及乔安娜·柯尔的神奇校车系列。为了拓展幼儿在阅读方面的知识，我还查阅了著名绘本作家以及有关绘本构造的小知识。晚上，等家人都熟睡以后，我自己一个人在书房支着手机支架，一遍一遍地为孩子们录制教师分享视频，录完以后进行剪辑，一些知识性较强的视频，我必须反复确认无误最后才推送到班级群。担心孩子们家中的绘本有限，疫情期间又不方便外出购买，于是我将有声版绘本推送到班级群，方便幼儿自主阅读。

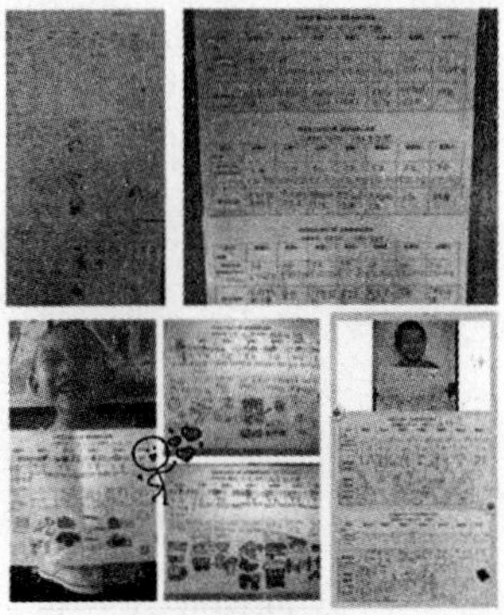

孩子们的阅读计划

“坚持阅读21天养成爱读书的好习惯”活动开启后，孩子们纷纷开始制订自己的21天阅读计划。他们用自己的方式进行记录，形式多样。同时每周六晚我们都会和孩子们在线上进行

① 教育部教师工作司.《幼儿园教师专业标准（试行）》解读. 北京：北京师范大学出版社，2013：33.

读书活动分享，老师们先分享一本故事书，幼儿自主报名分享自己阅读的故事。为了让每个孩子都能够通过云端感受到坚持阅读是一件了不起的事情，我用腾讯会议的方式，以“爱阅读爱分享”为主题，在云端为孩子们举办“21 天坚持阅读颁奖活动”。

云上听老师讲故事

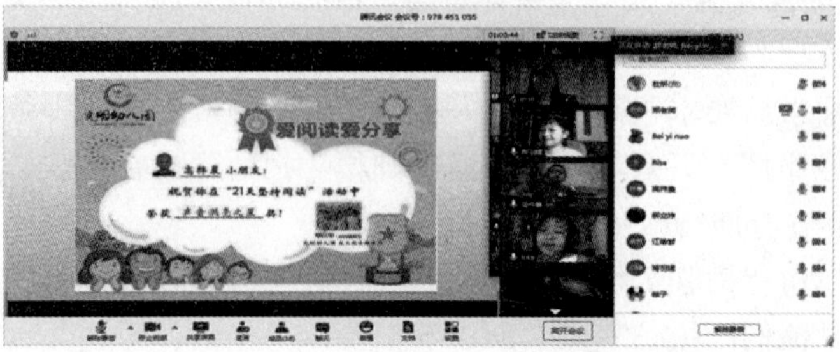

孩子们听老师讲故事

每次活动持续进行一个半小时，老师、孩子、家长都非常感动，每个孩子都得到了属于自己的小奖状，有“坚持阅读小榜样”“知识积累小达人”“勇敢分享之星”……“坚持阅读 21 天养成爱读书的好习惯”活动虽然结束了，但爱阅读的种子已经悄悄地种在孩子们心里，相信他们在今后的日子里，一定会把阅读作为生活中的一部分，真正爱上阅读。

从这个案例中教师应思考的问题是：好习惯的养成是需要过程和时间的，一般一个幼儿好习惯的养成需要多长时间呢？我们应该采用什么样的方法帮助幼儿培养好的行为习惯呢？

巴金曾经说过，“孩子的成功教育从好习惯培养开始”。幼儿期是养成良好习惯的关键期，每种习惯都需要不断地积累才能形成，包括生活习惯、健康习惯、学习习惯等等。幼儿好的习惯的养成，需要幼儿园、家庭、社会的共同协作。

21 天坚持阅读活动，只是一个开始。它让老师和家长看到了幼儿的变化与成长，其实任何一份努力都不会消失，它会变成另一种形式或能量存在。在本次阅读活动中，老师们为了激发幼儿的学习主动性，在活动中关注幼儿个体差异，让每个孩子都有机会参与；老师与家长相互配合为幼儿创设开放的空间，比如绘本故事的选择、计划的制订、阅读记录、展示形式和时间的设计；教师依据不同幼儿参与 21 天坚持阅读活动的具体情况，设置了不同的奖项并定制了奖状，让每个参与的孩子都获得了成功的体验。

凡是坚持阅读的幼儿，他们的家长会发现，孩子的阅读能力和表达能力都有不同程度的进步和提高，家长们也会主动地为孩子寻找更多的阅读资源，提供有助于幼儿阅读的空间，让好习惯陪伴孩子成长。

在幼儿园的日常教育教学活动中，在鼓励幼儿参与的同时，教师还要思考如何评价幼儿的行为和表现，如何积极正向地评价和引导幼儿。教师要给他们创设机会、搭建展示平台、给予适时适度的评价，让每个孩子对未来都信心满满、充满希望。

习惯的养成非一日之功，幼儿在坚持的过程中，更需要教师和家长耐心的引导与鼓励，要及时发现他们的进步，肯定他们的变化，并依据孩子的能力水平提出新的挑战，让每个孩子都能争做最好的自己。

第四节　幼儿园生活活动中的教师职业道德

《北京市贯彻〈幼儿园教育指导纲要（试行）〉实施细则》指出："坚持保教并重，寓教育于一日生活之中，是实现教育目标的重要途径，因此要科学合理地安排和组织一日生活，使幼儿逐步形成文明的生活方式，促进幼儿健康成长。"坚持保教结合是幼儿园阶段教育的突出特点，也是《幼儿园工作规程》《幼儿园教育指导纲要（试行）》的基本要求。高质量的幼儿园教育要给予幼儿良好的生活照料，科学合理地安排组织幼儿的一日生活，并将教育契机融入保教工作中。

一、案例思考

（一）案例呈现

喝水环节我做主

进入秋冬季，天气干燥，呼吸道疾病增多，喝水就显得更为重要。光明幼儿园幼儿升入大班后基本上能够按时、按需喝水，但有时仍有个别孩子不爱喝水或只喝少量的水。每天早上还会有家长嘱咐老师让幼儿多喝点水，那用什么方法既能让幼儿在喝水环节中学会自我管理，知道自己每天喝了多少水，还能通过同伴的记录了解到其他小朋友每天、每周的喝水量呢？针对这个问题，我们和幼儿讨论准备让他们自己尝试记录喝水情况，管理自己的生活。

活动前我们以家长问卷的方式向家长征询对让幼儿记录喝水情况的看法及如何记录等问题。调查结果显示大部分家长表示支持，并愿意积极配合，在家里也进行喝水记录。

陈鹤琴先生曾指出："凡是儿童自己能够想的，应当让他自己想。"针对这一"活教育"原则，我在活动之前首先和幼儿一起就喝水这一话题进行了系列讨论，充分调动幼儿的积极性、主动性，针对这一问题想策略、想办法，并尝试实践解决问题。

提问一："为什么我们每天都要喝水？"幼儿回答踊跃："不喝水会生病""不喝水人会死的""小花儿要浇水，我们也要喝水"等等。

提问二："你们知道自己每天能喝多少水吗？"这个问题一抛出，立刻引起幼儿热烈的讨论。有的说："我每天喝好几杯水。"有的说："我每天喝 900 克水。"有的说："水是流动的，是分子组成的，没法数。"

提问三："怎样才能知道自己每天喝了多少水呢？"这个问题再一次引发了幼儿的争论。有的孩子说："我早上来了喝一杯，游戏喝一杯，起床后喝了一杯……"他们有的用杯来计算，有的用勺来计算，有的用口来计算。因为在幼儿园喝水使用杯子，所以经过讨论最后大家一致同意用纸做记录，把每天喝水的杯数记下来。

提问四："记录一周喝水数量需要多少张纸？"通过讨论幼儿得出答案，一周有七天需要七张纸。接着我给幼儿出示一个记录本请幼儿观察，这个本子和我们要做的记录本有什么不同？通过观察孩子们发现这个本子表面和背面各有一页纸，于是孩子们的记录本上加上封底、封面共九张纸。接着我将准备好的纸分到各组，请幼儿自己数纸并用钉书器钉成册。

提问五："怎么才能看出这是喝水记录本呢？"幼儿纷纷提议自己设计喝水记录本的封面、封底。接下来幼儿开始选择自己喜欢的图案设计记录本。有的幼儿画了小水杯，有的幼儿画了饮水桶，有的幼儿画了自己在拿水杯接水。

将纸装订成册

幼儿设计的记录本封面

《幼儿园教育指导纲要（试行）》中指出，让儿童"在快乐的童年生活中去获得有益于身心发展的经验"。"活教育"原则也主张："凡是儿童自己能够做的，应当让他自己做。"把生活活动作为学习契机也是我们学习新课程、贯彻《纲要》的进一步实践。

幼儿从早上来园时喝的第一杯水开始记录，到晚饭后结束记录。幼儿可以选择自己喜欢的标记记录，记录方式多样：有的画小水杯，有的画小花，有的用几何图形，有的用小动物；有的写完所有日期后做记录，有的则写一个日期画一个标记。每天晚饭后幼儿通过点数记录，把一天的喝水量数好，并用数字记在喝水统计表上。周五晚上幼儿将记录本带回家，把喝水记录活动延伸到家中，请家长同幼儿一起记录周末在家的喝水情况周一再带回来，周一早餐后幼儿将周末回家的喝水记录数字记录在统计表上。

小朋友做喝水记录

小朋友在表格中记录喝水数量

经过一个月的记录活动，我发现孩子们记的标记越来越简单，由开始的复杂图形变为点或简单的图形。发现孩子们的变化后我就及时调整记录方式。于是我和幼儿一起商量不用本子记录，而是直接把喝水量记录在表格中。取消记录本后，我引导幼儿直接用图形记录喝水次数，每个周一的早饭后幼儿用点数图标的方式，数出上一周在幼儿园喝水的杯数。

通过在班上开展喝水记录活动，孩子们的喝水量有了保障，更重要的是在这个过程中，孩子们渐渐把外化的需求转化为自我需要和自觉行为，知道了按时、按需喝水对身体健康有益处。活动过程中孩子们也渐渐学到了一种自我约束、自我管理的方式，这对于即将升入小学的孩子们是非常有帮助的。活动中孩子们不仅尝试了多种记录方式和统计方法，通过记录、观看喝水记录本、喝水统计表增加了他们与同伴交流的机会，在记录的过程中幼儿还学会了关注自己和关心他人。这也告诉我们，幼儿的社会性教育应该融入幼儿的一日生活中。

（二）思考问题

（1）老师们，是不是经常有家长对你说“老师，孩子上火，您让孩子多喝点水”“老师，孩子今天喝水多吗”？你是否认同“喝水环节我做主”案例中任老师的方法？你是如何看待孩子在幼儿园喝水问题的呢？你有哪些好的方法可以分享一下？

（2）幼儿应具有哪些自我管理能力？

二、理论阐释

（一）基本概念

1. 自我管理

自我管理是指个体自身为适应内外需求，主动确立个人发展目标和行为准则，并以此为引领，通过积极的自我认知、自我评价、自我激励、自我调控，实现个性化和社会化的过程，也是认识自我、实现自我和谐发展的管理过程。

2. 幼儿自我管理

幼儿自我管理是指教师利用幼儿的内在力量改变行为的策略，重视运用适切的方法减少幼儿不良行为与增加良好行为的过程，这种管理包括儿童的自我认知、自我设计、自我调控等，也包括幼儿的物品管理、时间管理、情绪管理等自我控制行为。

3. 幼儿自我管理能力

幼儿自我管理能力是指幼儿个体对与自身生活有关的事宜（如认知、情绪、行为）进行管理的基本能力。

幼儿自我管理能力主要体现在五个层面：自理能力、自我认知能力（自我认识及情绪的调节能力）、自律能力、协调自我与群体关系的能力以及明辨事理解决问题的基本能力。

（二）基本理念

幼儿生活在幼儿园的班集体中，个人行为与集体有着密切的关系，同时，为了保证幼儿的生活健康、学习活动安全，幼儿需要有自我管理的意识和能力。幼儿具有一定的自我管理能力，会让幼儿园的一日生活和学习环节更加有序。幼儿园良好的常规要求，避免了不必要的管理行为，教师可以逐步引导幼儿学会自我管理，防止包办代替，凡是幼儿能做的，应该给幼儿机会让他们自己去做，凡是幼儿能想的，就给幼儿机会让他们自己去想，如果可行，还可以给幼儿创设更多的机会去实践。教师应时刻关注幼儿的个人需求，也让他知道自己需要什么、要如何去做。

在幼儿园一日生活环节中，执行作息制度要注意稳定性和灵活性相结合，既要有利于形成班级秩序，使幼儿能有规律地生活，同时又要满足幼儿合理的需要，照顾到个体的差异。对体弱和能力不足的幼儿应给予适当的照顾，不强求一律，使之逐步达到一定的要求①。

三、实践启示

（一）案例启示

实施喝水记录活动，开始的第一周会觉得很累、很烦琐，你总要不断地提醒幼儿记录，当活动进行到第三周时，幼儿已经能够自己完成数纸、装订、设计、挂本、记录，晚来的幼儿没有本子还会主动向老师要纸装订。其实，孩子的很多能力是我们所不知道或不了解的，要想读懂孩子这本书就需要教师不断地去学习、观察、思考、实践、反思。

（二）见贤思齐

有的工作多年的一线教师有时候会被眼前的人或事所迷惑，变得相对麻木了，常常忽略生活环节中的教育契机，而这次喝水记录活动告诉我们，幼儿一日生活环节中处处皆是活的教育。要想发现教育的契机，教师就要有一双敏锐的眼睛，要活学、活用、活教，运用不同的教育方式与手段，不断捕捉和挖掘幼儿一日生活环节中的教育机缘，激发幼儿的学习兴趣和实践愿望，让他们主动参与到生活活动中，处处做学习的主人，让孩子们在快乐的幼儿园生活中去获得有益身心发展的经验。

霍嫚頔老师班里的自然角故事可真多，让我们一起来听听她的故事。

光明幼儿园日常饲养活动是幼儿感知、了解和关爱生命的活动，也是幼儿在自然角互动中最喜欢做的事情。早晨，孩子入园第一件事就是到自然角观察，值日生会细心地为小乌龟换水、清洗龟背，给孔雀鱼宝宝喂细小的粉末鱼食，以及从家里带一些新鲜的胡萝卜给班中的小明星“蝈蝈——墩墩儿”。

这天轮到周三的值日生照顾小动物了，凡凡突然急忙地跑过来说：“老师，墩墩儿越

---

① 北京市教育委员会. 北京市贯彻《幼儿园教育指导纲要（试行）》实施细则. 北京：同心出版社，2006：14.

狱啦！我找了整个笼子都没有找到它！”听到凡凡的话大家都围了过来。“快看，笼子怎么缺了一根立柱，它一定是从这儿跑的。”糖果说道。于是小朋友们都开始低下头、弯下腰到教室的各个角落去寻找墩墩儿。“它在这儿呢！”小苒大声地说，“就趴在碰碰香的叶子上面。”顺着小苒指的方向看过去，墩墩儿正在那悠闲地啃着叶子，“它一定是在笼子里太闷了”“它是不是饿了”“碰碰香应该比胡萝卜更好吃吧”……大家七嘴八舌地说了起来。

霍老师及时捕捉到了孩子们的兴趣与需要，带领幼儿围绕“蝈蝈为什么越狱”开展探究活动。通过带领孩子们一起查找资料、讨论，在梳理和实践中，孩子们发现墩墩儿喜欢吃多样的食物，不仅喜欢吃胡萝卜、碰碰香、苹果这类新鲜的水分少的蔬菜和水果，还喜欢吃蛋黄和面包；墩墩儿喜欢在25℃～28℃、干燥的环境里生活；还要根据它的生长及时更换更大的笼子等。从此，每天的值日生不仅会从家里带不同的食物喂给墩墩儿，还会在午餐后带着蝈蝈一起到楼道里散步。细心的孩子们还发现了，当天气热、有人大声说话的时候，墩墩儿爱唱歌；当把它的叫声录下来放给它听时，墩墩儿也会跟着一起唱。大家不仅每天关注着自然角的墩墩儿，也关心着怀孕的虾妈妈什么时候生小宝宝，以及孔雀鱼宝宝成长的变化……通过喂食、观察、记录，幼儿更加全面地了解了不同动物的生活习性，进而体会到了生命的奇特与美好。

小朋友观察蝈蝈

小朋友给蝈蝈喂食

四、学习建议

（一）总结反思

陈鹤琴先生指出：“儿童离不开生活，生活离不开教育；儿童的生活是丰富多彩的，健康教育应把握时机。”幼儿园健康教育的出发点和归宿点是培养幼儿的健康行为，即养成健康的生活方式。喝水是幼儿一日生活中很重要的一件事，每天喝够一定量的水对幼儿健康是十分有益的。

教师应依据幼儿的年龄特点引导幼儿关注自身健康，学会管理自己的生活，养成良好的生活习惯。教师要引导幼儿学会观察外部世界，爱护生命，在与自然界动物、植物和谐发展的环境中健康成长。

（三）深化学习

“寓教育于一日生活之中，是实现教育目标的重要途径。”幼儿园生活为幼儿的学习和发展提供了许多契机，幼儿生活能力的培养应贯穿于幼儿园的一日活动之中。教师应注重培养幼儿初步的生活能力，为幼儿养成良好的心理品质和今后的学习生活打下坚实的基础。

兰渝老师班上的小朋友都是劳动小能手，下面来分享她的故事。

在光明幼儿园，幼儿午睡起床后第一件事就是自己主动整理被子，这已成为幼儿一日生活中必不可少的一件事。幼儿在园如此，在家也能每天如此吗？整理自己的被子，是一件很简单的小事，但对于幼儿园大班的幼儿来说，能够坚持自己整理被子也不简单。好的习惯离不开家园的通力配合，于是，我们以整理被子为切入点，向家长下发了“幼儿在家参与劳动的调查问卷”，了解幼儿在家参与劳动的情况，之后我们认真细致地分析每个家长的问卷，并根据家长反馈的内容，及时给予了肯定和表扬。与此同时，我们也对“幼儿在园参与劳动的情况”进行了收集。结合调查问卷及与家长的沟通，我们发现，幼儿在园能将自己的物品整理好，但在家中却缺乏主动整理的意识及能力，家长也迫切希望得到老师的指导与帮助。

为了更好地了解家长在家指导幼儿参与家庭劳动的情况，更有针对性地开展教育活动，我们召开了家长会，与家长在云端上见面沟通。根据家长反馈的情况，幼儿在参与劳动时，还是缺乏主动性，在坚持做一件事情方面还有不足。基于以上问题，结合幼儿的在园现状，老师和幼儿沟通交流后，和幼儿一起制订了“一周幼儿整理被子”计划。

在幼儿的生活计划当中，每天都有自己在幼儿园整理被子，还有每天要帮家人整理被子，幼儿根据自己制订的计划，坚持每天叠被子，并在记录表中用符号、绘画的形式记录自己叠被子的方法，并且每天和家长一起评价自己的完成情况。同时，家长运用照片或视频的形式记录孩子在家劳动的画面，发送到班级群中，起到幼儿与幼儿之间、家庭与家庭之间相互学习和借鉴的作用。老师认真细致地观看每一张分享图片，并根据分享的内容，及时给予孩子肯定和表扬。

第24题：以下哪些原因会让您代替幼儿劳动。［多选题］

选项	小计	比例
孩子做得慢	18	64.29%
孩子不想劳动	8	28.57%
家里长辈心疼孩子，不让孩子劳动	5	17.86%
让孩子劳动反而会帮倒忙	6	21.43%
孩子太小，不适合劳动	1	3.57%
其他［详细］	3	10.71%
本题有效填写人次	28	

幼儿在家参与劳动调查

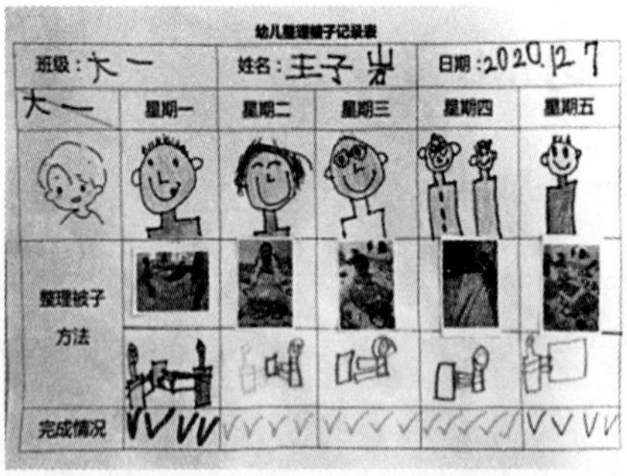

幼儿一周整理被子完成图

在此过程中，家长的积极性也被调动起来，针对不同的被子，家长教给孩子不同的叠被方法或小窍门。我们班王子岩的爸爸是一名军人，爸爸将自己在部队叠军被的方法教给自己的孩子，并录制视频发送到班级群中，得到了家长和小朋友的肯定和赞许。幼儿在整理被子的过程中，学会了新技能，一向内向不敢大声说话的王子岩这次自信满满，并在群中发语音说，要将学到的新方法教给小朋友们，一时间，群里的互动多了起来，每个家庭都将自己叠被子的方法发送到班级群中。家长们说，以往孩子每天早起都得叫好多遍才起床，如今孩子们能自己早睡早起，主动整理被子还帮着我们整理被子，觉得孩子一下子长大了懂事了。

幼儿在园争先恐后地分享在家参与家庭劳动的情况，示范展示家长在家指导幼儿叠被子的方法。有边看视频边讲解的，有直接去睡眠室实战操作的，各个示范得有模有样。比如："将被子展开平铺在床上，将被子的两个长边向中心线对折，再将被子两条短边向中心线对折，将被子整理成长方块。"还有厚被子、薄被子、双人被子的整理方法等，都有幼儿分享。

通过叠被子活动的开展，幼儿参与家庭劳动的兴趣及愿望越来越浓厚，家长对幼儿家庭劳动教育的认识有所提高，教师们制作了家务劳动美篇，提供大班幼儿家务劳动清单，和幼儿制订"我的周末劳动计划""整理床铺计划表"，设置心愿墙，设计积分卡，等等。在生活计划中，幼儿可以根据自己的实际情况，自由支配时间参与各种家务劳动。由于时间灵活了、方法多样了，幼儿参与家务劳动的频率也越来越高了，大部分幼儿都能运用自己喜欢的方式完成家庭劳动。通过亲子共同参与家庭劳动，家长能够给孩子更多的陪伴，也增强了孩子自己动手的自信心。园里还举办了"劳动我能行"颁奖典礼，为孩子们颁发奖状，让孩子们获得了劳动的愉悦感和成就感。

幼儿展示在家叠被子

"劳动我能行"颁奖典礼

让幼儿参与家务劳动有助于幼儿树立正确的劳动观，也有益于幼儿的德育和智力发展，提高了幼儿的自我管理能力。教师和家长帮助幼儿建立了在家庭里和在幼儿园里的主人翁意识，锻炼了孩子们的社会交往能力，分享了劳动的快乐，培养了孩子们热爱劳动的良好习惯，增进了亲子之间的积极互动情感。

事实证明，日常家庭劳动教育有利于幼儿形成健康的人格、劳动的观念、良好的生活习惯，可能会影响幼儿一生德智体美劳的全面发展与成长。看似平凡的劳动活动，对于锻炼幼儿的独立自主、持之以恒等优秀品质具有积极的现实意义，可能是幼儿一生的宝贵财富。

"寓教育于一日生活之中，是实现教育目标的重要途径。"生活为幼儿的学习和身心健康发展提供了许多教育的契机，幼儿一日生活中也蕴含着丰富的教育资源。作为教师，我们要有一双善于发现的眼睛，及时捕捉到教育契机，开展不同形式的学习活动，培养幼儿良好的行为习惯，更好地促进其健康全面发展。

第三章

师幼交往的伦理解析

• 学习导引 •

师幼交往是师幼互动中的重要内容，以此为基础建立起来的师幼关系是否平等、和谐，关系到幼儿的身心发展，以及各项教育活动能否顺利进行和取得成效。因此，充分认识师幼交往在教育中的意义，对师幼关系进行深入而正确的伦理解析，对于幼儿园教师具有重要的意义。

良好的师幼交往建立在尊重、关爱、信任、平等、公正的基础上，幼儿能够从中获得安全感，从而获得健康和谐的发展；幼儿在体验被尊重、被信任、被关爱的同时，能够形成自尊、自爱、自信的品质，并学习用同样的态度对待他人。

本章我们从师幼平等和尊重幼儿等方面对师幼交往进行分析，并提出一些具有可操作性的建议。

• 学习目标 •

学习完本章内容后，你将能够：

1. 举例说明健康的师幼关系；简要说明良好的师幼交往的主要特点。

2. 阐释尊重幼儿的人格和权利，阐释尊重幼儿的话语权，掌握与幼儿平等对话的策略。

3. 运用实例说明幼儿教师应如何尊重幼儿的兴趣，以及发现并培养幼儿的兴趣。

4. 增强教育公平意识，能够在各种活动中公正地对待每一位幼儿。

• 思政目标 •

1. 弘扬民主、平等的社会主义核心价值观，规范保教行为，尊重幼儿权益，提升对幼教事业重要性的认知水平。

2. 遵守社会规则，对规则和法制有敬畏感，明确并坚守法律底线，形成良好的职业道德修养。

3. 充分认识幼儿园一日生活对幼儿成长的教育价值，把握其中蕴含的教育契机，践行以尊重、平等和民主为原则的师幼交往的职业理念。

4. 尊重幼儿的个性与选择，落实发挥幼儿主观能动性的育人理念。

• 思维导图 •

以下是本章内容的整体框架及学习这部分内容的思维过程规划。此图可以帮助你从整体上了解本章内容的知识结构和学习路径，包括尊重幼儿、平等对话、尊重兴趣和公平对待每一个幼儿等内容。请你仔细品读和理解，以帮助你建立对本章知识的整体印象。

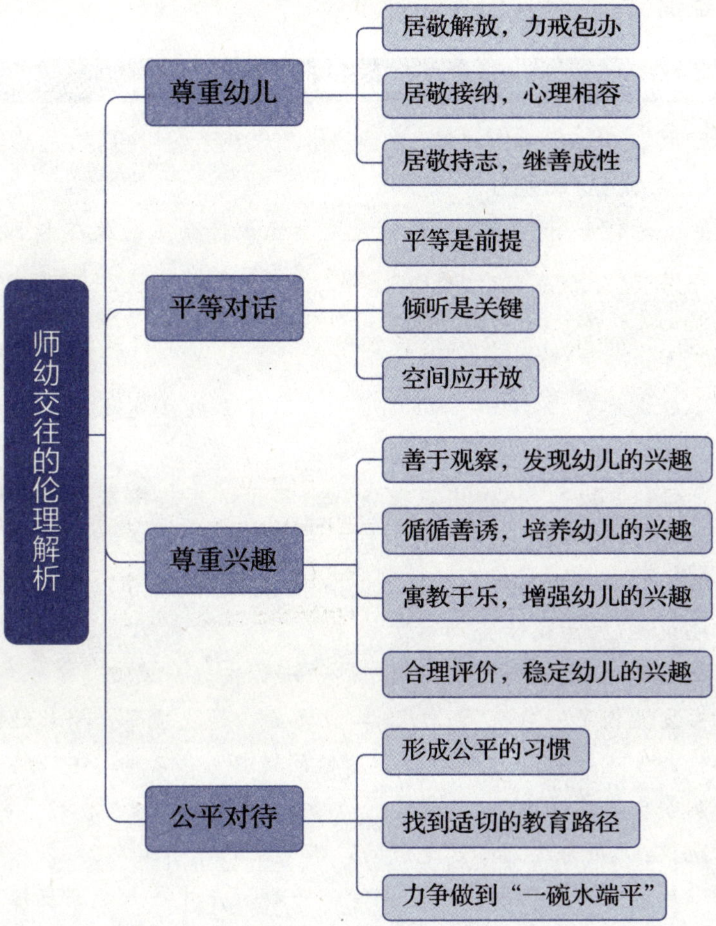

看完上面的思维导图后，你是否对本章所要学习的内容有一个初步的整体印象了呢？我们可以在这个整体框架的帮助下学习本章的具体内容。我们需要理解师幼交往、伦理等基本概念的含义，重点学习和应用尊重幼儿、平等对话、尊重兴趣、公平对待幼儿等理念和方法。

第一节　尊重幼儿

《幼儿园教育指导纲要（试行）》中指出：“教师应成为幼儿学习活动的支持者、合作者、引导者。”因此，幼儿教师和幼儿之间的关系是一种平等、友好、共生共长的互动关系，幼儿教师要“尊重幼儿人格，维护幼儿合法权益，平等对待每一个幼儿。不讽刺、挖苦、歧视幼儿，不体罚或变相体罚幼儿”。只有尊重幼儿，才能听到幼儿的欢声笑语，才能让每个孩子都有一个丰富而美好的内心世界。

一、案例思考

（一）案例呈现

有趣的沉浮游戏

北京市东城区第二幼儿园组织幼儿一起玩“沉浮游戏”，目的是培养儿童观察事物、发现问题、解决问题的能力。

有位老师的立意特别好，她先让小朋友充分认识什么东西放在水里会沉下去，什么东西放在水里会浮起来；然后，又给小朋友提出新的要求。她给每个小朋友发了一块橡皮泥，让他们先去试一试，橡皮泥放在水里会是怎样的情景。通过试验，大家很快发现橡皮泥放在水里是沉下去的。

老师又向小朋友们提出了一个新的任务：“用什么办法能让橡皮泥放在水里之后浮起来呢？”小朋友开始开动脑筋，积极想办法。

莎莎跟老师说：“老师，把橡皮泥捏成一只鸭子，我想橡皮泥变成鸭子的形状就能够浮起来。”

老师感到奇怪，问：“为什么？为什么你觉得橡皮泥捏成鸭子以后就能够浮起来呢？”

莎莎认真地说：“因为鸭子会游泳呀。”

老师笑了，但是没有急于否定，而是说：“那你去试一试吧。”

莎莎就用橡皮泥捏了一只鸭子，放到水里之后，她发现了一个让她意想不到的现象——那只鸭子并没有浮起来。她特别失望地问老师：“老师，这只鸭子为什么没有漂上来？鸭子明明会游泳的。”

老师亲切地说：“因为这只鸭子是假的，不是活的，不是真的。”

莎莎听了以后好像有点理解，但是她回头一看，另外一个小朋友捏了一条船，而那条船就浮在水面上了。然后莎莎就特别不理解，对老师说：“老师，他的船也是假的，为什么就能浮起来？我的鸭子也是假的，怎么就不能浮起来？”

其实这是浮力的现象，但是老师很难把这么复杂的一个科学原理跟小朋友说清楚。所以老师就对莎莎说：“那好，那你来想办法，让你的假鸭子也像他的假船一样漂在水面上。”

然后莎莎开始不断地去调整鸭子的身子，不断地捏橡皮泥，改变橡皮泥的形状，直到她把这个鸭子的身子也变成了一个船形，把一个大鸭子头捏成了一个小鸭子头，而且鸭子头就歪在船上。终于，她的这只小鸭子也漂在水面上了。

（李岩老师提供案例）

（二）思考问题

（1）设想如果你和小朋友一起玩沉浮游戏，在这个过程中，你会如何理解儿童的心智问题？你认为在游戏中教师应该发挥什么样的作用？

（2）追述一件你所经历的（或见到的）教师尊重幼儿或当众讽刺、歧视幼儿的事件，谈谈教师应如何在日常工作中尊重幼儿。

（3）从幼儿身心发展规律（或幼儿学习的特点）的角度诠释尊重幼儿人格和权利的意义。

二、理论阐释

（一）基本概念

1. 师幼交往

师幼交往指教师与幼儿之间的相互往来，是幼儿园教育活动中教师与幼儿之间的直接沟通、互动接触和相互作用。

2. 伦理

伦理指人伦道德之理，这里是指幼儿园教育活动中教师与幼儿相处的符合道德标准的行为准则。

3. 幼儿人格

幼儿人格是指幼儿享有的由法律直接赋予幼儿的人格尊严。

4. 幼儿权利

幼儿权利是指幼儿在所处的社会生活中应该享有的对待和照顾的权益。

（二）基本理念

第二章讨论了师幼关系中的职业道德，本章则进一步探讨在幼儿园教学活动和日常生活中，教师与幼儿交往的基本准则。师幼交往的伦理是通过教师和幼儿相互作用和相互影响的教育活动形成的。换言之，幼儿园的教育活动总是在师幼交往中展开的。因此，教师应当充分重视伦理道德在师幼交往中的积极作用。

教师要将幼儿作为具有独立人格的完整的人来看待，尊重幼儿的人格尊严，尊重他们的兴趣、愿望、要求和思想情感等。由于幼儿的稚嫩、弱小，他们对自己权利的行使还必须通过国家、社会与成人的教育和保护才能实现。

幼儿具有人格尊严权，是指在幼儿园里，教师应当尊重幼儿、爱护幼儿，不得对幼儿实施体罚和变相体罚，严禁歧视、猥亵、虐待、侮辱幼儿人格等损害幼儿身心健康的行为。幼儿的合法权益，是指由国家宪法和法律明确规定的幼儿权利和利益，即幼儿在所处的社会生活中应该受到的对待和照顾，这种对待和照顾不能因幼儿的身份、地位等客观因素的差别而不同。

幼儿园教育应以尊重幼儿的人格和权利、面向全体、重视个别差异为基本原则，促进幼儿全面、健康、生动、活泼的发展。

1. 关于儿童权利、人格尊严的国际认识

1989 年 11 月 20 日，第 44 届联合国大会通过了《儿童权利公约》，旨在为世界各国儿童创建良好的成长环境。其基本原则是：非歧视性原则、儿童利益最佳原则、尊重儿童尊严原则、尊重儿童观点和意见原则。《儿童权利公约》规定，所有儿童都享有生存权、发展权、受保护权和参与权。

2. 关于儿童权利、人格尊严的中国承诺

我国《宪法》第 46 条规定，中华人民共和国公民有受教育的权利和义务。《幼儿园教育指导纲要（试行）》总则中指出，幼儿园教育应尊重幼儿的人格和权利，尊重幼儿身心发展的规律和学习特点，以游戏为基本活动，保教并重，关注个别差异，促进每个幼儿富有个性的发展。《中华人民共和国未成年人保护法》第 27 条规定，学校、幼儿园的教职员工应当尊重未成年人人格尊严，不得对未成年人实施体罚、变相体罚或者其他侮辱人格尊严的行为。

三、实践启示

（一）案例启示

尊重幼儿个体差异，才能促进每个幼儿富有个性的发展。案例中的莎莎把自己用橡皮泥捏成的鸭子当成了一个活的、具有灵性的东西，她不认为那是一只假的鸭子。她把活的鸭子具备的一些本领放在了假鸭子的身上。

如果教师急于去扼杀她的想法，就让她失去了一个探究的机会，也让她失去了一次去发现事实、理解事实的机会，从而剥夺了她自我成长的机会。这位老师很有智慧，是个有心人，建议莎莎自己去试试。

莎莎捏的鸭子浮不上来，这让她特别失望，老师告诉她那是因为她捏的鸭子是假的。这时她发现别人的假船却浮上来了，因此感到非常困惑。可见，每个幼儿的心智发展水平、速度是不一样的。老师再次建议她想办法让自己的假鸭子也能漂在水面上。《3—6 岁儿童学习与发展指南》在“说明”中指出：“幼儿的发展是一个持续、渐进的过程，同时也表现出一定的阶段性特征。每个幼儿在沿着相似进程发展的过程中，各自的发展速度和到达某一水平的时间不完全相同。要充分理解和尊重幼儿发展过程中的个别差异，支持和引导他们从原有水平向更高水平发展，按照自身的速度和方式到达《指南》所呈现的发展‘阶梯’，切忌用一把‘尺子’衡量所有幼儿。”

在游戏过程中，老师不但引导莎莎去发现问题，还鼓励她去解决问题。莎莎不断地调整橡皮泥的形状，不断地试验，直到成功。在解决问题的过程中，莎莎更加关注客观事实，心智自然得到了成长。老师起的作用就是因势利导，耐心等待，等待幼儿用自己的眼光和心智去理解和解读这个世界。

对于幼儿的教育，教师应按照幼儿的节奏、意愿、兴趣展开，满足他们发展的需要，引导他们在体、德、智、美、劳等方面协调发展，使其获得有益于身心发展的体验。

（二）见贤思齐

教育成功的秘密在于尊重。因此，教师对待每一位幼儿要多一些尊重，多一些宽容，多一些耐心，多一些期待。在日常保教生活中要注重对幼儿的正面教育，尊重幼儿的人格，保护幼儿的人格尊严，保障幼儿的发展权、要求权、参与权等。

对幼儿的尊重不能只停留在思想认识层面，还要落实到日常教育教学的行动中。这里有一个“小朋友交换看绘本”的案例。

在教育幼儿的过程中，幼儿园的米老师提倡孩子们自带绘本。孩子们在自由活动时间，就可以阅读自己的绘本。一开始，小朋友各看各的，大家都很安静。后来，他们看完了自带的绘本，便开始互相交换。米老师鼓励孩子们互相交换，尝试并感受与他人分享的快乐。大部分孩子都乐于和别人交换，但也有不愿交换的。经过询问，那些不愿交换的孩子，大都是担心别人会把他（她）的绘本弄脏、弄坏或带回家。苗苗就是一个这样的孩子。她悄悄把自己的绘本藏起来后，要么凑到其他孩子身边，与他们一起看，要么去拽去抢，时间一长，其他孩子都躲着她。苗苗是个活泼的孩子，被孤立后非常难过，米老师耐心地跟她讲道理，告诉她：“只有拿自己的绘本与别人交换，才能看别人的。”苗苗开始尝试交换绘本，看到别人没有弄脏、弄坏自己的绘本，苗苗与他人的合作也越来越积极主动。

幼儿是发展的人，需要教师的精心呵护和耐心引导。《新时代幼儿园教师职业行为十项准则》第 10 项要求教师规范保教行为，尊重幼儿权益。米老师没有强硬地要求苗苗应该怎样做，而是给予她积极的暗示，引导她自己去解决问题，让她自己去尝试、去体验。苗苗在活动中不仅学会了与人交往，还感受到了与人交往的快乐。米老师真心实意地为苗苗着想，在维护苗苗人格尊严的前提下进行正面教育，巧妙地对她的行为进行了修正。

这一案例所体现的师幼关系、师幼互动均建立在尊重、平等和民主的基础上，这是对教师在保教活动中尊重幼儿的又一诠释。

四、学习建议

（一）总结反思

幼儿教师不仅要有广博的知识，要精通儿童心理学和学前教育相关的专业知识，还要熟悉相关教育政策及法律法规，以“博”养“专”，以“专”促“博”，依“法”育“人”，如此才能具备观察、沟通、创造和意外事故处理等能力，才能更好地尊重幼儿的人格和权利，尊重幼儿身心发展的规律和学习特点，才能切实为幼儿服务。

因此，幼儿园教师应强化对学前教育政策及法律法规的学习和应用，如《中华人民共和国未成年人保护法》《幼儿园教育指导纲要（试行）》《幼儿园教师专业标准（试行）》《幼儿园工作规程》《新时代幼儿园教师职业行为十项准则》《幼儿园教师违反职业道德行为处理办法》等。

教师应提高法治意识，发扬教育民主，尊重幼儿的人格和权利。教师应与幼儿平等对话，尊重幼儿的话语权，尊重幼儿的兴趣和好奇心，公平对待每一位幼儿。苏霍姆林斯基曾说："只有教师关心人的尊严感，才能使学生通过学习而受到教育。教育的核心就其本质而言，就在于让儿童始终体验到自己的尊严感。"教师应在尊重幼儿的前提下，以促进每个幼儿富有个性的发展，使每个幼儿都能得到尊重为己任。

（二）深化学习

《幼儿园教育指导纲要（试行）》在"组织与实施"部分指出："尊重幼儿在发展水平、能力、经验、学习方式等方面的个体差异，因人施教，努力使每一个幼儿都能获得满足和成功。"这要求教师要尊重幼儿，解放幼儿，接纳幼儿，与其心理相容，全心全意为幼儿服务。

1. 居敬解放，力戒包办

陈鹤琴先生提出了"活教育"的17条原则，如"凡幼儿能做的，让他自己做；凡幼儿能想的，让他自己想"等，体现了尊重幼儿的主体性，重视幼儿动手动脑，重视直接经验的价值。在保教工作中，教师必须适应幼儿的年龄特征和个性特点，不仅要尊重幼儿主动活动、学习与发展的权利，还应努力成为幼儿权利的维护者。

陶行知先生曾提出对儿童实施六大解放：解放儿童的头脑，让他们能够去想、去思考；解放儿童的双手，让他们去做、去干；解放儿童的眼睛，让他们去观察、去看事实；解放儿童的嘴巴，使他们有足够的言论自由；解放儿童的空间，让他们从鸟笼式的学校里走出去；解放儿童的时间，让他们做支配时间的主人。居敬体悟，尊重幼儿，教师"必须严格遵照最大限度地减少教育者的积极干预的原则"，理解幼儿的学习方式和特点，尊重幼儿学习、选择与发展的权利，不包办代替，最大限度地支持和满足幼儿通过直接感知、实际操作和亲身体验获取经验的成长需要。

2. 居敬接纳，心理相容

心理相容表现为师幼之间在心理上协调一致，师幼关系密切、情感融洽、相互信任、平等合作。因此，教师要以尊重、理解为原则，调整好心态，掌握好方式，方能与幼儿心理相容。但总有部分幼儿性格倔强，甚至做出攻击行为，或者爱惹是生非。其实他们更需要尊重，更需要理解，更需要爱护。面对这样的小朋友，首先要给予情绪认同，接纳他们的哭泣、焦虑，包容他们不当的言行，善待他们的"错误"。卢梭曾说："要尊重儿童，不要急于对他做出或好或坏的评判。问题不在于告诉他一个真理，而在于教他怎样去发现真理。"所以不妨这样问问他们：发生了什么事？你感觉如何？你想要怎样？那你有什么办法？这样做的后果会是什么样的？你决定怎么做？你希望老师做什么？结果怎样，有没有如你所想？在师幼沟通过程中让幼儿切实感受到相互尊重、相互理解、相互信任、相互支持的重要性，激发幼儿的同理心，增强其与他人、集体关系融洽和谐的幸福体验。

教师真正做到与幼儿心理相容，才能了解幼儿，才能在与幼儿的相处中享受美好的情感体验，教师和幼儿的心理素质也会得到提升，从而实现教学相长。

3. 居敬持志，继善成性

教师的任务是什么？是为幼儿服务，帮助幼儿去除阻碍生命自我发展的障碍，促进其身心和谐发展。命令式的、强制的、干涉的教育方法对幼儿的发展不仅无效，甚至会让其失去兴趣，产生不良情绪。因此教师必须尊重幼儿的自主性、选择权，尊重幼儿的自我活动。

居敬持志，继善成性，教师要承担以下角色：

(1) 观察者。教师要随时观察幼儿的行为，“以不带成人偏见的眼光来看孩子”。观察的目的在于了解幼儿的发展和需要。

(2) 环境的创设者。适宜的气氛和环境对幼儿身心发展以及幼儿“内部潜能”的开发是非常重要的，有益于幼儿良好情绪情感、品质与行为的形成。教师应为幼儿的生存、活动、学习和发展创设好的物质环境和人文环境，以利于幼儿在环境感知的过程中获得直接经验。

(3) 示范者。在幼儿自我选择、使用教具材料之前，教师应为幼儿示范正确的操作方法。

(4) 支持者和合作者。教师是幼儿发展的支持者和合作者，离开了教师的协助，幼儿的发展很难实现。幼儿需要时，教师应能及时出现，迅速而正确地做出判断，采取及时、恰当而有效的教育措施，成为幼儿情感的支持者和学习活动的最佳合作者。

教师只有尊重幼儿的个性，以欣赏、客观、全面的眼光去关注幼儿的发展，才能引导和影响幼儿，幼儿的个性才会得到健康和谐的发展。

第二节　平等对话

幼儿期是口语发展的关键期，幼儿的口语表达能力是在具体运用语言的过程中逐渐发展起来的。《幼儿园教育指导纲要（试行）》指出，提高幼儿语言交往的积极性、发展语言能力，应“创造一个自由、宽松的语言交往环境，支持、鼓励、吸引幼儿与教师、同伴或其他人交谈，体验语言交流的乐趣”。因此，幼教工作者要尊重、信任、热爱幼儿，学会与幼儿平等对话，为他们营造一个自由、宽松并能得到积极应答的语言交往环境，让他们想说、敢说、喜欢说、有机会说，从而使每个幼儿的口语在“平等对话”的平台上，得到迅速发展和提高。

一、案例思考

（一）案例呈现

请你帮帮我

近段时间，我在幼儿园里发现了一个奇怪的现象：几个小朋友在一起开心地交流，当老师走过去要参与他们的活动时，他们往往是马上停止讨论或走开。为什么会这样呢？我在《幼儿园教育指导纲要（试行）》中找到了答案。

《幼儿园教育指导纲要（试行）》明确指出，师生之间，要建立良好的师生、同伴关系，让幼儿体验到幼儿园生活的愉快，形成安全感、信赖感，教师要敞开心扉与孩子进行对话，要与孩子友好相处，这样孩子们才能全身心地投入交往中。

于是我设计了这样的活动："请你帮帮我"。我跟小朋友说，老师和大家一样，也有遇到困难的时候，也有做错事的时候，老师特别想请小朋友帮老师找出做错的地方，老师一定会认真改正错误，做一个大家都喜欢的老师。

第一次开展这样的活动时，小朋友听我说完，脸上露出了怀疑的神态，一开始，只有三四个小朋友发言，声音特别小，一边说还一边小心翼翼地看着我。对于他们的发言，我一直保持微笑，并且感谢他们指出了我的缺点和错误，渐渐地我发现小朋友越来越兴奋，声音比原来响亮了许多，举起的小手更多也更高了。"汤老师，小朋友要是做错了，你应该给一次机会让他改过""老师，有时候，小朋友没做错，你也批评他，这是你不对的地方""汤老师，你要求小朋友要说普通话，但是，有时候我听到你和其他老师都没说普通话"……等孩子说完后，我真诚地说："谢谢孩子们，老师一定会努力改正这些缺点和错误的。"

经过一次又一次这样的活动，我发现我和小朋友的关系亲近了许多，他们越来越喜欢和我交流，有什么事都愿意和我说，甚至还把他们的小秘密分享给我。可见我和孩子在民主、平等的交流中，成了无话不谈的好朋友。

（汤瑞锦老师提供案例）

（二）思考问题

（1）你认同山东省邹城市第一实验小学教育集团附属幼儿园汤老师让小朋友帮助自己找出做错的地方的做法吗？

（2）构建新型师幼关系的途径有很多，为什么说师幼平等对话是非常重要的途径之一？我们应该怎样理解"平等"的内涵？怎样理解"平等对话"？

（3）与幼儿平等对话的方法和策略有哪些？在日常教学中如何做到"尊重幼儿的话语权"？

二、理论阐释

（一）基本概念

1. 平等

平等指人们在社会、政治、经济、法律等方面享有同等待遇。幼儿园中的平等是指教师和幼儿之间享有同等的人格权利，平等对话是一种理想的师幼交往形式。

2. 幼儿话语权

幼儿话语权是指幼儿在教育活动中，尤其是在课堂教学活动中所拥有的表达自己思想、情感和态度的权利。尊重和保护幼儿的话语权是尊重幼儿主体地位的基本要求。

3. 师幼平等对话

师幼平等对话指教师把幼儿当成和自己在人格意义上具有完全一致性的人来对待，和他进行双向对话交流。师幼平等对话的实质在于话语权平等。

（二）基本理念

对话不是简单的一问一答的交谈，真正的对话是指交谈双方双向性的相互交流，在这种交流中，双方都是主体，都有自己的主体精神。

平等对话是指师生基于相互尊重、信任和平等的立场，通过言谈和倾听进行双向沟通、共同学习的方式。在传统教学中，教师在“传道、授业、解惑”时是绝对真理的化身，在教师的“声音”下，不允许有其他的“声音”，教师常以权威者自居，要求幼儿绝对服从。这样就导致了师幼间缺乏平等对话，也就谈不上教育引导。而现代教育模式则认为教师与幼儿在人格上是平等的，每个人都可以发表自己的见解。教师得放下架子，双方都应以平等的姿态展开交流，如此才能在保教活动中充分落实幼儿的话语权。

《儿童权利公约》第 13 条规定：“儿童应有自由发表言论的权利，此项权利应包括通过口头、书面或印刷、艺术形式或儿童所选择的任何其他媒介，寻求、接受和传递各种信息和思想的自由，而不论国界。”儿童有自由发表言论的权利，包括在幼儿园的教学和活动中交流和发表自己意愿的权利，即拥有话语权。一些教师为了完成教学任务，为了能使活动“正常”开展，阻止儿童说话，不让儿童表达自己的想法，剥夺儿童的话语权，这是对儿童教育不负责任的表现。《3—6 岁儿童学习与发展指南》明确提出，教师应尊重和接纳幼儿的说话方式，无论幼儿的表达水平如何，都应认真地倾听并给予积极的回应。

三、实践启示

（一）案例启示

曾有人这样比喻师幼平等对话：“教师与幼儿之间的交往，就像抛球与接球的过程一样。第一，抛球者和接球者都是主体；第二，抛球者与接球者之间是平等的、合作的；第三，抛球接球双方都认真对待对方；第四，抛球和接球是可以连续的。”平等的师幼关系，是师幼交流的基础。

在学前教育中构建民主、平等的师幼对话，教师应持有人格平等的态度，为幼儿创造说话的机会、环境，和幼儿谈论他感兴趣的话题，询问和听取他们的意见等，使幼儿体验语言交流的乐趣。案例中的汤老师在与幼儿交流时不但主动把自己的地位“降”了下来，还把幼儿的地位“升”了上去，尊重幼儿的话语权，让他们想说、敢说、喜欢说、有机会说。除此之外，汤老师还创设了一个幼儿所认可、接纳的氛围，营造了一个自由、开放的对话空间，以一种包容的姿态投入对话和交流，使教育过程呈现出一种自然的状态。在这种状态下，师幼间的平等对话自然水到渠成。

平等对话还表现在教师应面向每一个幼儿平等对话，这是平等对话的落脚点。在日常的保教活动中，那些聪明活泼、性格外向的孩子行使话语权的机会较多，而那些发展水平相对较低或性格内向的孩子则很少发出声音，需要老师做有心人，及时给予他们行使话语权的机会，去倾听他们的心声，了解他们的心理，捕捉他们内心深处的需求，体会他们的感受。

（二）见贤思齐

要想实现真正的平等对话，教师应用心关注每个幼儿，尤其是性格内向、孤僻的幼儿，教师要主动找他们谈心，给予关心，用宽容的态度平等地与其交流。下面一起来看看幼儿园里一位老师和洋洋小朋友的故事。

一个阳光明媚的早晨，小朋友们吃完点心，老师轻轻敲着小铃，孩子们跟随小铃的节奏，整齐地拍起了小手。铃声越来越轻，最后停了下来，孩子们很默契地停止了喧闹，眼睛亮亮地看着老师。大家都知道，集体活动的时间到了。老师习惯性地用眼光扫视着每一个孩子，当接触到洋洋小朋友投来的异样的目光时，便轻声问："洋洋，你怎么啦?"他小手放在膝盖上，嘴角动了动，欲言又止，没有出声，脸上露出了不安的表情，好像很难受。洋洋平时不爱说话，每天放学时，在奶奶的反复督促下，才从牙缝里挤出轻轻的一句"老师再见"，然后急忙离开。老师平时和他目光接触，他总是笑笑，甚至在他做错了事批评他时，也还是那种表情。今天他这样的神情，引起了老师的警觉。老师意识到应该给他说话的机会。老师连忙走过去，蹲下身子询问情况。他依然不说话，屁股扭来扭去。此时老师似乎明白了什么，轻声问道："是不是想去厕所?"他点点头，依然一动不动，老师很好奇，继续耐心问道："怎么不去?""没……有纸……"老师连忙拿出纸给了他，接着他一溜烟跑向了厕所。

由这个小案例可见，当教师蹲下身子，采取平视的态度时，幼儿会更愿意表达出自己的真实想法，从而实现与教师之间的正常交流，进而实现师幼心灵的双向沟通和平等对话，确立互相信任的师幼关系。

作为幼师，应更多从小事着手，引导幼儿敢于表达自我，逐渐培养其开朗乐观的性格。

四、学习建议

（一）总结反思

构建平等对话的师幼关系，首先必须打破教师的话语"霸权"，把话语权还给孩子。由于不少教师对幼儿话语权的内涵缺乏清晰的认识，因此在实际工作中，幼儿的话语权时常在教师的不经意间被剥夺了。尊重和保护幼儿的话语权，教师应该做到：尊重幼儿完全表情达意的权利和叙说独特见解的权利；尊重幼儿交相问难的权利——让孩子与教师在交相问难的过程中多向交流、相互启发、相互促进，引导幼儿体现自我、放飞思维，真正成为活动的主人；充分尊重幼儿质疑的权利，教师要鼓励幼儿敢于表达不同的观点，而不是老师说什么就信什么，在幼儿的质疑中培养他们的创新精神。

（二）深化学习

师幼对话的过程应该是一种双方共同在场、共同参与、共同介入的过程。那么，怎样在保教活动中实现民主、平等的师幼对话呢？

1. 平等是前提

实现平等对话，教师首先应该持有平等的态度，鼓励幼儿大胆表达。

平等是进行师幼对话的前提。这样教师才会转变角色意识、调整教育行为，尊重幼儿话语权，以对话的方式建立民主、平等的师幼关系。但是，在现实的幼儿园教育教学中，由于年龄、知识和地位上的优势，教师作为文化知识的拥有者，常常不自觉地拥有优越感，不能和幼儿平等对话。有的老师会说："他们那么小，懂什么？哪有什么能力？我吃的盐比他们吃的米都多。"如果以这样的姿态与幼儿交流，就会剥夺幼儿的话语权，流露出对幼儿的轻视。如果教师懂得幼儿是有力量的，他们有自己独特的视角和独立的思维方式，看待这个世界的眼光也是很敏锐的，就会在和孩子交流时弯下腰或蹲下来，拉着孩子的手，看着孩子可爱的笑脸和纯真的眼睛说话，孩子们便会感受到平等和亲切，会把内心的悄悄话一股脑儿地告诉教师。在游戏时，如果你洋溢着热情组织孩子们一起嬉戏、玩耍，让孩子感受到老师也是爱玩的，没有了"大人"的距离感和神秘感，他们就会围着你七嘴八舌地诉说游戏的快乐……在这样的对话中，师幼互动融洽、愉快，幼儿口语表达得以发展，情感得以激发，智慧得以提升。这才是真正的"师幼平等对话"。

2. 倾听是关键

教育家陶行知先生说："人人都说小孩小，谁知人小心不小，你若小看小孩子，便比小孩还要小。"孩子虽小，但他们每个人都有自己的一片童真世界，都有属于自己的一片蓝天，教师要想走进他们的童心世界，就必须尝试与孩子的"心"贴近，尝试聆听孩子的心声。

在《窗边的小豆豆》一书中，有一个小故事让人印象深刻：小林校长把椅子拉到小豆豆跟前，面对小豆豆坐了下来，说："好了，你跟林老师说说话吧，说什么都行，把想说的话，全都说给老师听听。""想说的话？"小豆豆本来以为校长先生会问些什么问题，让自己回答，当听到"说什么都行"时，豆豆开心极了，立刻开始说起来。她从早上出门发生的事情讲到身上的衣服，再讲到生活中的各种趣事，滔滔不绝地讲了四个小时。也正是在这四个小时中，小林校长认识了真实的豆豆，相信她不是一个搞破坏的问题孩子，只是一个对世界充满着好奇、拥有着探索精神的纯真儿童。而豆豆也在小林校长的倾听中感受到了尊重和认可。如果每个教育工作者都像小林校长一样，与幼儿平等对话，走进他们的内心世界，倾听他们的心声，那幼儿就会快乐地成长。

耐心地倾听是一种心灵的对话。通过倾听可以发现幼儿关注事物的兴趣点，把话语权还给幼儿。这样他们在心理上就会得到满足，感受到被肯定和自我表现的幸福。

3. 空间应开放

《3—6岁儿童学习发展与发展指南》中指出，教师应为幼儿创设自由、宽松的语言交往环境，鼓励和支持幼儿与成人、同伴交流，让幼儿想说、敢说、喜欢说并能得到积极回应。为幼儿营造一个开放的对话空间，是师幼平等对话得以实现的有力保障。开放的对话空间意味着一种灵活、开放、发展的教育教学运行机制，它能够使师幼交往呈现出一定的亲和度和自由度。亲和度是指师幼交往中的一种和谐、民主的状态；自由度则要求教师不要过早地肯定或否定幼儿，如果在话语结束前就已经完全设定话语的结局，就不会形成真正的对话。只有积极地营造和创设一个为幼儿所认可、接纳的对话空间，师幼双方才能完全敞开心扉，接纳对方并相互激发、相互启迪，共享共创，产生新的思想火花，使教学活动不断产生新的契机。如教师可以有意识地在教学活动前、教学活动中、教学活动结束后创设“话语”环境，留出充足的时间，让幼儿无拘无束地交流，充分表达自己的看法，使平等对话得以实现。

巴西教育家保罗·弗莱雷曾说过：“教育具有对话性，教学即对话，对话是一种创造活动。”现代教育理念下的师幼对话以语言为中介，注重从师幼双方各自的经验出发，促使对方积极生成新的体验。这是一种真正平等的交谈，它破除了权威和不平等造成的封闭和沉闷，积极追求开放和自由。

第三节 尊重兴趣

《幼儿园教育指导纲要（试行）》中的五大领域（健康、语言、社会、科学、艺术）都要求幼儿教师要关注幼儿的兴趣，可见，尊重幼儿的兴趣在幼儿园教育中尤为重要。心理学研究表明，幼儿的注意以不随意注意为主，注意力持续的时间有限。因此，从幼儿的兴趣出发是教师精心设计教学活动的基本原则，幼儿是否感兴趣也是评价教育教学活动组织实施状况的一个重要指标，教师只有想方设法调动幼儿对活动的兴趣，才能集中幼儿的注意力，从而实现对幼儿的良好教育。

一、案例思考

（一）案例呈现

蚂蚁趣事

1. 发现蚂蚁

户外活动时，莹莹在幼儿园操场上发现了一只特别的蚂蚁。她不由地惊呼：“快来看呀，好大的蚂蚁！”这只蚂蚁的出现吸引了所有孩子的目光，大家一下子都围过来看。莹莹着急地说：“你们不要过来，它会害怕的，它可能是找不到家了。”“不对，不对，它可能是饿了，所以出来找吃的。”笑笑紧接着说。“不是的，不是的，它是出来散步的。”站在旁边的小宇大声地说。

回到教室后，孩子们围绕“这只大蚂蚁怎么会出现在操场上”这个问题继续讨论，但最终没有得出统一的答案，因为这个问题的答案本身就是多元的。这个问题的出现为我们探索蚂蚁的秘密创造了良好的时机。比如，莹莹的看法使小朋友思考："蚂蚁的家在哪里？它是什么样子的？"笑笑的看法让小朋友思考："蚂蚁吃什么？"小宇的看法使小朋友思考："蚂蚁喜欢做什么事情？和我们一样吗？"

2. 寻找蚂蚁

饭后，我带孩子们来到户外寻找蚂蚁，孩子们十分卖力地寻找着。不一会儿，就听到尧尧的欢呼声："老师，草丛里有一只大蚂蚁，不过它爬得好快啊！"他边说边拉着我过去。"老师，你看，好大的蚂蚁啊！""老师，这只蚂蚁是我发现的。"尧尧自豪地说。"我也看到了，我也看到了。"孩子们纷纷说道。大家决定把大蚂蚁带到教室里去养。于是，我拿来了饮料瓶，可是蚂蚁爬得那么快，想要捉住它可不是一件容易的事，莹莹不想放弃，她追在蚂蚁后面想要捉住它，可又被它逃走了，笑笑好不容易用小手捏住了蚂蚁，拿起来一看，蚂蚁被捏碎了，于是她哇哇大哭起来。安慰好笑笑，我便抛出问题："怎样才能把蚂蚁带回教室去养呢？""老师，我们用小网子捉它。""不行不行，小网子的缝隙太大了，它会从缝隙里跑掉的。"涛涛马上说。"对呀！那怎么办？"我趁机追问。孩子们便讨论开来，有的说按住蚂蚁后轻轻地捏，有的说让它爬到小棍子上再放到瓶子里……尧尧听了，连忙摆手："我觉得我们可以找点吃的，趁蚂蚁不注意，轻轻地捉住放在瓶子里面就行了。"大家一致认同了尧尧的主意。"那蚂蚁最喜欢吃什么呢？"孩子们又七嘴八舌，议论纷纷。有的说："蚂蚁喜欢有小草的地方，它喜欢吃草。"有的说："蚂蚁喜欢吃面包、西瓜，我们学的故事书上有。""老师，我们去食堂拿点食物吸引它吧。"小朋友们在老师的带领和帮助下，去食堂拿来一块面包，并撕碎放在蚂蚁出没的地方，不一会儿便吸引来好几只蚂蚁，孩子们轻轻捉住放在了瓶子里。

3. 观察蚂蚁

孩子们围着班级里的新客人蚂蚁议论着。走近一听，原来他们在讨论蚂蚁的触角呢！熙熙说："快看！蚂蚁和蜗牛一样，都有触角。"

牛牛说："我以前在《百科全书》上看到过，蚂蚁是用触角说话，传达信息，它告诉小伙伴哪里有食物碰碰触角就行。"孩子们向他投来崇拜的目光，熙熙挠了挠头接着说："蚂蚁绝对是建筑专家，蚁巢内有许多分室，这些分室各有用处。蚁窝牢固、安全、舒服，道路四通八达，错综复杂。蚁窝外面还有一圈土，还有一些储备食物的地方，里面通风、凉快、冬暖夏凉，食物不易坏掉。""哇，蚂蚁太厉害了，真想看看它们的房子是什么样子的。"莹莹说。"那还不简单，我们去外面找蚂蚁窝看看吧。"笑笑抢着说。"可也看不到里面啊。"莹莹小声嘟囔着。"哎，有了，"牛牛说，"我们把那个不用的鱼缸里放点土，再捉些蚂蚁，那不就能看到了吗？"孩子们兴奋地看着我，我微笑着点点头，得到了默许，他们便进行了分工，有的拿着工具和鱼缸去挖土，有的拿着面包继续去捉蚂蚁……

（王红玉老师提供案例）

（二）思考问题

（1）结合案例“蚂蚁趣事”，谈谈你是如何理解幼儿的兴趣的。

（2）作为幼儿教师的你，如何认识尊重幼儿兴趣的重要性？

（3）结合实际案例，说明幼儿教师应如何在日常教育教学活动中尊重幼儿的兴趣。

二、理论阐释

（一）基本概念

1. 兴趣

兴趣是指人们力求认识某种事物或从事某种活动的心理倾向。它表现为人们对某件事物、某项活动的选择性态度和积极的情绪反应。

2. 幼儿的兴趣

幼儿的兴趣是指幼儿自身力求接近、探索某种事物和从事某种活动的态度和倾向，亦称“爱好”，是幼儿个性倾向性的一种表现形式，是幼儿探究“未知世界”的动力源泉，也是开展各项活动的前提和保障。

（二）基本理念

《幼儿园工作规程》提出了很多关于幼儿教育的指导思想。如“教育活动内容应当根据教育目标、幼儿的实际水平和兴趣确定”“幼儿园应当根据幼儿的年龄特点指导游戏，鼓励和支持幼儿根据自身兴趣、需要和经验水平，自主选择游戏内容、游戏材料和伙伴”。

《幼儿园教育指导纲要（试行）》中指出：“善于发现幼儿感兴趣的事物、游戏和偶发事件中所隐含的教育价值，把握时机，积极引导。”其中健康、语言、社会、科学、艺术等五个教育领域都谈到了“兴趣”，分别用了“引发”“引导”“体验”“培养”等词。“尊重孩子的兴趣就是尊重孩子”①，这就要求教师尊重幼儿的兴趣，让幼儿成为学习的主动者。教师应尽可能想办法把期望幼儿学习的内容转化为幼儿自身的兴趣和需要，做“智慧教育者”，不应为了达到教育目的而生硬地规范幼儿学习的方式方法，更不能随意指责，要学会“跟随”幼儿，而非“计划”幼儿，在进行教育教学活动时通过观察、聊天、讨论等形式找出幼儿的兴趣所在，并“跟随”幼儿的兴趣与幼儿一起探究。

“知之者不如好之者，好之者不如乐之者”，有了兴趣，幼儿就会主动思考，积极参与，再困难的学习活动他们也会乐此不疲；少了兴趣，再重要的学习活动也会让他们觉得索然无味。能否尊重幼儿的兴趣是教育成败的关键。

三、实践启示

（一）案例启示

苏霍姆林斯基说：“世界上没有才能的人是没有的。问题在于教育者要去发现每一位

---

① 李洁．管道：亲子沟通的艺术．北京：作家出版社，2015.

学生的禀赋、兴趣、爱好和特长，为他们的表现和发展提供充分的条件和正确引导。”

丰富多彩的幼儿园生活中有许多具体、直观、有趣的现象，它们时刻吸引着幼儿，能激发起幼儿探究的兴趣。教师要善于发现，并为幼儿创造条件，搭建平台，让幼儿全身心投入活动中，继而获取知识和经验，体验发现的乐趣。

偶然遇到的一只蚂蚁，引发了孩子们的疑问和讨论，这正是来源于生活，而又让孩子们感兴趣的话题。案例中的王老师是个有心人，抓住了教育契机，注意倾听孩子们的谈话，及时地捕捉到了孩子们的兴趣点，并依从他们的意愿，恰当地进行了启发、引导，从发现蚂蚁到找到蚂蚁，再到观察蚂蚁，一步一步激发了孩子们探索大自然奥秘的好奇心。最后，孩子们通过自己的操作、探索，得到了问题的答案，获得新知。而且，老师及时认可了他们操作、观察、分析后得出的结论，孩子们在获得肯定的同时又会产生新的强烈的自主探究的欲望。这也是我们所重视和强调的真正的“生态教育”。

（二）见贤思齐

爱因斯坦说：“兴趣是最好的老师。”因此，幼儿的兴趣点和关注点是教育的有效起点，在幼儿的兴趣点和关注点上生成的教育，才能真正激发幼儿学习的动机。激发兴趣在教育教学过程中尤其重要，这也是幼儿主动学习的基本前提。幼儿教师要在一日生活中随时发现并抓住幼儿的兴趣点和关注点，并以此为教育契机。我们来看一位老师的做法。

在幼儿园组织音乐活动“说唱脸谱”之后，我们在美工区开展了画脸谱的活动。幼儿每人选择一张脸谱画，自己用水彩笔创意涂色，就可以完成脸谱的制作了。孩子们兴趣浓厚，静静地画着，贝贝和震震两人交头接耳，神神秘秘不知道在讨论着什么。一会儿，贝贝来到我身边说：“老师，我想用别的东西做脸谱可以吗？”“可以呀！”我点头微笑着说。他们来到了美工区，用彩泥做成红色和蓝色的圆球，再用牙签将彩泥和脸谱连起来，背后用胶布固定住。“哇，好立体，真有创意。”我赞叹道。他们又用彩泥装饰着其他地方，不一会儿，立体、形象的脸谱就做好了，她俩放在脸上高兴地玩着……过了一会儿，只见他们拿起了小剪刀，在脸谱上挖了两个洞，又放在自己脸上，然后拿下来又修改了一下，哦，原来是挖出了眼睛啊。贝贝在美工区东找找、西看看，而震震又在耳朵处挖了两个洞，不一会儿，贝贝找到一根松紧绳给了震震，震震把松紧绳穿进耳朵的洞里，并尝试着戴在脸上，他们一边开心地笑着，一边唱着“蓝脸的窦尔敦盗御马……”他们的笑声引起了其他孩子的注意。其他孩子看着自己手里的脸谱，我问孩子们：“你们的脸谱和他们的一样吗？”“不一样。”我又问：“为什么呢？”孩子们都不说话了。于是我就让大家一起观察脸谱，观察材料、眼睛和松紧绳……“哦，我们的只是一幅画，他们做的是真正的脸谱，能戴在脸上。”不知谁大声说起来。

等孩子们稍微安静一些，我说：“小朋友们，咱们来合作一下吧，我们也做出能戴在脸上的脸谱，好吗？”“好！”他们开心地叫起来。我简单地交代了一下怎样做，合作就开始了，脸谱做好以后，孩子们边戴边开心地唱了起来：“蓝脸的窦尔敦盗御马，红脸的关公战长沙……”

（汤瑞锦老师提供案例）

孩子们稚嫩而新颖的创造性表现需要教师以真诚和喜悦之心去发现、接纳、欣赏、呵护，更需要教师的适时引导，让孩子们从内心体会到成就感。案例中，孩子们将创新的想法告诉老师后，老师没有强迫孩子们停止想象、动手，反而鼓励孩子们用感兴趣的方式进行活动，尊重了孩子们自主表达创作的想法，为他们营造了和谐安全的心理氛围。孩子们在老师的鼓励下用多种工具、材料和不同的表现手法表达了自己的感受和想象。这种自主创作的收获能让孩子受益终生，这种通过自己动脑和动手获得的创造愉悦感是会深深镌刻在孩子的记忆中的。

四、学习建议

（一）总结反思

幼儿用自己的眼睛观察周围的世界，对这个世界充满着新鲜感，有着强烈的好奇心，同时也有着许许多多的疑问，这是人的智力发展最快的时期。瑞士心理学家让·皮亚杰也曾说："所有智力方面的工作都要依赖于兴趣。"教师要真正做到尊重幼儿的兴趣，就要做幼儿博学多才的导师，不仅要有扎实的专业知识、教育学心理学知识，更要尽量做到上知天文、下知地理，知晓幼儿特有的"百种语言"，成为幼儿源源不断的知识活水，如此方能在教育教学中游刃有余，助力幼儿健康成长。

（二）深化学习

现代著名儿童教育家陈鹤琴说："所谓教育，它所要求的是积极地发展儿童的才能，积极地提高儿童的兴趣。"尊重幼儿兴趣已成为新时代的幼儿教育对教师的迫切要求，该如何尊重幼儿兴趣，促进幼儿健康成长，是所有幼儿教师值得深思的话题。

1. 善于观察，发现幼儿的兴趣

陈鹤琴说："儿童的兴趣，是由于环境的刺激而产生的。"幼儿教师要注意在幼儿所处的环境中发现幼儿的兴趣点、关注点，知道幼儿对什么感兴趣、喜好什么。了解了这些，才能找到教育教学的出发点，才能有效促进幼儿健康成长。

法国著名雕塑家罗丹也说："世界上并不缺少美，而是缺少发现美的眼睛。"善于观察应该是每位幼儿教师的"必修课"。要做一个合格的幼儿教师，就要做到善于发现幼儿的兴趣与需要，尊重幼儿的好奇心与求知欲。如案例"蚂蚁趣事"中的教师，她用心倾听了孩子们的议论，仔细观察了孩子们由蚂蚁引起的种种表现，发现了孩子们的兴趣之所在，因势利导，收到了良好的教育效果。由此，我们应深刻认识到幼儿兴趣的重要性，主动去了解幼儿的兴趣，在一日生活的种种细节中去体察幼儿的所思所想，敏锐觉察幼儿随时出现的探究兴趣和关注的事物，生成系列的不断深入的探究活动或短时间内可以完成的"随机"教育活动。

2. 循循善诱，培养幼儿的兴趣

叶圣陶说："教师之为教，不在于全盘授予，而在相机诱导。"教师的作用，应该是"授人以渔"，做到及时地启发、引导幼儿自己去发现问题，解决问题，继而获得新的知识。

比如，小班幼儿拿着粗细不同的黑线笔，在纸上画画，当他们无意中画出长线、短线、粗线、细线、直线、曲线时，老师带着赞赏的口吻说："哦！这是长长的线，这是雨点的线，这线跑得真快呀……你真行，能画出这么多种线来。"然后用鼓励的口吻说："你能画排得很整齐的线吗?""能。""你可以在粗粗的线旁边加上细细的线吗?""可以。"孩子们的回答充满兴奋和自信。在"乱画"中他们的手更灵活了，思维更活跃了。

幼儿有着不同于成人的观察方式、思维逻辑及表达方式，他们喜欢用自己的语言表达他们对世界、事物的看法。他们的"语言"远比成人生动形象；他们的看法也比成人更有灵性；他们对事物的理解也更纯粹。教师要用心去捕捉，体察他们的情感态度，循循善诱，使其大胆表现，充分发展个性。这样才能真正培养他们的观察、思考、分析、想象、创造等多种能力。

3. 寓教于乐，增强幼儿的兴趣

《新时代幼儿园教师职业行为十项准则》第 7 项指出："教师要遵循幼教规律，循序渐进地教学，寓教于乐。"苏格拉底也说："教育不是灌输，而是点燃火焰。"游戏是幼儿的天性，是幼儿的基本活动，它伴随着幼儿的成长，是幼儿成长中的"火焰"。教师可以利用儿童爱好游戏的心理，根据幼儿身心发展的特点和接受知识的程度来设计教学内容，利用适合的活动材料，寓教于乐，让孩子们学得开心、学得有趣，在玩中学、学中玩，在学习过程中增强幼儿的兴趣。

我们来看"宝宝洗衣店"的小案例。

小班入班初期，在有趣的区角教育游戏中，教师为了培养幼儿的自我服务意识，设计了"宝宝洗衣店"的活动，希望这项游戏活动能够帮助孩子们学会折叠衣服和裤子。宝宝洗衣店开张啦，工作人员是苗苗和莹莹，莹莹先接收了要洗的衣服，然后递给了客人一个洗衣号码牌，客人待会儿就可以拿着号码牌来取衣服。苗苗和莹莹一起合作，很快就把衣服洗干净晾好了，并认认真真地叠好了衣服，等着客人来取。这个客人走了之后，又来了其他的客人。

在这个游戏活动中，教师运用简单的材料和剧情设计调动了孩子们学习的兴趣，改变了简单枯燥的叠衣服的练习，通过游戏剧情的设计，幼儿能开动脑筋，积极自主地开展游戏，可以说赋予了游戏真正的生命力。在游戏中，不同的角色能满足不同需求的孩子，不同能力的孩子都有事可做：会叠衣服的孩子能在角色游戏中通过认真工作，得到顾客的肯定和称赞，获得自信和满足；不会叠衣服的孩子锻炼了自己叠衣服的能力。同时，游戏的推进和延续也能让孩子感受到快乐，增强了幼儿学习的兴趣。

4. 合理评价，稳定幼儿的兴趣

"孩子就像花蕾一样，有不同的花期。最后开的花，与最早开的花一样美丽。"幼儿教师必须考虑到孩子之间的差异性，要给儿童个性发展的空间，不要以统一的标准去评价和规范他们，而是要用心观察每个孩子的一举一动，善于用激励性的评价去欣赏并接纳他们的视角、思维、逻辑。

所谓激励性的评价，不是单纯地向幼儿空洞地说"你真聪明""你真棒"，而是要让幼儿感受到老师对他们的探究和发现的关注、支持和鼓励，以及对他们的观点和想法的接纳和重视。教师可以用微笑或点头、竖大拇指来表示自己的认可，也可以用“这种可能存在”“想想，还有别的方法吗?”“这种想法真有意思!”这样的态度和话语使孩子感受到老师愿意听他们的想法，让他们感受到探究的趣味、体验到成功的喜悦。切忌不赞同幼儿的想法时马上简单否定，还要特别注意不要马上给那些回答正确或你很赞同的幼儿以强烈积极的反馈，以免给其他幼儿造成心理压力。长此以往，幼儿在活动、学习中的兴趣才会稳定发展，这更有利于他们一生的健康和幸福。

第四节 公平对待

《幼儿园教育指导纲要（试行）》指出，教师要关注每一位幼儿的发展。公平地对待每一位幼儿，要“尊重幼儿在发展水平、已有经验、学习方式等方面的个体差异。用适当的方式给予帮助和指导，使每一个幼儿都能感受到安全、愉快和成功”。

一、案例思考

（一）案例呈现

案例一　军军当主持人

幼儿园要举办“元旦联欢会”，准备选两个小朋友当主持人。这时候军军的爸爸跑来找我：“老师，这次‘元旦联欢会’我可以给咱学校所有的小朋友义务提供表演服装。”听到军军爸爸的话，我很开心，并向他表示了感谢。见到我高兴的样子，军军爸爸接着跟我聊天：“老师，这次的联欢会您打算让谁当主持人？我们军军在少年宫学口才，口语表达能力很强，还在‘小主持人大赛’中获奖了呢!”听到军军爸爸的话，我讪讪地笑了笑：“军军确实很优秀。”“那也是老师教得好，军军现在表现这么好，都是老师的功劳，老师给了我们军军很多机会，所以现在他才越来越自信。对了，昨天军军还跟我说，这次‘元旦联欢会’若是让他当主持人的话，他一定会好好表现，给老师争光。”军军爸爸就这样一直笑眯眯地跟我交流。

从家长的角度出发，他们望子成龙或望女成凤的心情我可以理解，特别是一些性格内向的幼儿，在班级里不太喜欢表现自己，家长希望通过一些特别的方式帮助幼儿争取一些机会，以便让孩子有表现的机会，得到锻炼。但该家长的一些要求明显超出了正常范围，因此我采取了以下处理方式：

（1）立场公平公正。首先我要摆正自己的立场，不管家长做什么，我都必须为全体小朋友考虑，给他们一个公平公正的机会，这是作为教师应该具有的最起码的职业素养和道德底线。

（2）分析家长的要求，然后委婉拒绝。军军爸爸表示希望军军能当这次联欢会的主持人，我觉得是一个正当要求，应该给予每个孩子展示自我的机会，但是若直接指定，对其他幼儿实在不公，所以理应婉言拒绝。

案例二　特别的爱

这学期，我所带的班级转来了两名外来务工人员子女。经过几天的相处，我发现他们特别安静，在活动中也表现得很内向，只有两人间的互动。对于外地幼儿来说，语言不通、环境陌生，孩子们在这里生活没有安全感和信赖感，这就更需要我和保育员的特别关注了。于是不管是课上还是课下，我们都会引导他们与老师、其他幼儿共同游戏和生活，让他们感受到幼儿园老师浓浓的爱，从而促进他们身心健康成长。在我和保育员的共同努力下，一段时间后，这两名幼儿性格开朗活泼了许多，平时能和老师及其他幼儿交流、游戏，脸上常常露出开心的笑容；他们的家长也愿意主动和老师交流了，更积极地配合老师的教学活动。看到这些画面，我很感动，也感到很满足。

（杨静老师提供案例）

（二）思考问题

（1）结合自己所学及工作实际，你是否赞同“军军当主持人”案例中老师婉拒家长的做法？为什么？

（2）作为一名教师，你对“公平对待每一位幼儿”有怎样的理解？在日常保教工作中，怎样才能做到“公平对待每一位幼儿”呢？

二、理论阐释

（一）基本概念

1. 公平

公平是指处理事情合情合理，不偏袒任何一方。

2. 教育公平

教育公平是指每个社会成员在享受公共教育资源时受到公正、平等的对待。幼儿园的教育公平，是指幼儿园教师依据合理的规范或原则对教育资源进行配置。

3. 公平对待幼儿

公平对待幼儿是指教师在保教活动中平等对待每一位幼儿，一视同仁，不徇私、不偏袒、不歧视。

（二）基本理念

中国自古以来就倡导“有教无类”的教育理念，新中国成立后一直致力于推进教育公平。教育公平是社会公平的重要基础，也是推动社会公平的重要力量。

发展学前教育包含着对教育公平的追求，幼儿园教师应该在工作中践行公平正义。公平公正地对待幼儿，让每个幼儿都得到教师同等的关爱，是教师的职责。教师的公平与公正是构建教育和谐的基石，是建立良好师幼关系的前提，是培养幼儿公平公正品质的保障。每一位幼教工作者都应恪守公平公正的从教准则，通过各种教育活动促进幼儿健康成长。

公平对待每一位幼儿，可从以下四个层面来理解：

第一，坚持公平发展的原则。公平对待每一位幼儿就是要关注每一位幼儿的发展，尊重幼儿在已有经验、学习方式和发展水平等方面的差异，促进幼儿的和谐发展。

第二，坚持教育权利的平等原则，在幼儿接受教育的过程中，作为教师的我们要维护每一位幼儿获得公平教育的权利。

第三，坚持教育机会的均等原则，因为给幼儿提供一个良好的受教育机会是公平对待每一位幼儿的前提。

第四，坚持因材施教的原则，每个幼儿的天赋以及生活环境都是不同的，作为幼儿教师的我们对待幼儿绝对不能机械式地平等教育，对不同的个体要因材施教，以实现真正的公平。

因此，在教育权利平等的前提下，还要着重考虑资源的平等分配，公正地对待每一位幼儿，让他们享受教育的幸福；同时，又以承认个体差异、发展的不平衡为前提，给每一个幼儿提供不同的教育，使其个性得到充分发展。只有如此，才能保证每一位幼儿都享受到公正的教育。

三、实践启示

（一）案例启示

道德意义上的公平或宪法规定的公民平等的权利，“看似宏大缥缈，难以落地，实则不然。这些权利并非只有原则性而没有可操作性。在学校里，在班级里，师生不对权贵子弟高看一眼，不对穷孩子有歧视性态度，不给肢体残疾孩子起侮辱性外号，不嘲笑随迁子女的外地口音，而是对所有的孩子都一视同仁，都予以同等的尊重，这就是实实在在的平等性公平”①。

案例一中的教师坚持公平公正的教育原则。面对家长的提议，教师首先认可每个孩子都有权利平等地参与集体活动。当军军爸爸提议让军军担任主持人时，教师意识到这种提议对其他孩子不公平，因此委婉地加以拒绝。教师这种公正无私的处事态度，体现出其良好的道德操守。

每一个幼儿都有享受平等教育的权利，要想实现真正意义上的平等，必然要求教师公平公正地对待每一位幼儿。

教师公平公正地处理师幼交往中的问题，有利于促进教师自身的发展，更有利于促

---

① 褚宏启. 推进教育公平要聚焦弱势群体. 中小学管理，2020（12）.

进幼儿的发展。首先，公正与幸福感是紧密相连的。当教师公正地对待每一位幼儿时，就能公平地处理好保教工作中的各种关系，这种平衡能够使教师收获尽职尽责和问心无愧的职业幸福感。其次，教师在坚持公正地解决问题的过程中能够更好地实现自我价值，达到秉公处事的职业要求，获得坚持正直的内心满足。当教师处事公正时，在幼儿的心中就会成为不偏不倚的权威代表。教师的这种公正的处事态度能够获得更多家长和幼儿的信任。

案例二中的教师没有因为两位幼儿是外地务工人员的孩子而区别对待。由于幼儿刚刚转学，面对新的老师、新的同学、新的环境，有些不适应，老师及时给予了他们更多的关注，使两位幼儿很快适应了新的幼儿园，性格也愈加开朗。幼儿们虽然不能选择自己的家庭和出生环境，但是可以选择自己的人生成长道路，而教师作为他们成长道路上的引导者，应该给予他们平等的尊重和爱，让他们快乐健康地生活在幼儿园的大集体里。

幼儿无论是家境富裕，还是家境清贫；无论是家庭温馨美满，还是缺失家长的关爱；无论是本地儿童，还是外来务工人员的子女……作为教师都应一视同仁，平等地看待每位幼儿，不能用歧视的目光看待某些幼儿及其家长，要让他们感受到教育机会的平等和教育公平的保护。

（二）见贤思齐

幼儿的心灵是敏感的、脆弱的，成人对他们的爱哪怕有一点细微的变化，他们都能感受得到，作为教师应该用同样的爱来温暖每位幼儿。下面让我们一起来看一看明明的故事。

大班有个孩子叫明明，他的能力发展比较慢，在平时的活动中，要在教师或其他幼儿的帮助下才能完成相应的任务。因此，班上有几个孩子常欺负他。

一天，在科学活动中，王老师出示教具后想邀请个别孩子上来操作。明明竟然举手了，王老师立刻开心地请他上来。他刚站起来，就有孩子说："他最笨了，什么都不会。"其他孩子听了也跟着起哄，明明一时不知所措，愣在了那里。王老师发现了这个严重的问题，忙说："不，老师认为明明聪明可爱，我喜欢他。来，明明上来做一做，让同学们看看。"明明听了，非常开心。全班孩子都安静地看他操作，他认真地独自完成了操作。全班响起了热烈的掌声，明明非常激动。此时，王老师又说："瞧，明明多棒！"明明自信地点了点头。

从那以后，孩子们都爱跟他玩了。明明在幼儿园越来越开心了，参与集体活动更主动了，与同伴的关系也更融洽了。

（王洪玉老师提供案例）

教师需时刻谨记：每个幼儿都有着自己独特的个性，有的活泼、有的文静，有的好动、有的内向，但他们每个人都是全世界独一无二的存在，幼儿教师要用不同的方式爱每一个不同的幼儿，让他们感受到教师的爱是公平的。教师要平等地对待每个能力发展水平不同的幼儿，尊重心智发展水平不同的幼儿，发现每个幼儿的闪光点，给予他们平等的关爱，使幼儿在保持自己独立个性的基础上德智体美全面发展。

四、学习建议

（一）总结反思

为进一步提升教师的责任感、使命感和荣誉感，规范职业行为，成为能够公平对待每一位幼儿的好老师，我们还需了解以下知识：

《新时代幼儿园教师职业行为十项准则》要求幼儿教师要坚定政治方向，自觉爱国守法，传播优秀文化等。其中第 8 项明确提出，教师必须“秉持公平诚信。坚持原则，处事公道，光明磊落，为人正直……”教师必须提升政治素养，注重道德修炼。

《幼儿园教育指导纲要（试行）》中指出：“尊重幼儿在发展水平、能力、经验、学习方式等方面的个体差异，因人施教，努力使每一个幼儿都能获得满足和成功。”《幼儿园教师专业标准（试行）》中指出：“尊重幼儿人格，维护幼儿合法权益，平等对待每一个幼儿。不讽刺、挖苦、歧视幼儿，不体罚或变相体罚幼儿。”因此，教师要加强心理素质的提升，以及心理学知识的储备。

（二）深化学习

幼儿园教师践行公平公正是提升学前教育质量的前提，是教师的神圣使命。公平公正地对待每一位幼儿需要教师从以下几方面着手。

1. 形成公平的习惯

教师应有意识地保持公平公正的处事习惯，为此，教师需要不断提升自身的专业素养，来降低不公平行为的发生率。在保教活动过程中，应将公平的理念落实到具体的教育行为之中，使公平成为自己的一种本能。同时要不断学习和提高，通过自我教育，在思想意识上逐步培养公平品质，不断培植专业精神。根据所教幼儿的具体情况，设计一些问题，经常检视自己在保教活动中是否有公平之心，以此来提醒自己。如：是否比较偏爱班上某些聪明的、乖巧的孩子？是否会对来自某个社会阶层的孩子产生强烈的情绪反应？对特别内向、被动的孩子或是大声说个不停的孩子有什么感觉？……教师在日常细节中要注意自己的言行，以形成公平的教育习惯。

2. 找到适切的教育路径

每个幼儿的心理发展和生理发展都存在差异，作为教师，要做到公平地对待每一位幼儿，就要有针对性地了解幼儿，尊重不同层次的幼儿。教师首先要用心分析每个孩子的特点，找到他们身上哪怕是很小的一个闪光点，多加表扬，拉近幼儿与老师之间的距离。同时，教师要对症下药，针对不同幼儿的不同特点去积极探索，找到适合幼儿的教育途径，加快幼儿的发展速度，调整幼儿的发展方向，这才是适合幼儿的真正的公平。为此，可采用设立天天观察记录本、建立幼儿的个人档案等方法，随时地、阶段性地、系统地观察和记录幼儿的发展变化，不断改进教育策略，使教育真正落实到每一位幼儿身上，有效地促进每一位幼儿的发展。

3. 力争做到“一碗水端平”

十个手指伸出来还有长有短，何况是发展变化中的幼儿呢？但不管遇到什么情况，教师都要“一碗水端平”，做到公平、公正地对待每一个幼儿。

（1）在幼儿参与活动的权利方面体现公平。幼儿园的教育活动一般都是让每个孩子一起参与，一起在活动的过程中学习新知识，掌握新技能，从而获得发展，如在幼儿园的一些公开教学活动或公开展示活动中，让每位幼儿都参与进来，确保每位幼儿参与活动的权利都能得以实现。

（2）在操作材料的提供方面体现公平。幼儿园教学注重在教学活动中为幼儿提供丰富多彩的操作材料，如当老师需要上一节“和叶子交朋友”的美术活动课时，老师就要为幼儿提供多种多样的叶子，以便于活动中每一位幼儿都能选到自己喜欢的叶子，满足他们各自的兴趣和需求。

（3）在同伴合作的安排方面体现公平。教师要在教学活动中为幼儿提供同伴合作的机会，而且还要努力为幼儿创设自主的空间，合作时让他们自由选择同伴，为幼儿营造一个公平、愉快的合作氛围。

（4）在成果展示的形式方面体现公平。在教学活动中，老师会经常展示一些幼儿的成果，如手工作品、绘画、音乐表演等，这些成果都代表着幼儿的点滴成长与进步。教师要以让每位幼儿都获得“表现自我，展现自我”的机会为宗旨，努力做到在教学活动中公平地展示幼儿的成果。

同一班级中有各种不同的孩子，他们有着不同的特点，这就要求老师要针对不同的孩子，注意运用不同的语言和不同的体态语公平地评价每一个孩子。例如，对聪明的孩子，给予微笑或竖起大拇指；对敏感内向的孩子，经常摸摸他的头，拍拍他的肩，拉拉他的手，亲一亲，抱一抱；对调皮的孩子，可用眼神示意；对安静的孩子，用鼓励、坚定、信任的目光关注他。社会的发展需要有不同类型、不同特点的人才。所以，教师需要面向未来，以发展的眼光看待具有不同个性的孩子，顺应幼儿的特长去培养他们。

作为教师，我们需要给幼儿一片纯净的天空，让每一个幼儿都能在“有教无类”、积极向上的文化滋养中快乐而幸福地成长。

第四章

师师关系中的职业道德

• 学习导引 •

现代教育活动仅仅依靠某个人或某个部门的力量是无法完成的，尤其是学前教育工作，离不开团队的默契配合。幼儿教师是协作性很强的职业，需要教师之间相互尊重、相互帮助和紧密合作。和谐的师师关系是构建良好教育风气的关键所在，在各项教育教学活动中能够起到主导作用。

团结友善互助的同事关系有利于幼儿教师在生活中得到关心和帮助，有利于教师保持积极向上的心理，在工作能力上得到改善和提高。同时，良好的同事关系还能直接促进幼儿身心健康和人际交往能力的发展，有助于优化幼儿园的育人环境。因此，幼儿教师应该掌握同事交往时职业道德的表现特点，并在与同事之间的互动中，努力克服种种困难和制约条件，学会采用适当的方式，建立融洽和谐的同事协作关系。

• 学习目标 •

学习完本章内容后，你将能够：

1. 理解师师关系中合作交往的原则和方法。
2. 在实际工作中理解并融入园所的教师实践共同体。
3. 知道并应用教师职业道德建设金字塔模型。
4. 叙述师师关系中职业道德建设的宏观需求、实践基础、主观条件和制约条件。

• 思政目标 •

1. 将立德树人根本任务落实到教师之间的合作交往中。
2. 身正为范，以身作则，以良好的师师互动关系为幼儿树立起好的合作榜样。
3. 通过良好的教师实践共同体促进园所课程思政建设。

• 思维导图 •

以下是本章内容的整体框架及学习内容。此图可以帮助你从整体上了解本章内容的知识结构和学习路径，包括师师关系中的合作交往、师师关系中职业道德的表现特点、师师关系中的职业道德建设等内容。请你仔细品读和理解，以帮助你建立对本章知识的整体印象。

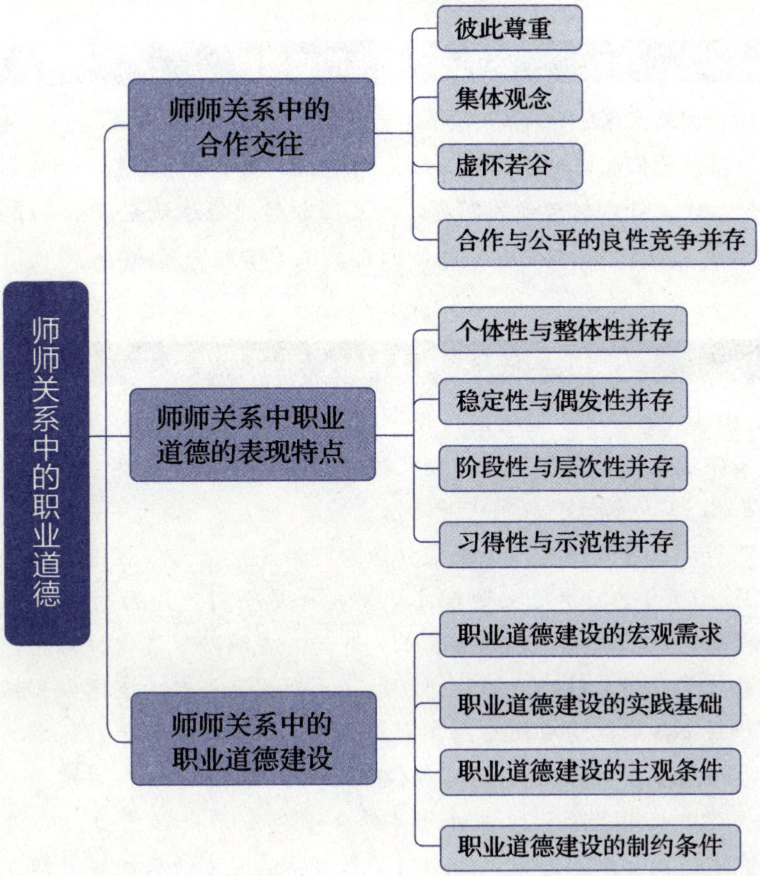

看完上面的思维导图后，你是否已经对本章所要学习的内容有一个初步的整体印象了呢？我们可以在这个整体框架的指引下逐一学习每个知识点的具体内容。我们需要重点学习幼儿教师合作交往的基本理念，建议结合实践进行总结反思，重点学习三种职业状态和职业道德建设的基本概念，分析其特点，并应用其理念和方法进行实践修炼。

第一节　师师关系中的合作交往

“一个人可以走得很快。但是，一群人却能够走得更远。”这句话突出反映了团队协同合作的重要性。学前教育工作具有极强的复杂性、高度的专业性。在百年未有之大变局的形势下，外界的影响因素增加了很多教育的不确定性，这对幼儿园教师提出了更高的要求。在强调竞争的同时，更强调合作。幼儿园是一个集体，幼儿教师之间也要团结协作、同心合力才能促进幼儿园教育工作的高质量发展。

一、案例思考

（一）案例呈现

案例一 新来的赵老师

新学期幼儿园新来了一位刚毕业的赵老师，她性格内向，不善言谈，也很少与同事交流。赵老师在孩子们面前也很严肃，加上刚毕业，缺乏教学经验，赵老师总觉得自己不太受孩子们喜欢。针对赵老师的问题，幼儿园教研组经过研究，从多个方面帮助她。经过两年的努力，赵老师在教学和交往方面都发生了很大变化。

案例二 凝聚集体智慧，共研共享共进

2019 年 10 月 24 日，H 实验园每周一次全园协作备课活动如期展开。本次协作备课由幼儿园保教主任李老师主持，幼儿园骨干教师、高校教育系骨干教师、实习老师（准幼师）共 14 人参加了本次研讨活动。

协作备课研讨正式开始前，保教主任李老师对本次活动流程进行了介绍。李老师先回顾了 9 月、10 月全园单元主题探究活动，并对全园下周面向家长的学习成果展提出了整体要求。之后，协作备课活动正式开始。在明确了备课目标后，教师们以年龄班为单位进行了分组，针对主题计划、幼儿系列探究活动、宝宝成长档案等，进行了深入讨论。每个备课组均有幼儿园骨干教师、高校教育系骨干教师、实习老师（准幼师）深度参与集体研讨。以 K3 组小组备课为例，结合“乐在‘棋’中”探究活动需要做展示台，班长周老师和配班许老师结合探究活动中心思想、探究线索进行分享，并对探究成果内容形式进行详细介绍；教育系的艺术教研组郭老师充分听取介绍后，从美学角度提出合理建议，实习老师铮铮参与讨论并认真记录备课过程。在协作备课过程中，“三师”分工明确，高效地完成了备课任务。最后，每组分别汇报交流，保教主任李老师和教育系主任王老师进行了点评和总结。

通过这样的协作备课，不仅“三师”加强了沟通、增进了认识，院园教师协同教研水平也进一步提升，实习指导教师与实习老师之间师带徒的纽带关系更加密切。老师们纷纷表示非常享受“三师”协作备课，师师在合作中实现了共研、共享、共进。

（王俞老师提供案例）

（二）思考问题

（1）假设你是新入职的赵老师，经验不足的你，面对孩子们的诸多问题，应该如何向同事寻求支持和帮助？

（2）如果你是幼儿园的一位实习教师，你认为应该如何跟幼儿园骨干教师和高校专业教师协作备课？如何一起开展教研活动？

（3）你认为教师之间合作交往的基本准则是什么？

（4）应如何构建教师实践共同体？

二、理论阐释

（一）基本概念

1. 师师关系

师师关系是指幼儿园教师之间的关系结构以及互动交往程度。

教师的人际关系构成比较多元，除了师师关系之外，还有师生关系、教师与领导的关系、教师与家长的关系、教师与其他社会成员的关系。与其他对象的关系相比，教师之间的关系更加稳定，也更为复杂，尤其是在同一班级内任教的教师之间的关系更是如此。因为教师之间是合作和竞争关系并存的。良好的师师关系，是幼儿园形成“奉献、齐心、尊重、配合”精神文化、形成和谐氛围的强力催化剂。

2. 合作

合作指两个或多个个体之间为达到共同目的，彼此相互配合完成指定工作或某项任务的联合行动，这是一种社会行为方式。在幼儿园里，合作是教师互动的基本形式，是促进教师专业发展的重要途径。

3. 合作交往

合作交往指人与人之间的协同活动以及彼此影响和相互作用的社会行为。

幼儿园教师之间的互动关系类型有多种，如激烈竞争型、合作交往型、单打独斗型等。其中，合作交往，是比较理想的教师互动类型。教师在合作交往的工作环境中可以自如、自在、自得地舒心工作，对其专业发展也能产生极大的促进作用。

4. 教师实践共同体

教师实践共同体一般是指以学校或区域为单位，由具有共同发展愿景和学习目标的一群教师组建成的旨在促进教师专业发展、个体成长的学习型组织。

教师实践共同体中的教师个体，具有目标一致性、团结协作性、守望相助性等特征。教师在遇到专业发展难题或瓶颈时，可以与共同体中的其他教师相互讨论、研磨，共同分享经验与资源，最终实现互促共进的学习与发展。

（二）基本理念

苏联教育家马卡连柯说：“如果没有团结一致的教师群体，所谓正常的学校教育工作是很难想象的。”① 教育，从本质上来说是合作的事业，而教师从本质上来说就是合作的职业。

---

① 马卡连柯. 论共产主义教育. 刘长松，杨慕之，译. 北京：人民教育出版社，1954：352.

“从国际国内看，合作能力越来越受重视，被列为21世纪核心素养或者关键能力。”① 合作不仅是与人交往协作的技能，更是为建设我们共同的未来而团结奋进和共担责任的价值意识。

幼儿教师的合作交往需要遵循一些基本准则，主要包括以下几点：

第一，彼此尊重的态度。合作的基础是尊重，合作的目标是和谐。相互尊重是为人处世的基本原则，也是赢得他人信任的前提条件。幼儿园教师之间存在地域、年龄、学历、民族、聘用身份等方面的差异，我们不应因为这些差异而对别的教师产生偏见或距离感，而应彼此充分尊重。

第二，要有集体观念。从事幼儿教育事业，需要具有高度的协同合作的精神和集体观念。因为幼儿教育的大部分工作都需要同事之间密切协作才能完成。正如苏联教育家马卡连柯所言，幼儿教师需要培养“通过集体、在集体中和为了集体”的集体主义精神，以此来带动教育教学水平的共同提高和进步。主班教师与配班教师、保教老师的日常工作，是烦琐而又辛苦的事情，需要幼教工作者耐心、细心、爱心、责任心并重。这种特殊的工作性质决定了主班教师和配班教师之间只有达成教育共识、保持一致，心往一块儿想，劲儿往一处使，才能使幼儿形成良好的秩序感，促进班级各项工作的顺利开展。

第三，虚怀若谷的态度。“三人行，必有我师。”幼儿教育工作需要极强的细心、耐心，每一位教师，尤其是新入职的青年教师，都需要持有虚怀若谷、虚心好学的态度，向周围老师主动请教，学习同事的优点，取长补短，这样才能快速提高自己的综合素养。

第四，合作与公平的良性竞争并存。与合作相伴而生的是竞争，良性的竞争是有效合作的催化剂。教师需要通过公平竞争带动团结协作，将整个学校的教师团结起来，为学生提供更有效的教育。

教师合作的落脚点和出发点，不应局限于完成单位任务或某项活动，而应着眼于促进彼此的专业发展和职业成长。因此，教师的合作需要协同备课，共同发现、探讨和解决工作中遇到的困惑和问题，共享好的经验和想法，在合作教学、合作研究和合作学习过程中不断打磨职业技能，促进专业发展，获得职业成就感。

三、实践启示

（一）案例启示

案例一中的赵老师，是一位新入职教师。新入职教师比较快捷地融入新工作环境、加速专业发展的途径，就是拜他人为师，积极主动寻求前辈的帮忙和指导。幼儿园管理团队应组建教师实践共同体，或者新入职教师发展联盟，通过结对子的“青蓝工程”，为每一位新入职教师安排经验丰富的优秀教师作为导师。教师实践共同体，是促进师师高质量互动、促进教师专业发展的有效途径。正如案例二所描述的，教师在协作备课中可以共研、共享、共进。

随着社会的进步与文明的发展，社会分工日益细致是必然的趋势。幼儿园的工作也

---

① 褚宏启. 合作共进：学生合作能力的培养. 中小学管理，2018（3）.

越来越追求精细化，这是幼教事业发展的需要，也是教师工作分工的要求，主班老师与配班老师分工不分责，需要相互配合和相互促进。

联合国教科文组织在《教育——财富蕴藏其中》中提出了未来教育的四大支柱，它们也是每个人一生中的知识支柱，即“学会认知、学会做事、学会共同生活、学会生存”。现代科学技术的发展是人类合作探索的结果，乐于合作、善于合作也是人文精神的重要组成部分。作为社会成员的教师，更应该具备职业合作精神。

（二）见贤思齐

师师关系不是单一个体所决定的，它是由单一个体之间的互动表现出来的集体关系。所以，师师关系中蕴含着个体师德建设的直接因素。

幼儿园每一个班级里一般都有两名以上的教师，有的园所实行的是两教一保，有的园所实行的是三教。所以，师师关系中的职业道德表现出来的一定是多个个体之间互动关系下的师德建设。

在个体性上，如果一个班里的两名教师，一个是 A 型人格，另一个是 B 型人格，A 型人格教师的特点是对自己要求高，对别人要求也高，喜欢挑别人的毛病；B 型人格的特点是总忘东忘西、丢三落四、大大咧咧。如果这两位教师配班合作，两位老师师德或者说职业道德的修养都不高的话，在沟通或者是互动，抑或在表达情绪的时候，A 型人格教师一定会特别直率，也会时刻挑 B 型人格教师的毛病，那么 B 型人格的教师每天都会处在负向情绪中，最终也会情绪爆发，以至于两位老师会产生矛盾甚至是争吵。如果 A 型人格的教师和 B 型人格的教师职业道德修养都比较高的话，那么他们在表达自己情绪时，就会有一种内在的觉察力，在表达自我时会顾及对方的感觉或情绪。所以，他们在表达自我的时候就不会用暴力的语言，而会用一种平和的语言。这时候班级的氛围一定是和谐良好的。

古人讲“君子和而不同”，今人讲团结友爱、与人为善、扶弱济困、共同进步，这就是我们所倡导的人与人之间的和谐相处。

四、学习建议

（一）总结反思

本节以“新入职教师的困惑与迷茫”为切入点，和大家一起讨论了教师团结协作与促进专业发展的关系，进而得出了一个基本结论，在幼儿园教师与教师的职业关系中最重要的是合作关系。

1. 加强沟通

班级教师之间要多交流、多沟通，遇到问题要在交流、协商的过程中统一认识。

2. 以幼儿为本

遇到问题时，要从幼儿发展的角度出发来分析和解决问题，如果教师们能够做到这一点，就会很容易达成教育共识。

3. 增强合作意识

幼儿园主班教师和配班教师虽然都有各自明确的分工和岗位职责，但是幼儿园工作强调保教一体，所以，工作中人人都要增强合作意识，分工不分责，共同做好一日生活中的保教工作。

4. 加强集体观念

班级是一个小集体，每位教师都是班集体中的一分子，如果教师都能优先考虑集体利益，具有大局意识，出现问题时就会更容易解决。

5. 提升专业素养

专业素养决定着教师的处事方式和能力，所以，专业素养提高了，教师之间也就不容易发生分歧。教师在提高自身专业能力的同时，应学会换位思考，理解其他教师的工作。配班教师也要学习和了解幼儿的发展规律与特点，这样才能和主班教师达成共识，更好地实施保教一体。

6. 构建教师实践共同体

良好的教师实践共同体可以为教师专业发展提供精神家园，也可以成为教师实现教学研合一专业生活方式的载体，更可以有效地促进幼儿发展，为园所改进工作提供持续不断的动力和智慧。

（二）深化学习

幼儿园班内教师之间的关系好坏是园所班级工作能否顺利开展的关键，其关系是否和谐、配合是否默契直接关系到班级和园所管理的好坏，也将影响幼儿的认知、情感、态度、行为等方面的发展。教师相互信任、相互帮助、相互补位是和谐相处的关键。

首先，教师应该有高度的责任感，把园所当作自己的家，把关心教育幼儿作为自己义不容辞的责任。其次，为了让幼儿受到规范的教育，教师之间应多沟通，要做到以诚待人、坦诚相待，也就是相处要“真诚”，取他人之长、补自己之短，把成功的经验运用到对孩子的教育中，使教师与孩子共同进步、共同发展，努力为幼儿营造一个和谐温馨、充满爱的学习生活环境。

从人际交往的规律来看，幼儿园同事之间、班内教师之间都需要一段时间的磨合期和彼此适应的阶段。刚刚接触新同事时，彼此不熟悉，有些不适应也是正常的。如果老师们都能以诚相待，时时处处事事为他人着想，一切以工作为重，彼此就会很快适应，营造出宽松、愉悦的人际关系和工作环境。

第二节 师师关系中职业道德的表现特点

叶圣陶先生说过：“教师的全部工作就是为人师表。”教师与不同群体的交往，都需要以一定的职业准则和职业道德为基础。而教师之间的交往，也同样遵循一定的职业道德，且师师关系中的职业道德呈现出多样化、多层次的特点。

一、案例思考

（一）案例呈现

美美与共引领教师成长——全国教书育人楷模范徽丽园长的故事

在CCTV-1“2016寻找最美教师”颁奖晚会上，有一位获奖者是来自祖国边疆海岛——涠洲岛的幼儿园园长范徽丽。她是海岛的灯塔，引领“海丫丫”的人生起航；她是芭蕉树下的萤火虫，点亮教师心中的爱，实现了教育的传递和领航；她是岛民心中的“仙女”，用爱的教育润养着这座边防海岛……

她深耕幼教25载，从普通幼师到名园长，躬身践履“呵护童真、激发童趣、追寻童梦”的教育理想与使命。她不畏艰辛，跨海支教，创办海岛第一所公办幼儿园，让海岛的幼儿享受到公平而有质量的学前教育；她带领教师坚守海岛任教，树立“大爱守望”的师德榜样；她因地制宜，为海岛幼儿量身定制了“海丫丫365成长行动”计划，陪伴孩子走过从稚嫩到成熟的生命成长历程。

范徽丽说：“教育是人影响人的活动，教育仅仅靠一个人的力量是走不远的。”她想方设法留住岛上教师，努力争取更多的教师来支持海岛教育。海岛上招进教师不易，留住教师更难，这是范徽丽海岛办学的最大困难。涠洲岛上少有娱乐场所，许多地方连路灯也没有。老师们白天有孩子们的陪伴，可以欣赏海天美景、享受灿烂的阳光，但夜深人静时，陪伴这批“80后”“90后”老师的只有窗外的虫鸣声，单调、枯燥、停水、停电成了老师们生活的常态。驻岛教师有的身为人母，心里牵挂着儿女；有的是独生子女，想着妈妈的拿手好菜。岛上物资匮乏，日常所需的日用品、食物、教具等，都需要老师们每周用拖车拉上岛。每周五送走孩子后，老师们匆忙追赶最后一班船回市区的家，周日下午又得收拾行李返回海岛，遇到暴风雨等恶劣天气，还要经受海浪的颠簸，忍受乘船的眩晕和呕吐，天气预报成了范徽丽每天关注的焦点。

当老师们上岛支教的激情过后，范徽丽经常收到他们深夜发来的短信：“园长，我想回家……”那时，她心如刀割，内心无数次谴责自己：老师们本可以在市区享受阖家团圆的幸福，是自己把他们带到了这艰苦的海岛，把他们给连累了。但一想起当初孩子们那清澈透亮、充满渴望的眼神，作为一名共产党员的范徽丽，就觉得更有责任有义务来影响、改变这个海岛。不服输的个性让她一边强忍着眼眶里的泪水，一边耐心安慰老师：海岛的孩子不能没有老师，想想上课时孩子们看你的眼神，想想岛民对老师的无比尊重和崇拜。为了岛上的这些孩子，我们必须坚守，必须把幼儿园办下去！

在范徽丽的影响下，一种充满正能量的价值观渐渐在老师们心中树立起来。卜纯纯老师在日记中写道：“有一种生活，你没有经历过，就不知道其中的艰辛；有一种艰辛，你没有体会过，就不知道其中的快乐；有一种快乐，你没有拥有过，就不知道其中的伟大。”这是海岛上最美的教师青春誓言，正是这共同的价值追求和教育使命感让范徽丽和老师们克服了从城市到海岛的种种“水土不服”，甘守海岛，以仁爱善良铸就了“大爱守望”的教师文化，以劈波斩浪、屹立不倒的师魂铸成了幼儿教师最美的丰碑。2016 年，范徽丽荣膺“最美教师”称号，她带着老师们走进中央电视台演播厅，向全国人民讲述海岛艰苦办学的教育故事。新华社、《中国教师报》、《广西日报》、《广西教育》等新闻媒体先后报道了范徽丽的先进事迹。

范徽丽始终坚持教育要做到“大家都好、大家不同”。她成立范徽丽特级教师工作坊，带领全市青年骨干教师共同成长，引领教师用自己的教育故事来诠释《3—6 岁儿童学习与发展指南》的精神，指导教师去观察、发现、解读孩子的学习故事，支持幼儿的学习与发展。她主持广西“十二五”教育规划重点课题“北海市公办幼儿园帮助农村幼儿园开展师资队伍建设的研究”，指导广西 30 多所普惠性幼儿园、乡村幼儿园开展园长跟班学习和师资培训。她经常带领工作坊教师开展“送教下乡”活动，帮助农村教师读懂《3—6 岁儿童学习与发展指南》，转变教育观念、提高教育理论和实践水平。她兼职大学院校的学前教育专业学生培训工作，担任学前教育“国培”“区培”项目的培训专家，把引领教师成长作为自我完善、自我成长的平台，在领域内和区域内实现了教育的传递和领航。

为推动课程有效实施，范徽丽因地制宜，把海岛上夜不闭户的淳朴民风和不便的交通作为开展户外教学的有利条件，开创自然情境教学法，把芭蕉林、大榕树、海滩等变成了生动的教育场所。

在范徽丽和老师们的坚守下，海岛上的孩子们在家门口经历了人生的“十个第一”：第一次叫“老师好”、第一次晨检、第一次做早操、第一次升国旗、第一次参加运动会、第一次过“六一”、第一次参加毕业典礼……

（二）思考问题

（1）从范徽丽园长身上，我们可以看到什么样的教师工作状态？可以学到什么样的职业品质？

（2）范徽丽园长的感人事迹，对我们培养青年教师有哪些启发？

（3）幼儿教师促进自我专业发展的途径有哪些？

二、理论阐释

（一）基本概念

1. 状态

状态指一个人在生活和职业工作中所表现出来的形态。这里特指教师在职业生涯中的成长、发展、成熟等各个不同时期所表现出来的外在形态和精神态势。

2. 三种职业状态

三种职业状态在这里特指教师在职业生活和教育教学活动中所呈现出的三种状态，即自我状态、性格状态和修炼状态，也是教师职业道德建设的三个进阶层次。

参照冰山理论，我们试图构建教师职业道德建设的金字塔模型。如图 4 - 1 所示，如果用这样一个金字塔来代表教师的三个层次，最底层就是自我状态，中间层是性格状态，最顶层就是修炼状态。金字塔最底部一定是基石工程，一定是最重要的。

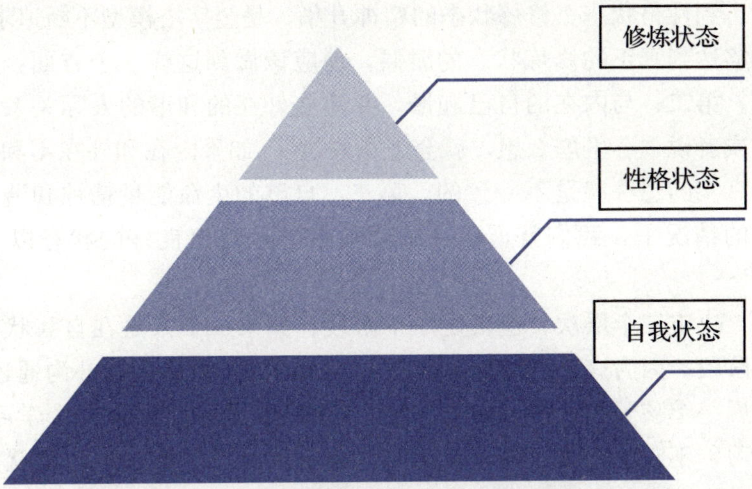

图 4-1　教师职业道德建设金字塔模型

第一种状态是自我状态，指人的思想和感觉一致的一个内在系统，是一种前后感受一致的行为模式或经验模式。

成人的自我状态的经验模式包括儿童自我状态、父母自我状态、成人自我状态。有时候这个系统外在是看不见和摸不着的。一般来说，处于儿童自我状态的时候，多会表现出冲动、天真、做事不考虑后果、贪玩任性等状态；进入父母自我状态的时候，常常会表现出想管理、控制和教育别人；而成人自我状态则往往表现出冷静、沉稳，善于思考利弊，为人处事比较理性得体。

第二种状态是性格状态，指由于人的性格不同而表现出的不同的外在比较稳定的行为模式。

根据性格状态的稳定度，我们可以把师师关系中的职业道德分为成熟和幼稚两个类型。无论是在家庭、学校还是社会，无论是生活还是工作状态，无论是跟主班还是跟配班在一起或者是在园所的大集体中，其实每一个人都是希望得到认可的。这种认可其实就是一种安抚或者爱。因为我们每一个人，来到这个世界上就是有爱与被爱的渴望和需求的。所以，在师师关系中，性格状态能够直接反映出职业道德的修养，也能用以确定教师之间的关系是成熟的还是幼稚的。

第三种状态就是修炼状态，指通过人后天的有意识的修养和实践磨炼而达到的高水平和高境界的行为模式。

修炼状态位于金字塔的塔尖，这是一个最高端、最高境界的状态，或者说是人生最终追求达到的目标。这个修炼实际上是指人在不同的阶段，有不同的学习和成长。人的修炼具有持续不断的特征，在修炼的过程中，一个人如果不断地学习、完善自我，他内在的精神世界就会变得更加丰富多彩、更加崇高可敬。

（二）基本理念

从自我状态到性格状态、修炼状态的精神升华，是金字塔模型不断追求圆满的状态。

一个人能够达到真正的修炼状态的时候，他应该做到这样三个方面：第一，接纳自己原本的感受。第二，与内在的自己和谐，并建立外在的和谐的人际关系。即外在和内在达到一致，或者说“心里怎么想，就会怎么表达”。如果内在和外在不和谐，你所表达出来的东西和真实的想法就是不一致的。第三，自己的生命能量精神和谐一致。在修炼状态水平很高的情况下，我们就可以在师师关系中呈现出良好的状态以及良好的职业道德。

三种状态，决定三个层次，也决定三个阶段。如果一个人是在自我状态，那他一定处于自我认知阶段，因为这个时候他不清楚与人沟通的类型属于互补沟通还是交叉沟通。这一个阶段尚属一个孩子的状态。如果是在性格状态，他就会进入一个学习改善的阶段，通过不断地学习，不断地完善自己，进而进入第三种状态。第三个阶段就是达到修炼状态之后完善圆满的阶段。三个阶段不是均等发展的，判断一个人在某一个阶段需要花费多长时间，完全是看他这个状态改变的节奏是快是慢，也就是状态改变的快慢决定他在某一个阶段停留的时间。如果职业道德修养很高，那么自我认知就会很好，马上就会进入下一个阶段，这样学习改善阶段就会很快完成，随之进入完善和幸福阶段，否则就会在某一个阶段被卡住，甚至卡在自己对某一个事件的情绪上或者自己成长过程中的某一个问题上。

三、实践启示

（一）案例启示

《礼记・学记》有云：“独学而无友，则孤陋而寡闻。”意思是，学习中要相互观摩，取长补短，反之，独自学习而没有朋友一起切磋，就会孤陋寡闻。深耕幼教近三十载，执着追求专业的范徽丽园长积累了丰富的经验，她“把自己的一些经验、一些做法，更多地与同行一起分享、学习”。

水本无华，相荡乃成涟漪；石本无火，相击而发灵光。她成立的范徽丽特级教师工作坊，吸引了全市青年骨干教师前来学习，引领教师用自己的教育故事来诠释教育理念，指导教师去观察、解读孩子的心理特点，引导幼儿热爱学习和生活。作为特级教师，她充分发挥了名师的辐射带动作用，将自己的经验分享、传授给其他同事、同行，引领甚至带动了一方教育事业的改革、创新发展。

但范徽丽园长并不止步于园所内或片区内的教育事业发展，而是着眼于社会改造、推动社会改革发展。通过自己的政协委员身份，她把履职与自己的专业特长相融合。她建言献策，助力解决该市学前教育难题，并寻找解决农村地区学前教育发展问题的对策，共同推动社会各方解决问题，促进社会和谐发展。

德国哲学家雅思贝尔斯说：“教育就是一棵树摇动另一棵树，一朵云推动另一朵云，一个灵魂召唤另一个灵魂。”教师职业道德的首要准则就是与同事团结协作，通过自己的言行举止和教师职业规范影响其他教师同行。就像范徽丽园长这样，当教师职业道德发展水平达到“自主自在自为”的修炼状态时，教师职业道德领导力就会自然产生，即凭借自己的职业道德魅力和一系列教育行动，对周围教师的专业发展、学生的全面发展甚至是社会风尚的提升、社会和谐的发展，产生引领、辐射、带动作用。

（二）见贤思齐

从以上案例中，我们可以看出范徽丽园长的人格魅力和对教育事业的挚爱，以及对同事的帮助、友善。作为一名普通的幼儿教师，尤其是新入职的幼儿园“青椒”，要想快速成长为像范徽丽园长这样优秀的幼儿教育工作者，就要清楚地认识到教师职业道德的发展规律，然后从教师职业道德的发展规律着手，遵循规律，主动做好个人规划，不断学习理论知识，并用实际行动向周围优秀同事学习，在教研活动与教师实践共同体中提升自我。

四、学习建议

（一）总结反思

1. 注意个体性与整体性的平衡，充分发挥幼儿教师的个体性优势

每个个体都有其独特的优势，幼儿园管理者不能因为幼儿园发展的整体性特征而抹杀幼儿教师的个体性。新入职的青年教师往往具有年轻、阳光、积极、勤奋的特点，他们任劳任怨、发展后劲大、创新能力强，要为他们搭建平台、创造机会，使他们展现出青年教师朝气蓬勃、奋发向上的精神面貌。

2. 外部关心与自我调适相结合，共同促进幼儿教师职业道德的稳定

一方面，幼儿园管理者要时时关注幼儿教师的职业发展动态、生活状况，如若发现幼儿教师有情绪波动，应及时予以干预。另一方面，幼儿教师自身也要通过休闲娱乐、阅读、运动等方式不断调节工作状态，实现劳逸结合。

3. 认真学习幼儿教师专业发展和师德师风理论知识，掌握教师专业发展的规律

有效利用师德修炼的阶段性，一方面引导幼儿教师恪守教师职业道德，另一方面创新幼儿园管理机制，以使幼儿教师对工作、同事关系、师幼关系始终保持积极的态度和精神风貌。

4. 教师培训与自我教育相结合，引领幼儿教师职业道德发展

幼儿园应组织开展校本研修、外出培训等活动，有效促进幼儿教师职业道德发展。同时，也应积极开展丰富多彩的教职工活动，搭建教师交流平台，促进教师之间的有效交流。更重要的是，幼儿教师自身要有意识地通过阅读、网上学习、学历提升等方式，不断提高自己的专业发展水平和职业道德认识水平。

（二）深化学习

师师关系中职业道德的表现特点主要包括：个体性与整体性并存、稳定性与偶发性并存、阶段性与层次性并存、习得性与示范性并存。

1. 个体性与整体性并存

幼儿教师的师师关系呈现出显著的个体性与整体性并存的特点。每位幼儿教师都是一个独特的个体，都出生在不同的家庭，他们从出生到长大成人，身上都有深深的家庭教育的烙印，他们都有其独特的生理、心理特质和生活经验，从而形成了不同的意识、认知和学习习惯，这就使其在师师关系中表现出的行为特征与师德师风表现出具有显著差异的个体性。他们的自我认识、教育动机以及创造性等个体特征都不尽相同。教师个体的需要层次也有很大的差别。有些教师更看重物质方面的东西，有些教师更看重和谐的人际关系，还有些教师更看重精神方面的满足；有的教师更关心自己的利益，有的教师则更关注学校的利益和学生的发展；有的教师把教育工作看作一种谋生的职业，有的教师则把教育工作看作一种事业；等等。这些不同的个性特点与观念，都使教师之间的人际冷漠甚至人际冲突成为可能。

马卡连柯曾说："假如一个学校里有这样的教师集体，在这个集体里的每个教师看来，全校的成功占第一位，而他班上的成功占第二位，至于教师个人的成功只放在第三位，那么在这样的集体里才会有真正的教育工作。"幼儿教师师德中的师师关系并不仅仅具有个体性特征，这种关系也突出地表现出由不同个体互动产生的群体关系特征。教师工作已经不再是传统的个体劳动，也不再是"孤军奋战"，教师们是作为一个有机的整体来完成教育使命的。所以，与个体性相对应的是师师关系的整体性特征。

师师关系的整体性，首先来自教师职业道德对教师的规约。教师职业道德是每一位幼儿教师在教育工作中所必须遵循的行为规范，是教师从业的根本准则。除此之外，师师关系的整体性的影响因素还有班级文化、幼儿园校园文化、幼儿园管理风格等。

2. 稳定性与偶发性并存

幼儿教师的组织具有很强的稳定性，因此教师之间的人际关系也具有稳定性。幼儿园的教育工作，都是有计划、有步骤地进行的，教师的流动也不是很频繁，教师日常交往的同事往往是与自己在同一个班级的主班教师、配班教师或保育教师。在这种稳定的环境中，教师的人际交往和心理情感也是较为稳定的。但同时，这种稳定性使得教师的交际圈较小，甚至会出现有些教师之间"老死不相往来"的情况，这种封闭的情况虽然不会损害他人的利益，不会得罪其他教师，但是也不利于教师对环境的适应，不利于教师人际关系的发展。另外，随着从教时间的延长，师师关系中的职业道德会在一定时期达到稳定期。

师师关系中的职业道德也会受到一些偶发性因素的影响，它们会破坏师师关系的稳定性，导致幼儿教师出现师德失范的现象。这种偶发性因素可以出现在幼儿教师生命历程的任一环节，可以是社会变迁带来的宏观政策环境变化或个体生命进程中的重大历史事件的影响，如家庭发生重大变故和出现重大困难、身心健康存在突出问题等。

3. 阶段性与层次性并存

教师职业道德具有鲜明的阶段性特征，这与教师职业发展的阶段性有密切关联。一般认为，教师专业发展是指"教师内在素养不断提高的过程，是促进教师专业成长或教师内在结构不断更新、演进和丰富的过程”①。教师的专业成长是一个动态变化的过程，在每一个发展阶段其专业信念、专业需求、教学关注和教学行为等都会呈现出某些变化特征。同样，幼儿教师的职业道德，也是有一定的阶段性特征的。

教师入职后，教师职业道德一般经历三个阶段：

第一阶段，初入职的青年教师对所要从事的职业充满憧憬，比较严格恪守教师职业道德，对工作、同事关系、师幼关系持有积极的态度，他们希望向周边同事尤其是经验丰富的同事学习，并得到他们的高期待、高认同。这一阶段的教师对外界的规范、规章、制度是绝对依从的，属于“他律阶段”。

第二阶段，一般是从教 3～5 年之后，教师已经积累了一定的工作经验，对教师职业和教育教学行为有了更深层次的理解，并开始形成自己对教师职业道德的见解、思考甚至是反思。即对自己认同的教师职业道德规范会认真恪守，对于自己不认同的教师职业道德规范，开始出现抵触甚至排斥的心态。教师职业道德进入“主见阶段”。随着工作经验的日益丰富、教龄的增加，教师职业道德也会渐渐进入“自律阶段”。

第三阶段，和教师职业发展阶段同轨，教师职业发展到了“职业瓶颈期”，职称评定、工作晋升、生活压力等各方面的原因，致使很多老师出现了不同程度的“职业倦怠”。这一阶段的教师，会出现懈怠、混日子的现象，对教师职业规范“三心二意”。这一阶段即教师职业道德的“高原期”。在教师个人的心理调试和外部环境的正向干预下，教师可以实现平稳过渡，再次回归到正常轨道中。

4. 习得性与示范性并存

教师是幼儿的行为示范者，那么师师关系中的师德表现自然会成为幼儿的模仿对象，教师的礼敬、尊重、语言表达方式、评判标准等也会内化到幼儿心中，直接影响和感染幼儿的心理素质、价值观和言行举止。

《3—6 岁儿童学习与发展指南》提出的幼儿学习与发展的五大领域中，社会是极其重要的一个领域，主要包括人际交往和社会适应。《3—6 岁儿童学习与发展指南》指出：“幼儿的社会性主要是在日常生活和游戏中通过观察和模仿潜移默化地发展起来的。”3～6 岁的幼儿正处于社会性习得与发展的懵懂时期，他们主要通过观察和模仿实现其社会性的发展。除了与同伴之间的互动外，幼儿与教师、教师与教师的互动，都是幼儿观察和模仿的对象。教师在幼儿社会性发展过程中扮演着极其重要的角色。为此，教师应注重自己言行的榜样作用，尤其是教师之间的交往要遵守教师职业道德和社会行为规则，为幼儿树立良好的榜样。

伟大的教育家孔子提出，“其身正，不令而行；其身不正，虽令不从”，“不能正其身，如正人何?”。《幼儿园教师专业标准（试行）》也明确提出：“为人师表，教书育人，自尊自律，做幼儿健康成长的启蒙者和引路人。”为人师表，教书育人，是我国自古就有的优秀传统师德。

---

① 叶澜. 教师角色与教师发展新探. 北京：教育科学出版社，2001：222.

第三节 师师关系中的职业道德建设

师师关系中的职业道德，不仅是理论上的说教，更需要我们每一位幼儿教师将这种教师职业道德要求转化为自己的信念并付诸行动，简单地说，它是一个自我锻炼、自我改造、自我陶冶、自我教育的过程。

一、案例思考

（一）案例呈现

“全国教书育人楷模”艾米拉古丽·阿不都的故事

2017 年“全国教书育人楷模”艾米拉古丽·阿不都，是新疆维吾尔自治区喀什地区巴楚县多来提巴格乡双语幼儿园的园长。从事幼教事业，是艾米拉古丽一直以来的梦想。2009 年 9 月，她被任命为多来提巴格乡双语幼儿园园长，这让她梦想的火花得以绽放。从此，本着“一切为了孩子”的宗旨，她走上了艰苦的开拓之路。

在设计、美化环境的过程中，她和老师们结合本乡特点，制定了详尽的规划设计方案。她每天和老师们早出晚归，轮流作画，手臂僵了揉一揉，脚站麻了跳一跳。清理施工一年多产生的尘埃、垃圾时，身为园长的她更是身先士卒，带领教师们一起拖地、擦玻璃、清垃圾，一点点地刮、一遍遍地擦，衣服头发成了灰色，手上磨起了泡，几天下来，累得腰酸背痛。记不清多少次直到深夜她才拖着疲惫的身躯回家。在快要开学的时候，她索性在幼儿园的值班室住了下来。

为了幼儿园里的孩子，她舍弃了陪伴自己孩子的时间，把仅仅 2 岁半的儿子送到三百千米外的父母家中，为此父母和丈夫也曾经不理解，但最终还是被她的敬业精神感动，给予她全力的支持。她领导全园教职员工齐心协力，通过加大宣传力度、提升保教质量、走村串户家访、邀请家长观摩参与保教活动等一系列措施，解决了幼儿生源不足以及家长不送孩子来幼儿园上学的问题。

为了工作，她不断加班，没有半点怨言，她常说：“一切都是为了孩子，我做的没有什么，老师们更辛苦。”在这种奉献精神的感召下，老师们深受感动和鼓舞，和她一起并肩作战，使多来提巴格乡双语幼儿园各项工作迅速走向正轨。

艾米拉古丽一贯遵循“以情感人、以德育人、以理服人”的管理理念。她爱孩子、爱家长、爱教师，总是以真诚的态度、坦诚的交流去赢得孩子的信赖、家长的尊重、教师的支持。她常常告诫老师：“人是因为个性才更有魅力。”她用自己的人格魅力、扎实的业务素养和创新精神感染了全体教职工，她经常指导教师进行环境创设、区角活动材料的制作。有几位刚刚招聘进来的教师家在外地，艾米拉古丽对她们关怀入微，真正让每个老师体会到集体的温暖。这几位老师都具有幼儿教育的专业背景，艾米拉古丽虚心向她们请教幼儿心理、课程安排等问题，并通过随堂听课、集体交流、放手让她们组织开展校园活动等多种方式促进年轻老师的专业成长。有的老师觉得工作时间长，早晚都不自由，有些不情愿，她就坚持每天起早贪黑，以身作则，争取大家对农村家长的理解和体谅。

2016年，喀什地区和县教育局组织开展幼儿教师风采大赛，艾米拉古丽鼓励几位年轻教师积极参赛，为她们提供尽可能的帮助和便利。参赛教师不负厚望，均获得了奖项。在教师队伍中，为了让教师更好地互相学习、共同进步，艾米拉古丽要求少数民族老师在园要讲汉语，和汉族老师学习汉语；同时要求汉族老师多跟少数民族老师学习维吾尔语，以更好地关心爱护少数民族幼儿。

2016年11月，幼儿园迎来了自治区单位和地区单位的支教干部。对于支教干部的到来，艾米拉古丽十分高兴。新入园的4岁孩子众多，老师十分紧缺，支教老师的到来无疑是一场及时雨。支教老师远离自己的家和工作单位，困难多，艾米拉古丽便时刻关注着支教老师的生活与工作，尽自己最大的努力给支教老师解决生活中的一些实际困难，还组织支教老师一起开展活动，让支教老师感受到集体的温暖。

（二）思考问题

（1）艾米拉古丽·阿不都老师身上有哪些值得幼儿教师学习的地方？
（2）艾米拉古丽·阿不都老师是如何帮助同事进步的？
（3）幼儿教师应该如何在工作中进行职业道德建设？

二、理论阐释

（一）基本概念

职业道德建设是指教师在从事教书育人、落实立德树人根本任务的职业活动中遵循社会道德原则、规范自我言行的积极行动和建设行为，而非消极言行和破坏行为。

职业道德建设可以通过教师的理想信念、教育实践和社会舆论而产生作用，可以成为教师评判是非、辨别好坏的标准和尺度。

职业道德建设应以为人民服务为核心，以集体主义为原则，以增强诚信意识为重点，以爱祖国、爱人民、爱劳动、爱科学、爱社会主义为基本要求，以社会公德、职业道德、家庭美德、个人品德为着力点，树立正确的世界观、人生观和价值观。

（二）基本理念

习近平总书记在2014年同北京师范大学师生代表座谈时的讲话中指出，“好老师应该懂得，选择当老师就选择了责任，就要尽到教书育人、立德树人的责任，并把这种责任体现到平凡、普通、细微的教学管理之中”，“好老师不是天生的，而是在教学管理实践中、在教育改革发展中锻炼成长起来的”。

要想做一名好老师，就要全面把握以下四个方面的内容，注意对职业道德建设的宏观需求和实践基础的认知，有效把握职业道德建设的主观条件和制约条件。

1. 师师关系中职业道德建设的宏观需求

第一，有利于协调教育活动中的矛盾冲突。幼儿教师之间良好的职业道德，是协调教育活动尤其是幼儿园内教育活动中矛盾冲突的“润滑剂”。人是一切社会关系的总和。前文已述，师师关系中的职业道德有一个显著的特征就是个体性，每个幼儿教师都是鲜活的个体，他们都有着独特的个性和需求，在实际工作中，不可避免地会因为价值观、立场不同而产生意见分歧、摩擦甚至是矛盾。严格遵守幼儿教师职业道德，以职业道德作为行为准则，就可以处处尊重他人、为他人着想，有利于协调、缓解、化解日常教育活动中的矛盾和冲突。

第二，有利于幼师做出正确的道德选择和判断。新入职的幼儿教师多为刚毕业的大学生，对于幼师职业充满了期待。但他们年轻、涉世未深，在处理复杂的社会关系时，难免不知所措。认真学习教师职业道德，可以提高幼儿教师的幼儿教育相关理论水平，使教师在实际工作中遵循幼教规律，规范保教行为，树立正确的职业价值观，帮助她们做出正确的道德选择和判断。

第三，有益于培养幼师的高尚品格。苏霍姆林斯基在《把整个心灵献给孩子》中说：“要成为孩子的真正教育者，就是要把自己的心奉献给他们。”通过学习并践行教师职业道德，幼儿教师可以逐步学会与幼儿平等相处，尊重幼儿的人格，理解幼儿的言行，并处处以身作则，为人师表，逐渐养成高尚的品德和人格及对幼儿教育事业高度的责任感和事业心。

2. 师师关系中职业道德建设的实践基础

团结友爱的师师关系有利于幼儿教师在生活中得到关心和帮助，在心理上保持轻松和愉快，在工作能力上得到改善和提高。同时，良好的师师关系还直接影响着幼儿身心健康和人际交往能力的发展。幼儿教师应该掌握同事间人际交往的规律，学会采用适当的方式，建立健康正常、融洽亲密的同事关系。

第一，树立良好的自我意识。有较强自我意识的幼儿教师能够更好地接纳自己，认可自己的能力，在同事交往中往往主动性较强，也比较容易获得同事的喜爱。因此，幼儿教师需要形成积极的、恰当的自我意识，明晰自己的角色，清楚自己的优缺点，给自己客观、公允且又积极的评价。这样能够提升自我内在积极情绪的体验，有利于良好同事关系的形成。

第二，彼此尊重，真诚相待，合作共赢。幼儿教师间以真诚为原则的及时沟通是建立良好的师师关系的重要途径之一。在幼儿园里，根据不同的标准可以划分出不同身份的老师，如按照职级划分，有园长、教研组长、班长等；按照职责划分，每一个班级都有主班教师、配班教师、保育教师；按照管理方式划分，有编制内教师、编制外教师。虽然职责不同、身份不同，但大家都是幼儿园里的教职工，彼此交往时应该秉持尊重、理性、真诚、信任的观念，避免因身份、能力、职责、劳动分工的不同出现不和谐的现象。

第三，以积极的心态合作，形成相互学习的共同体。幼儿教师面对同事时，要抱着积极的心态，保持微笑和愉快的心情开展日常工作，这样不仅可以使自己愉悦，也有助于增进交流、拉近距离和缓解紧张气氛。园内教师之间应该形成一种积极向上的合作文化，通过教师之间的团结、合作、互勉、理解、尊重、信任、相互学习，共同营造一种良好的班级氛围和教研环境，在工作中相互配合、合作研讨，形成集体智慧，共同完成立德树人这一根本任务，同时促进幼儿教师的专业发展。

3. 师师关系中职业道德建设的主观条件

良好的师师关系中的职业道德，是需要每一位幼儿教师付出努力维系的。师师关系中职业道德建设的主观条件包括以下几个方面：

第一，拥有崇高的职业理想，热爱幼师本职工作。作为幼师，我们要忠于人民教育事业，树立崇高的职业理想和坚定的职业信念，热爱幼儿园，热爱幼师职业，热爱幼儿，落实立德树人根本任务，增强从教的责任感、使命感、荣誉感，规范幼师职业行为，明确师德底线，努力成为有理想信念、有道德情操、有扎实学识、有仁爱之心的好老师，着力培养德智体美劳全面发展的社会主义建设者和接班人。

第二，始终保持一颗真挚的爱心，用心教育每一个孩子。陶行知先生曾说，“捧着一颗心来，不带半根草去”。教育是一种爱的事业，没有爱就没有教育。爱心是教师的美德、天职，也是开启幼儿心灵的金钥匙。西方教育家罗素一百多年前就说过：“凡是教师缺乏爱的地方，无论品格还是智慧都不能充分地或自动地发展。”作为幼师，我们要关心爱护幼儿，严格遵守《新时代幼儿园教师职业行为十项准则》，做到“呵护幼儿健康，保障快乐成长；不得体罚和变相体罚幼儿，不得歧视、侮辱幼儿，严禁猥亵、虐待、伤害幼儿”。

第三，始终保持对幼师事业的执着，珍视幼师职业的荣誉和尊严。幼儿园的日常工作是琐碎和平凡的，同时情况又是复杂多变的，有时孩子的行为会出现问题，有时孩子的生活又需要教师特殊的照顾。在这样辛苦的工作下，许多教师不免会出现烦躁情绪，而这种情绪会传递给敏感的孩子，使他们感到焦虑不安。所以教师应该对幼儿教育工作的特点有一个正确的认识，有充分的准备，坚定信念，保持一颗执着的事业心。同时，我们要珍视幼师职业的荣誉和尊严，树立自信、自尊的人格，处理问题时表现出自信，这些都会感染幼儿，给幼儿树立一个良好的榜样。

第四，不断学习，自我教育，提升职业道德综合素养。我们要正视自己专业领域中的不足之处，加强理论学习，丰富幼儿教育专业知识。我们要想具备良好的职业道德，形成良好的师师关系，就必须明确教师职业道德规范要求，针对存在的问题，加强修养，通过修养，增强道德认识，丰富道德情感，树立道德理想和道德信念，坚定道德意志，并在实践中进行道德行为选择。不管平时的工作多么繁杂、多么忙碌，都要静下心来不断学习、不断提高，学习前沿的保教理念，掌握新方法，提高自己的知识水平，在职业道德发展和教师专业化发展的过程中使自己更上一个新台阶。

4. 师师关系中职业道德建设的制约条件

师师关系中的职业道德建设是合作的基础，是和谐的表征，是优秀教师的成长途径，是品质教育的保障。但师师关系中的职业道德受到多方面的制约，主要包括幼儿教师的认知水平、幼师职业文化和教育环境。

第一，幼儿教师对职业道德的理解与认知水平，是制约师师关系中职业道德的关键性因素。教师职业道德是教师和一切教育工作者在从事教育活动时必须遵守的道德规范和行为准则，需要教师在道德认知、道德习惯、道德反思和道德信念等方面不断提高水平。教师对职业道德的认知，不仅包括对教师职业特殊性的认知，也包括对师师关系中现代与传统文化的精华与个体人格特质的融合，以及职业对自身品德建构的要求的认识和理解。

第二，幼儿园师师关系中的职业道德还受到环境的影响。教育学理论认为，除个体的能动因素外，影响人的身心发展的主要因素有三个，即遗传、环境和教育。遗传因素是人的身心发展的物质前提和必要条件，而教育和环境是人的身心发展的决定性因素。这里所讲的环境主要包括社会环境和幼儿园环境。社会尊师重教的氛围是影响师师关系中职业道德的外部环境因素，尤其是幼儿教师的社会地位、经济收入状况直接影响着幼儿教师职业道德的发展与实践水平。“蓬生麻中，不扶而直；白沙在涅，与之俱黑……故君子居必择乡，游必就士。”幼儿园是师德建设的重要阵地，幼儿园内部环境，包括园长的领导风格、同事文化、制度文化、学习风气等都会影响到师德建设的有效性和持续性。

三、实践启示

（一）案例启示

1. 为党育人，为国育才

为了让孩子们学好普通话，艾米拉古丽·阿不都老师带领各民族教师加强普通话学习，并坚持使用普通话教学。作为教师，艾米拉古丽·阿不都坚守初心，忠诚于党的教育事业，将培养合格的社会主义事业的建设者和接班人，为党育人、为国育才作为自己的使命。她工作敢于担当，对待学生富有爱心。她是一位名副其实的有理想信念、有道德情操、有扎实学识、有仁爱之心的“四有”好老师。

2. 捧着一颗真心面对孩子，助力教师成长

艾米拉古丽·阿不都老师爱孩子、爱家长、爱教师，总是以真诚的态度、坦诚的交流去赢得孩子的信赖、家长的尊重、教师的支持。艾米拉古丽·阿不都老师时刻关心教职工，特别是家在外地的支教干部的生活与工作，尽自己最大的努力为他们解决生活中的一些实际困难，还组织他们一起开展活动，让他们感受到集体的温暖。

3. 以身作则带领全园教师真抓实干

幼儿园工作繁杂、琐碎，需要付出大量的时间、精力，幼儿园老师出现职业倦怠感实属正常现象。艾米拉古丽·阿不都老师为了调动老师们的工作干劲和积极性，每天起早贪黑，以身作则，争取大家对农村家长的理解和体谅。

（二）见贤思齐

艾米拉古丽·阿不都老师挚爱幼教事业，她表示“将用毕生的精力为幼儿教育踏实努力地去工作”。在中国大地上，像艾米拉古丽·阿不都老师这样“为党育人，为国育才，捧着一颗真心面对孩子，助力教师成长，以身作则带领全园教师真抓实干”的幼儿园老师还有很多，我们要见贤思齐，对幼儿教育事业要有持久的信心，对幼儿教育工作要细心，对同事要付出真心。

1. 对幼儿教育事业要有持久的信心

幼教工作烦琐而又辛苦，日常付出与回报并不总成正比。党和国家已经确立了教育优先发展的战略地位，对教育事业尤其是学前教育事业的重视程度越来越高。作为幼教工作者，我们要对从事的教育事业抱有足够的信心，对未来充满希望，以饱满的心态迎接每个一日教育活动。

2. 对幼儿教育工作要细心

老子言：“天下大事，必作于细。”幼儿园的孩子多为3～6岁的低龄儿童，他们的自理能力还不是很强，所以教师在工作中要做到一丝不苟，把安全放在第一位。教师所做的都是些琐碎的小事，如孩子的吃喝拉撒、站立坐行，样样都要教，因此必须要细心、细心、再细心，做好每一件细小的事情。

3. 对同事要付出真心

艾米拉古丽·阿不都老师始终把同事的专业发展放在首位，急同事之所急，想同事之所想，用一颗真心对待每一位同事，赢得了老师们的爱戴。我们也要学习艾米拉古丽·阿不都老师对待同事的真心实意，以诚待人，必换真心。

四、学习建议

（一）总结反思

本节我们通过分析艾米拉古丽·阿不都老师的案例，探讨了幼儿园师师关系中的职业道德建设这一核心主题，围绕着师师关系中职业道德的宏观需求、实践基础、主观条件、制约条件等四个方面进行了阐释。

首先，之所以重视师师关系中的职业道德建设，是因为师师关系中的职业道德建设有着多方面的宏观需求，如有利于协调教育活动中的矛盾冲突，有利于幼师做出正确的道德选择和判断，有益于培养幼师的高尚品格。

其次，我们探讨了师师关系中职业道德建设的实践基础，即我们在与其他老师的交往中如何才能践行良好的职业道德。第一，树立良好的自我意识。第二，彼此尊重，真诚相待，合作共赢。第三，以积极的心态合作，形成相互学习的共同体。

再次，我们分析了师师关系中职业道德建设的主观条件，即作为幼师的我们可以做哪些行动实践。第一，拥有崇高的职业理想，热爱幼师本职工作。第二，始终保持一颗真挚的爱心，用心教育每一个孩子。第三，始终保持对幼师事业的执着，珍视幼师职业的荣誉和尊严。第四，不断学习，自我教育，提升职业道德综合素养。

最后，我们探讨了师师关系中职业道德建设的制约条件。第一，幼儿教师对职业道德的理解与认知水平，是制约师师关系中职业道德的关键性因素。第二，幼儿园师师关系中的职业道德还受到环境的影响。

（二）深化学习

《礼记·学记》中讲："独学而无友，则孤陋而寡闻。"即如果学习中缺乏学友之间的交流切磋，就必然会导致知识狭隘、见识短浅。人都是社会性动物，生活工作于幼儿园这一集体性的组织中，就要求我们在与其他同事互动时践行良好的职业道德规范，彼此尊重、团结协作、和睦相处，携手打造学习工作共同体，共同促进彼此的教师专业发展。

成长是教师职业的使命，发展是教师成长的方向，交流是教师发展的有效途径。德国教育家第斯多惠在《德国教师培养指南》中指出：凡是不能自我发展、自我培养和自我完善的人，同样不能发展、培养和教育别人。所以，作为幼儿园教师，我们要始终坚持自我发展、自我培养和自我完善，加强对师德师风的学习，明确师德底线，处理好与同事的关系，为幼儿树立良好的表率，始终把为人师表、热爱幼儿放在工作首位，努力成为一名师德高尚的优秀教师。

第五章

家园合作中的职业道德

• 学习导引 •

《幼儿园工作规程》明确指出，幼儿园应当主动与幼儿家庭沟通合作，共同担负起教育幼儿的任务；应当建立幼儿园与家长联系的制度，指导家长正确理解幼儿园保育和教育的内容、方法。《幼儿园教育指导纲要（试行）》指出，家庭是幼儿园重要的合作伙伴，应本着尊重、平等、合作的原则，争取家长的理解、支持和主动参与，并积极支持、帮助家长提高教育能力。家园合作中最能体现教师职业道德水平的就是家园之间的人际关系，其实家庭与幼儿园的合作归根结底就是家长与幼儿教师的合作。

• 学习目标 •

学习完本章内容后，你将能够：

1. 复述家园合作的目的与任务。
2. 运用家园合作中幼儿教师的职业道德原则。
3. 举例说明家园合作中职业道德的作用。
4. 实际应用家园活动中的幼儿教师职业道德规范。

• 思政目标 •

1. 将立德树人根本任务融入家园合作的工作实践中。
2. 在家园合作实践中，增进幼儿教师的育德意识和育德能力。
3. 在家园合作中坚持底线思维，廉洁从教，恪守职责。

• 思维导图 •

以下是本章内容的整体框架及学习内容。此图可以帮助你从整体上了解本章内容的知识结构和学习路径。通过学习家园合作中的职业道德，希望你能够说出家园合作的目的和任务，复述家园合作中幼师职业道德的原则，评析家园合作中职业道德的作用，应用家园合作活动中的幼师职业道德规范与方法。

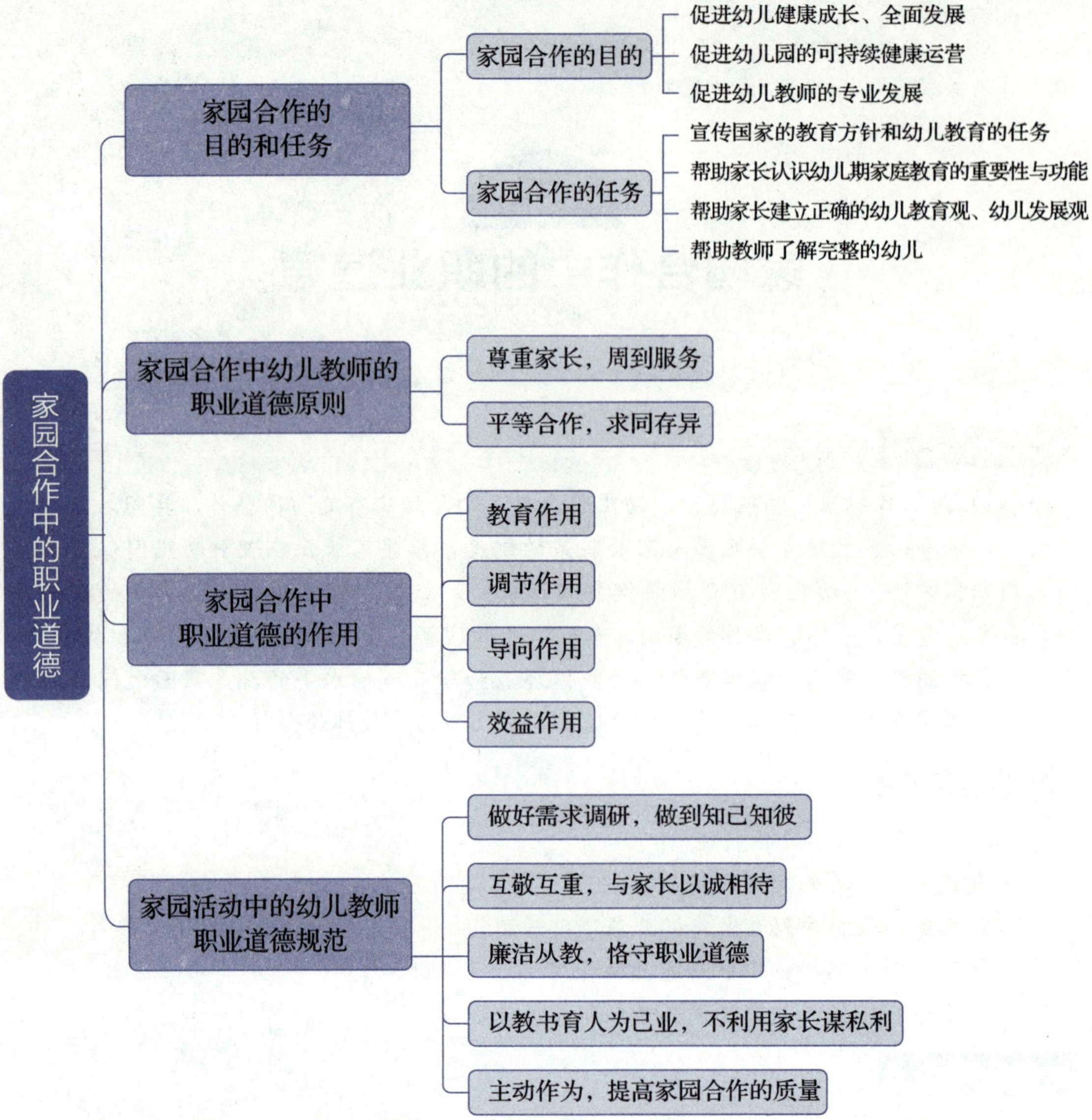

看完上面的思维导图后，你是否已经对本章所要学习的内容有一个初步的整体印象了呢？我们可以在这个整体框架的指引下逐一学习每个知识点的具体内容。我们需要深入领悟家园合作的意义，结合实践案例进行总结反思，应用适切的理念和方法，做好家园合作工作。

第一节 家园合作的目的和任务

我国著名幼教专家陈鹤琴曾说：“幼儿教育是一件很复杂的事情，不是家庭一方面可以单独胜任的，也不是幼儿园一方面可以单独胜任的；必定要两个方面共同合作才能得到充分的功效。”幼儿园和家庭双方积极主动地相互了解、支持、配合，可以共同促进学前儿童身心和谐发展。因此，幼儿园和家庭是影响幼儿发展的重要环境，双方都蕴含着丰富的教育内容，需要双方以幼儿为核心，整合教育资源。

一、案例思考

（一）案例呈现

疫情云端共育，家园合作无极限

2020年因为新冠肺炎疫情，孩子们在家的时间变得特别长，在等待复学的日子里，他们都在做些什么？家长们应该如何陪伴呢？围绕特殊时期的特殊问题，红石路幼儿园各班针对幼儿的年龄特点、班级发展情况，和家长携手开展了一系列家教特色活动，助推了孩子们的成长。

● 实施“幼小云衔接”

还有几个月，大班孩子就要升入小学了，如何让他们从幼儿园顺利过渡到小学是目前大班家长最为关心的话题。大班组教师根据幼小衔接精神，和家长携手分别开展了“我做时间小主人”“学习习惯每日行”“阅读伴我行”“记录小能手”等多种宅家幼小衔接家教特色活动，充分鼓励孩子在家中大胆表达表现、主动探索收集记录信息、养成各种好习惯，有效解除了家长们的顾虑，让大班孩子的幼小衔接不因疫情而止步。

● 打造“家庭自然角”

春天到了，如何让孩子们在疫情期间亲近大自然呢？如何激发他们和春天约会的热情呢？结合幼儿园自然探究项目，在各班教师的指导下，孩子们和爸爸妈妈一起制订了“在家春天计划”。他们利用生活中随处可见的旧物品，将平时吃水果剩下的果核、种子进行了播种；饲养了一些小动物，打造出了属于自己的“家庭自然角”；围绕当前的疫情热点和学习需求，开展了“蔬菜也能抗病毒”“切掉一半还能生长吗？种子的力量”“动物朋友会生病吗？”等一系列自然探究活动。孩子们用不同的方式记录着它们的生长过程，感受着大自然的神奇和有趣。

● 开展“云端 story”

疫情期间，为了给孩子们创设一个想说、敢说、喜欢说的舞台，培养他们大胆展现自我、积极向上的精神品质，结合区“小青蛙讲故事比赛”活动，各班教师和家长积极携手开展了“云端 story”活动。孩子们通过直播、视频形式在云端为大家展示讲故事的风采，教师通过云端进行有针对性的指导。“云端 story”，让每个孩子更有自信、更爱表达、更具表现力。

● 帮助宝贝“找快乐”

疫情阻碍了孩子们外出、上学的脚步，也压抑了孩子们的心情。如何帮助他们合理宣泄情绪，度过这段特殊的时期呢？小班教师和家长一起开展了帮助宝贝“找快乐”活动，通过云端吐槽会、云端见面会、云端交流会等形式表达思念、分享快乐、收获友情。

非常时期，相信只要大家同心协力，一起携手，孩子们一定会健康成长。

资料来源：上海市嘉定区教育局．红石路幼儿园：疫情云端共育，家园合作无极限．（2020-04-20）[2022-01-05]．http://www.jiading.gov.cn/jiaoyu/jyxw/xxdt/content_650029.

（二）思考问题

（1）在新冠肺炎疫情期间，上海红石路幼儿园是如何开展家园合作的？

（2）结合这一案例，思考幼儿教师为什么要开展家园合作。

二、理论阐释

（一）基本概念

家园合作是指学前教育机构与家庭双方积极主动地互相了解、配合与支持，共同促进学前儿童的身心健康发展的活动①。学前儿童的健康成长、全面发展，仅靠学校教育很难实现，需要家庭教育的紧密配合，尤其是家长的密切参与。

（二）基本理念

1. 家园合作的目的

家园合作的目的是实现家园相互配合，同步教育，促进幼儿健康、和谐发展。家长是幼儿园重要的教育资源与合作伙伴。家庭和幼儿园犹如一驾马车的两个轮子，只有朝着共同的方向行驶、朝着共同的目标迈进，才能达到更优质的教育目标。因此，幼儿教师有责任指导、帮助家长了解幼儿园的教育理念与育儿方法，家长也有义务积极参与家园合作，以形成家园合力，促进幼儿的健康成长、全面发展。

（1）促进幼儿健康成长、全面发展。

德国古典哲学创始人康德认为“人是目的”。同样，家园合作的最高目的就是促进人的发展，即促进幼儿的发展。教育工作应以立德树人为根本任务，以培养社会主义事业的建设者和接班人为目的，促进幼儿德智体美劳的全面发展。学前教育亦是如此。良好的家园互动与合作可以充分发挥家庭教育与学校教育的优势，规避家庭教育与学校教育的劣势，实现家庭教育和幼儿园教育的有机融合。良好的家园合作，可以使幼儿在家庭中获得人生启蒙、在幼儿园中得到积极延伸与全面发展。

（2）促进幼儿园的可持续健康运营。

幼儿园的可持续、健康发展与运营，除了需要幼儿园全体教职工齐心协力谋发展外，也离不开家长对幼儿园教育理念、保教能力的认同以及对幼儿园教育事业的持续支持。幼儿园的许多教学活动都离不开家长的参与，如家长开放日、亲子运动会、幼儿才艺大赛等都需要家长的积极参与与配合。不仅如此，良好的家园合作也可以使家长充分利用

① 孟戡，夏雯娟．学前教育学．南昌：江西人民出版社，2015：233.

自身优势、盘活社会资源，助推幼儿园教育事业发展，建立起家庭教育、学校教育和社会教育的支持服务体系，从而共同促进幼儿的全面发展。

(3) 促进幼儿教师的专业发展。

良好的家园合作不仅可以形成家庭教育、学校教育和社会教育的合力，促进幼儿健康、和谐发展，也可以提高幼儿教师的自身素质和教育教学水平，从而促进幼儿教师的专业发展。幼儿教师面对的幼儿发展问题复杂、家长类型多元，在处理这些纷繁复杂的问题时，势必能够锻炼幼儿教师的复杂问题处理能力、沟通能力、及时应变能力。幼儿教师在遇到家园合作难题时，可以通过阅读、培训、请教经验丰富的老教师等方式，提高专业本领和综合素质，增强自信心，倒推专业发展，获得职业成就感。

2. 家园合作的任务

(1) 宣传国家的教育方针和幼儿教育的任务。

向家长宣传国家的教育方针，是幼儿园开展教育教学活动的重要任务之一。同时，家长了解、理解并认同幼儿园的教育理念与教育方法，是推动幼儿园教育事业发展、促进幼儿全面发展的重要举措。幼儿教育不是简单的事情，只有家园教育理念保持一致，幼儿得到的教育才是不矛盾的，他们才能更加全面、健康地成长。这也是家园合作共育的重要目的。在家园合作中，教师可以通过多种形式的交流沟通，让家长充分了解幼儿园的教育理念和教学模式，汲取和吸收幼儿园的科学教育观和教育方法，更加积极主动地支持和参与幼儿园的教育。

如果家长对幼儿园的教育理念不了解，甚至理念相悖，会导致幼儿园的许多活动达不到预设效果。反之，则事半功倍。如北京市大兴区第十一幼儿园的教育理念是“我和你一起成长”，家长对于幼儿园的教育理念很认同，对于园区开展的各类活动都支持配合，踊跃参与，取得了很好的教育效果。

(2) 帮助家长认识幼儿期家庭教育的重要性与功能。

家庭是孩子的第一所学校，父母是孩子的第一任教师。家庭教育是教育的起点和基点，也是学校教育的补充和延伸，对一个人的成长至关重要。但很多家长在教育孩子、与孩子沟通时不得其法，甚至不重视家庭教育的重要性，导致家庭教育的功能无法显现。一项抽样调查发现，39%的父母不知道应该如何与孩子进行沟通；34%的父母不知道如何与孩子的老师进行有效沟通；25%的父母不知道如何缓解孩子的紧张情绪。该研究还发现，父母获取教育信息的途径较为单一①。

幼儿园通过家长学校、家访、开家长会等方式，可以帮助和引导家长树立正确的家庭教育观念，并向家长普及科学的家庭教育观念与育儿方法，进而充分发挥家庭教育对孩子健康成长的重要作用，使家庭教育与学校教育、社会教育紧密结合起来。

(3) 帮助家长建立正确的幼儿教育观、幼儿发展观。

幼儿园可以通过家长会、家长学校、家庭访谈等方式，帮助家长树立科学的育儿观，形成正确的教育观念，给予家长正确的幼儿教育指导，协助家长了解更多关于幼儿身心

---

①　全国教育科学规划领导小组办公室．全国教育科学规划《教育成果要报》汇编：第1辑．北京：教育科学出版社，2016：191-192.

发展的知识，让家长重新考虑如何根据幼儿的发展运用适合的方式来教育幼儿，避免拔苗助长，改变传统的家庭教育观念，营造健康和谐的家庭环境，促进幼儿全面发展。如部分家长溺爱孩子，普遍存在父母包办现象；也有部分家长忙于工作，忽略了家庭教育的重要性，将教育的责任完全推给幼儿园。这就需要加强家园合作，使家长建立正确的幼儿教育观和发展观，从而展现家庭教育的优势，为幼儿的健康发展提供基础保障，让幼儿健康快乐地成长。

（4）帮助教师了解完整的幼儿。

没有谁比父母更了解自己的孩子，也没有谁比父母更能影响孩子。家长是教师了解完整幼儿的最佳信息源，也是教师实现教育目标的有力协作者。因此，在家园共育的过程中，教师也可以从家长那里获得更多有关幼儿的有效信息，有利于教师因材施教，更好地开展教育教学活动，提升教学效果；同时，教师也可以了解家长对教育的理解和期望，这种双方信息的反馈会形成教育合力，促进幼儿全面发展和健康成长。

三、实践启示

（一）案例启示

新冠肺炎疫情不仅对全球经济社会造成了较大冲击，对学校教育也产生了非常大的影响，导致正常的教学秩序被打乱。我国大中小学校和幼儿园 2020 年春季学期延期开学，幼儿在家不外出、不聚会、不举办和不参加集中活动。师生之间不能“面对面”互动，幼儿只能在家里通过“在线教育”的方式进行学习活动。幼儿园若要顺利开展工作，势必要依靠每个家庭、每位家长参与到教育活动中，通过家庭教育和学校教育的协同合作，共同营造促进幼儿发展的良好教育生态。

上海市红石路幼儿园在这一特殊时期，充分利用互联网，围绕特殊时期的特殊问题，针对幼儿的年龄特点、班级发展情况，和家长携手开展了一系列家教特色活动，如实施“幼小云衔接”、打造“家庭自然角”、开展“云端 story”、帮助宝贝“找快乐”等活动，助推了孩子们的成长。

这一案例告诉我们，不管是什么时候，新冠肺炎疫情期间等特殊时期也好，平常也好，家园合作都具有极其重要的意义。而家长的积极参与、幼儿园教师的周密规划与耐心工作，是开展家园合作的重要保障。

（二）见贤思齐

认清家园合作的目的是十分必要的，家园合作是幼儿园工作中一项非常重要的内容。实现家园相互配合、同步教育，促进孩子整体素质的提高，是幼儿园教育事业发展中贯彻始终的一条主线。

上海市红石路幼儿园充分认识到了这一规律，教师们知道只有得到家长的大力支持，幼儿园各项工作才能更加顺利地开展；只有充分依靠家长，新冠肺炎疫情期间这一特殊时期的各项教育活动才能正常进行。虽然家长们都有各自繁忙的工作，但也积极参与到家园合作的活动中。家长们充分认识到了只有开展家园合作，才能促进孩子的全面发展。

四、学习建议

（一）总结反思

本节以上海市红石路幼儿园在新冠肺炎疫情期间开展“疫情云端共育，家园合作无极限”活动为切入点，探讨了家园合作的目的与任务。家园合作对于幼儿全面发展、幼儿园教育事业顺利开展、幼儿教师的专业水平提升以及家长教育功能更新与教育方法提升都有重要意义。

具体而言，家园合作的目的主要包括：促进幼儿健康成长、全面发展；促进幼儿园的可持续健康运营；促进幼儿教师的专业发展。家园合作的任务有：宣传国家的教育方针和幼儿教育的任务；帮助家长认识幼儿期家庭教育的重要性与功能；帮助家长建立正确的幼儿教育观、幼儿发展观；帮助教师了解完整的幼儿。

（二）深化学习

幼儿园与家庭教育有着各自不同的功能，各有优势。幼儿园是专门的教育机构，由专职的幼儿教师对幼儿开展有目的、有计划、有组织的教育活动。在家庭中，因为家长与幼儿的亲子关系，家庭教育具有强烈的感染性、浸入性、长期性和针对性。只有幼儿园与家庭密切合作，形成教育合力，才能为幼儿的成长创建良好的环境。

第二节　家园合作中幼儿教师的职业道德原则

幼儿教师职业道德原则集中反映了教师职业道德的本质，对幼儿教师的道德实践具有重要的指导意义。幼儿教师在开展家园合作的过程中，只有自觉地遵循基本的职业道德原则，才能顺利解决家园合作中的基础性问题和各种不可预料的矛盾，进而推动家园合作中各项工作的顺利开展。幼儿教师职业道德原则对幼儿教师的家园合作工作具有普遍的约束力，在家园合作活动中处于核心地位。

一、案例思考

（一）案例呈现

一次家园矛盾引起的家园合作思考

一天，在北京市海淀区为明西山幼儿园幼儿早晨入园环节，主班老师和保健医早已在大厅门口两侧做好接待的准备工作。保安师傅也着装整齐、手拿器械站在大门口，眼睛警惕地环顾四周，认真地做好入园时的安全工作。家长们带着孩子随着欢快的入园音乐，陆续地进入幼儿园，伴随着一声声“早上好”，美好的一天开始了。

这时，一名身穿黑色外套、头戴鸭舌帽并且戴着黑色口罩的男子，没有领着孩子，也没有和保安师傅打招呼就直奔大厅而去。保安班长看见了，感觉有异常，就立刻上前阻拦并询问情况：“您好，请问您是家长吗？您怎么没有领孩子就进入幼儿园了？”这名男子步子很急，边向前走边不耐烦地说：“我就是家长，你拦我干吗？”保安班长跟着家长一边走一边说：“您好，园里有规定，入园时领孩子的家长才可以进，您没领孩子，我也不认识您，请您退出幼儿园大门口。”家长一听急了，忙把口罩摘下来，生气地对保安师傅说：“我是孩子的爷爷，你不认识我吗？孩子已经被奶奶领进幼儿园了，我就不能进去了吗？”保安师傅说：“不好意思，我不认识您，还请您到大门口稍等。”可是爷爷生气地一摆手，不听保安劝继续往里走，眼看就要到大厅了，保安班长为了阻止可疑之人进入幼儿园，于是就拦下了家长，家长非常不满意开始责骂保安师傅，这时候奶奶从大厅出来了，拉着爷爷不要和保安师傅争吵。

正在晨接的业务园长听到了外面的争吵声，急忙走出去询问发生了什么事。爷爷气愤地说：“你就是领导吧？你们保安怎么管理的？这是什么态度？”业务园长心平气和地说：“您好家长，您先别生气也别着急，有问题咱们坐下来好好说，一定会给您解决的。”于是园长把家长请到了会议室。

园长先请家长坐下来，并且微笑着倒了一杯温水递给家长，家长原本一肚子的火气也去了一大半。园长专注认真地倾听着家长讲述整个事情发生的过程，并用微笑的表情表示理解家长的心情。家长在讲述时曾说：“你们的保安师傅都不会笑，办事太死板，一个小小的保安能对家长指手画脚吗？我要求园里处分他。”

园长听完家长的陈述，用平和的态度，耐心地跟家长讲解了保安人员的工作职责，使家长了解保安工作的重要性，换位思考感受保安工作的不容易。同时采用案例的形式，让家长更加深入地理解。园长说道：“近期，新闻上报道有不法分子闯入学校，持刀对学生进行伤害，造成多个学生伤亡事故，这是一个多么惨痛的教训啊！如果我们的保安师傅把守不严，或者发现问题也不敢上前询问阻拦，睁一只眼闭一只眼，那么，您的孩子放在这样的幼儿园，您放心吗？”家长沉思了一下，认可地点了点头。园长又意味深长地说：“如果每天都有类似的事情发生，门卫管理不严，大家可以随便进入，有可能闲杂人等甚至恐怖分子也会趁机而入……”话还没有讲完，家长已经完全明白，也理解了保安师傅的做法，家长说：“确实应该这样做，我应该配合幼儿园，是我当时太着急，园长您不用说了，我都能理解。”

事情解决了，家长满意地走出了幼儿园。

（朱朝霞老师提供案例）

（二）思考问题

（1）案例中这位业务园长是如何解决家园矛盾的？

（2）这个案例体现的家园合作的原则是什么？

二、理论阐释

（一）基本概念

1. 家园矛盾

家园矛盾是指家长和幼儿园在幼儿教育活动或教育合作中产生的行为或心理上的冲突。

家园矛盾通常是幼儿园和家长两个以幼儿为中心的不同教育主体，在幼儿教育的合作过程中，双方关系处于因一方或双方需求无法满足而导致的非平衡状态，是双方在儿童教育观念上的认识差异导致的行为或心理上的冲突①。

一般而言，导致家园矛盾的主要原因有：双方教育观念差异、双方角色错误认知、双方沟通不当、幼儿园责任事故归因、家长工作处置不当以及责任归因分歧。

2. 有效沟通

这里指是幼儿园和家长通过令人容易接纳的语言、语气、方式，准确、恰当地表达自己的信息和需求，以使对方悦纳的一种沟通方式。

《幼儿园教育指导纲要（试行）》中指出："家庭是幼儿园重要的合作伙伴，应本着尊重、平等、合作的原则，争取家长的理解、支持和主动参与，并积极支持、帮助家长提高教育能力。"由此可以看出，良好教育环境的营造和幼儿教育效果的取得，离不开幼儿园和家庭的密切配合，更少不了家长和老师的有效沟通。所以，有效沟通是避免家园矛盾的主要途径。

（二）基本理念

1. 尊重家长，周到服务

马斯洛需要层次理论认为，人的需要由生理的需要、安全的需要、归属与爱的需要、尊重的需要、自我实现的需要五个等级构成。每个人都有被尊重的需要，幼儿家长更是如此。

首先，尊重家长的不同需要，热情对待家长的不同问题。幼儿教师面对的幼儿千差万别，幼儿背后的家庭所处的经济社会背景也不尽相同，这就需要幼儿教师要充分研究幼儿、研究幼儿所处家庭、研究家长，在开学之前充分开展幼儿及其家长的需求调研，以更好地做到以人为本，个性化教育，周到服务。每个家长都有其独特的家庭教育理念、幼儿教育观念和教育方式，我们要充分尊重家长科学的育儿需求，尽可能地实现家庭教育与幼儿园教育的有效衔接，并耐心解答家长提出的育儿问题，从每个家庭的特点出发，因家庭而异进行有针对性的指导工作，使家长得到充分的尊重感。

其次，尊重家长的话语权，耐心接受家长的合理建议。家园合作的重要方式就是邀请家长参与家长会、亲子活动等教育活动。家长在参与教育活动的过程中，会基于自己的教育理念和知识背景，对幼儿园开展的各项教育活动、教育理念、教育方法提出一些自己的见解或建议。幼儿园要充分尊重家长的话语权，对合理的建议应该予以接受并改

---

① 刘凌汾．家园矛盾类型与特点的研究．沈阳：沈阳师范大学，2015.

进；对于实施起来有困难的建议，可以和家长耐心解释，得到家长的理解。

2. 平等合作，求同存异

随着时代的进步、社会的发展，尤其是信息技术时代的到来，学校教育和教师的权威地位在逐渐降低，家长的综合素质在逐渐提高，幼儿获取信息和知识的途径越来越多元，这对学校教育和教师角色提出了新的挑战。在这样特殊的时代背景下，强调家园合作中教师和家长的平等地位愈加重要。

幼儿教师在与家长合作时应重视家长需要的多样性与差异性，有针对性地根据幼儿和家长的差异进行交流合作。幼儿教师在与家长的合作中要遵循“合作有法，但无定法”的原则，坚持求同存异，“因人定法”。

首先，转变角色，协作共赢。学校与家长、教师与家长的关系要从居高临下的指导与被指导的关系向平等合作的“协作者”关系转变，教师不能以自己是专业教育工作者，比家长懂得更多的教育知识、具有更强的教育能力自居，更不能以高高在上的指挥者身份指挥家长，双方之间应是平等的相互配合与合作的关系。

其次，平等对待，一视同仁。幼儿家庭的经济社会背景不同，家长的职业类型多样、社会阶层分布多元，作为幼儿教师的我们，要正视这种差异的客观存在，但又要平等对待每个家庭，做到对每个家长一视同仁，不能出现因职业、收入而区别对待的现象。

再次，尊重差异，求同存异。儿童发展心理学认为，幼儿身心发展表现出不平衡性与差异性的特征。幼儿发展进程不是千篇一律地按照一个模式进行的，而是有差异的。有些幼儿发展得快一些，有的幼儿发展得慢一些。幼儿教师不能因为幼儿发展速度的快慢而影响对家长的态度。应该充分尊重不同发展水平的幼儿的家长，并加以科学指导。特别是对于某些有身体残疾或者心理发展有障碍的幼儿的家长，需要给予更多的尊重和指导。

三、实践启示

（一）案例启示

面对不配合幼儿园保安安保工作的幼儿家长，这位园长采用“四个一”的方式解决了这场家园矛盾，即“一杯热水、一个聆听、一个共情、一个换位”。

1. 一杯热水，送上家的温暖

当家园矛盾出现后，幼儿家长不断地向园长诉说保安的过错，园长则面带微笑，送上一杯热水，并认真地聆听这位家长的诉说。家长感受到园长热情周到的服务，对保安的气愤逐渐缓和。

2. 一个聆听，让家长感受到被尊重

家长诉说保安的过错，其实是为了发泄心中的不满。这时，如果园长加以解释，无异于火上浇油，使得家园矛盾越闹越大。在家长情绪激动时，这位园长始终保持冷静的姿态，并认真聆听家长的心声，用微笑的眼神关注地看着对方，中途不打断家长的话。不打断家长的讲述，用聆听和微笑回应，可以让家长感受到被尊重。

3. 一个共情，让家长感受到平等地位

家长与幼儿教师的关系是平等的。处理家园矛盾的最佳方式是以平等的姿态展开对话。案例中的园长自始至终都让家长感受到自己和园长的关系是平等的。园长用共情的方法，站在家长的立场思考问题，对家长的心情表示理解，家长被理解了，情绪自然也就不会那么激动了。

4. 一个换位，达成共识

听完家长的陈述后，园长用平和的语言讲解了保安人员的工作职责以及保卫幼儿园安全的重要性，并以新闻报道上的不法分子闯入学校砍伤学生为例，对家长动之以情、晓之以理。最后，园长向家长抛出了“您的孩子放在这样的幼儿园，您放心吗?”的问题，让家长可以设身处地地换位思考。最终，家长理解了保安师傅劝阻自己的目的，也向保安师傅和园长真诚地道歉，双方达成了共识。

（二）见贤思齐

在幼儿园日常工作中，我们会遇到很多类似的家园合作的矛盾、问题，需要我们用智慧解决。案例中的园长通过“一杯热水、一个聆听、一个共情、一个换位”的方式，化解了家园矛盾。这体现了家园合作中的“尊重家长，周到服务”“平等合作，求同存异”的原则。这两个原则看似简单，却需要我们每一位幼儿教师用心思考、用心实践。

遇到家园矛盾问题时，我们不应急于辩解，应该站在家长的立场思考问题，尊重家长的言行，并以平和的姿态应对，周到服务。我们要以平等合作的关系和家长对话、交流，不能把幼儿教师和家长的关系当成“教育者和被教育者”的关系。

四、学习建议

（一）总结反思

本节以一个家园矛盾案例为切入点，探讨了家园合作中幼儿教师的职业道德原则，即“尊重家长，周到服务”“平等合作，求同存异”。

我们在与幼儿家长互动时，要尊重家长，周到服务。不仅要尊重家长的不同需要，热情对待家长的不同问题，也要尊重家长的话语权，耐心接受家长的合理建议。

同时，我们也要与幼儿家长平等合作，在求同存异中寻求问题解决之策。首先，幼儿教师要转变角色，以平等合作的协作者的身份与家长相处，实现协作共赢。其次，幼儿教师要做到平等对待家长，一视同仁，不能以家长的职业、身份等区别对待。最后，幼儿教师要承认差异、尊重差异、求同存异。幼儿的身心发展水平存在差异，我们不能一刀切地去要求每个幼儿。同样，对幼儿家长也是如此。我们要充分尊重处于不同发展水平的幼儿的家长，并加以科学指导。

（二）深化学习

在处理家园合作中的矛盾问题时，我们需要掌握家园合作中的职业道德原则，也需要了解家长的需求、想法，更需要掌握在发生矛盾冲突时解决情绪问题的方法。

这就需要我们树立终身学习的观念，不断积累家园合作职业道德方面的学识。要刻苦钻研、严谨笃学，通过积极参加职后培训、利用互联网资源、向专家和同事学习等方式学习家园合作的新方法、掌握新理论，做勤勉学习的实践者。

此外，我们还可以联合其他同事建立幼儿教师之间的家园合作共同体，共同体以解决家园合作中的问题、促进家园关系和谐为目的，每位幼儿教师集思广益、贡献智慧，和共同体内的老师们分享自己遇到的家园合作的难题及经验，帮助老师们分析、了解矛盾产生的原因，指导教师与家长沟通的策略、方法，共同提升家园合作的综合能力。

第三节 家园合作中职业道德的作用

在家园合作中，幼儿教师需要遵循一定的职业道德。家园合作中职业道德的作用主要包括教育作用、调节作用、导向作用和效益作用。具体而言，家园合作的职业道德可以为规范教师行为、调节教师在与家长互动中的角色、营造良好家园合作环境、促进协同育人高质量发展起到奠基作用。

一、案例思考

（一）案例呈现

“哭哭鹿”变为“笑笑鹿”

2018年9月，在毕业后入职北京市海淀区中科幼教中关村实验幼儿园的第二个月，我到了新的小班，那一段时间我第一次觉得在幼儿园工作很难，带小班的孩子更难。我清晰地记得所有幼儿第一天全天在园时的情景，真是“幼儿园里说幼儿，听取哭声一片”。班级里有一个叫鹿鹿的小女孩儿，人如其名，温婉而安静。但是这个小女孩在刚来幼儿园的那几个月里，每天哭得稀里哗啦。早上妈妈一个人来送她，在班级门口要和她谈半个小时的心，在“谈心”的时候聊得最多的就是“妈妈爱你”“其他小朋友不会欺负你”“妈妈会第一个来接你”，然后半个小时的“谈心”时间到，妈妈要去上班了，不然时间来不及了，这个时候鹿鹿就会开始哭，起初是小声地哭，当老师接过她以后就是号啕大哭，因为此时她知道妈妈还在班级的门口，“你进去吧，我在这儿看着你”这是妈妈每天推她进门时都会说的一句话。当她号啕大哭着插完健康卡片以后，发现妈妈已经走了，哭声立刻就没有了，而且集体生活也融入得很好。就这样过了几天，每天都是这样，我不禁思考，是什么样的原因造成了这样的现象？

我和鹿鹿的妈妈进行了一次沟通，终于知道了原因，鹿鹿的妈妈每天都很担心她在幼儿园的状态，所以每天都会和她聊这个话题，这种“聊”给了鹿鹿许多的心理暗示。

我给家长的建议是尽量缩短早晨“谈心”的时间，告诉她“希望在今天的幼儿园生活中可以交到新朋友！”“请你开心地度过今天！”，然后毫不犹豫地离开去上班。这样尝试了两天，早晨的“谈心”时间缩短了，但鹿鹿还是会有焦虑情绪。后来我建议是不是可以由爸爸送鹿鹿入园，就这样每天爸爸来送鹿鹿，半个小时的“谈心”时间变成了“加油！爸爸去上班了！”，鹿鹿也不再哭泣，而是开心地说：“爸爸，再见！”

进入中班之后，对幼儿进行升班教育时，我把他们在小班参加活动的照片拿出来分享，孩子们纷纷说那是自己“小时候”的样子，现在自己已经长大了，变得很厉害了，以后长到爸爸那么大的时候自己就会和大黄蜂机器人一样厉害，看到鹿鹿笑着谈论自己的“小时候”，我也情不自禁地开心大笑起来！这正是加强家园合作，建立相互尊重信任的双向关系之后取得的一个双赢的小成果。

（刘洋老师提供案例）

（二）思考问题

（1）案例中的刘老师是如何通过家园合作的力量，使鹿鹿从“哭哭鹿”变为“笑笑鹿”的？

（2）通过这次家园合作，鹿鹿妈妈的行为有哪些改变？

二、理论阐释

（一）基本概念

家园共育即为了高质量地完成对幼儿的立德树人根本任务、培养能够担当民族复兴大任的时代新人，家庭和幼儿园共同承担起教育幼儿的重要任务和使命。换言之，促进幼儿德智体美劳全面发展的任务，不仅仅是家庭或幼儿园单方的责任，而是需要家庭和幼儿园共同努力的。

在全国教育大会上，习近平总书记从“四个第一”的高度明确了家庭教育的重要地位，指出“家庭是人生的第一所学校，家长是孩子的第一任老师，要给孩子讲好‘人生第一课’，帮助扣好人生第一粒扣子”。从习近平总书记的重要论述中，我们可以看到，家庭教育空间和家长的角色与任务，对于幼儿健康成长的作用至关重要，不可缺位。

（二）基本理念

家园合作中职业道德的作用，主要包括教育作用、调节作用、导向作用和效益作用。具体而言，教育作用，即家园合作对教师的教育作用和对家长的教育作用；调节作用，即在家园合作中，协调教师工作中的各种关系；导向作用，即规范的家园合作方式为教师的职业行为和师德修养指明了行动的方向；效益作用，即良好的家园合作关系，是幼儿园教育事业发展的一张名片，可以提高幼儿园办学的整体效益。

1. 教育作用

家园合作的职业道德的教育作用，主要表现为对教师的教育作用和对家长的教育作用。简言之，对教师的教育作用主要表现在，家园合作中的职业道德可以帮助教师始终坚守立德树人这一根本任务，提高教师专业发展水平。对家长的教育作用，主要是通过家园合作，家长可以习得科学的育儿观念，掌握正确的教育方法，与幼儿园携手共同促进幼儿身心健康发展。

首先，对于教师的教育作用。对于教师的教育作用是指通过教师职业道德学习，培养教师道德信念，形成教师的职业风范，塑造教师的理想人格，提高教师的精神境界和师德水平，强化教师的事业心、责任感和自豪感。通过职业道德的学习，幼儿教师可以实现以德立身、以德立学、以德施教、以德育德，热爱教育事业，钟爱教师职业，关爱幼儿发展，进而争做“四有”好老师、当好“四个引路人”、坚守“四个相统一”。家园合作中的教师职业道德也可以帮助幼儿教师正确认识教师劳动的意义和价值，增强幼儿教师的获得感、幸福感、荣誉感。此外，幼儿教师在开展家园合作的过程中，势必会遇到诸多新问题。幼儿教师在解决这些新问题时，会通过自我反思、参加培训、向同行请教等方式，获得解决问题的方法，从而提高自身专业发展水平和综合素质。

其次，对于家长的教育作用。家长在与幼儿教师互动的过程中，可以通过与幼儿教师的交谈、参加幼儿园组织的家长学校与亲子活动，提高家庭教养水平和教育认知水平，并增进对家庭教育、幼儿园教育的重要性的认识。家长如果能够提升对家庭教育功能的认知、加强对幼儿园教育的理解，家园合作就会事半功倍，也能形成积极合力，促进幼儿的全面发展。

2. 调节作用

一般而言，调节作用是指通过教育、评价、命令等方式，指导和纠正教师的职业行为，协调教师工作中的各种关系。它是教师职业道德最基本也是最重要的作用。教师在工作过程中需要调节很多关系，如教师与学生的关系、教师与教师的关系、教师与学生家长的关系、教师与社会的关系等。在这里，家园合作的职业道德的调节作用，主要是指调节幼儿教师对教育工作的认知、与家长的关系。

首先，调节教师对教育工作的认知与行为。幼儿教师职业不仅仅要教书育人，更重要的功能是对幼儿的保育。而保育工作涉及的内容繁杂、琐碎，不仅要在一日教育活动中传授知识，也要照顾幼儿的吃喝拉撒等日常生活，更要处理与同事的关系、与家长的关系。教师在与家长互动的过程中，或多或少会遇到一些不尽如人意的事情。这时，教师职业道德就会起到非常重要的调节作用，它可以提供有效的家园合作方法，促进家园矛盾的解决。

其次，调节幼儿教师与家长的关系。幼儿教师面对的是千差万别的幼儿和家长，家长的教育观念也是因人而异的。家长把孩子视为掌上宝，容不得孩子受委屈。但幼儿年龄尚小，在幼儿园里不可避免地有一些磕碰、打闹。幼儿教师也会遇到教育观念有偏差的家长到幼儿园“讲理”的现象，这个时候，幼儿教师就会出现情绪上的波动，甚至是有所怨言。教师职业道德就可以帮助幼儿教师缓解紧张心情、不良情绪，适时调整工作状态。

3. 导向作用

教师职业道德的导向作用体现为教师职业道德的内容为教师的职业行为和师德修养

指明了行动的方向。“学为人师，行为世范”，幼儿教师在家园合作中的职业道德和行为表现，对于幼儿、幼儿园同事和家长具有极强的导向作用。如果幼儿教师严格遵循幼儿教师职业道德，就会对幼儿、同事起到榜样作用，对家长起到积极的引导作用；相反，如果幼儿教师违反教师职业道德，就会对幼儿、同事产生消极的影响，也不利于与家长的沟通合作。

首先，良好的职业道德行为，可以为幼儿树立积极的榜样，启迪幼儿心灵。在幼儿园教育活动中，幼儿教师在幼儿的身心发展过程中居于主导地位，对幼儿的习惯、品德的养成和身心成长具有重要的指导作用。3～6 岁的幼儿具有极强的模仿能力，这一时期也是幼儿树立正确的价值观、世界观的重要时期。幼儿教师在与家长互动中的言行举止，都会对幼儿发展产生深刻影响。

其次，良好的职业道德行为，可以为幼儿园同事树立学习标杆，起到模范带头作用。近朱者赤，近墨者黑。每一个幼儿教师的行为表现都可能受到其他同事的关注、效仿。如果每位老师都能在家园合作中表现出良好的职业道德和互动行为，这所幼儿园的工作文化就会是积极的、向上的、正能量的。相反，如果有的老师在家园合作中表现出违反职业道德的行为，那么这种行为就会在幼儿园里产生消极的影响，不利于幼儿园合作文化的形成。

再次，良好的职业道德行为，可以为家长提供家园互动的样板，有利于家园合作的积极走向。很多家长都是初为父母，不知如何开展家庭教育，也不知如何与幼儿教师积极互动。如果幼儿教师在家园合作中表现出积极向上的职业道德行为，那么这无形中会为家长提供学习的榜样，家长也会用积极向上的行为与幼儿教师互动。这样，幼儿教师和家长就共同营造了一种积极健康的家园合作文化。

4. 效益作用

良好的家园合作关系，是幼儿园教育事业发展的一张名片，既可以扩大幼儿园办学的社会效益，也可以提高其经济效益。

首先，良好的家园合作，可以扩大幼儿园的社会效益，对幼儿园品牌建设起到直接宣传作用。师德决定形象，形象影响效益。幼儿教师在与家长合作的过程中，可以宣传幼儿园的办学文化、办学理念以及管理模式。在不断的家园互动中，家长也会逐渐深化对幼儿园的文化软实力的了解、理解与认同。家长与其社会网络进行互动时，无形中成了幼儿园品牌文化的“代言人”。这对于宣传幼儿园的办学理念、提高幼儿园的良好声誉，能起到积极的作用。

其次，良好的家园合作，也可以提高幼儿园的经济效益。家长通过其自身影响力和社会交往圈，可以对幼儿园进行有益的宣传。这一方面可以降低幼儿园的宣传成本，另一方面也可以提高幼儿园的办学知名度，扩大招生规模，直接带动其经济效益的提升。

三、实践启示

（一）案例启示

案例中的幼儿鹿鹿，入园时产生了分离焦虑，哭闹很长时间才停止。刘老师综合分析后，发现鹿鹿的这种行为表现是因为鹿鹿的妈妈每天都很担心她在幼儿园的状态，所以每天都会和她聊这个话题，这种“聊”给了鹿鹿许多的心理暗示。

于是，刘老师和鹿鹿妈妈谈心，让妈妈改变了与鹿鹿的谈心方式，并换为爸爸接送鹿鹿。刘老师和鹿鹿家长的互动与合作，本质上是通过沟通交流，使得家长理解并尊重幼儿的成长规律，并根据规律改变教育行为的过程。在家园合作中，鹿鹿妈妈也得到了教育，获得了教育理念、教育方法等方面的提升，鹿鹿的行为表现也逐渐朝着积极的方向发展。

（二）见贤思齐

我们在日常工作中会遇到很多鹿鹿这样的幼儿，有时我们会不知所措，有时凭借我们一人之力无法改变。当我们不知所措的时候，可以求助于经验丰富的同事或阅读相关书籍以获得教师专业发展的提升。当我们无法一人完成这项工作时，就可以联合幼儿家长，寻求他们的帮助和支持。

案例中的刘老师便是与鹿鹿的父母一同帮助鹿鹿顺利度过了这一入园适应期，减轻了鹿鹿的分离焦虑感。所以，幼儿教师相信家长，家长相信幼儿教师，幼儿教师和家长并肩“作战”，有利于促进幼儿的成长。

我们再来看看北京市海淀区亿城蓝天幼儿园滕海婷老师的教学案例。

2016 年，是我在亿城蓝天幼儿园工作的第四个年头，我热爱幼儿教师这份职业，我相信我能够保持心境纯净如白云，笑容明朗如晴空。

故事发生在我的班级升入大班之际。这是我第一次见到安安小朋友。

家长悄悄地告诉我：安安是一个特别的孩子，没有基本的自理能力，虽然年龄比大班幼儿大，但以他现在的状态还不能够顺利升入小学，可能会给班级带来很多麻烦，希望老师多多关注。

经过一星期的观察，我发现：安安进入班级第一时间脱下衣服满屋跑；不喜欢说话，却喜欢打人，用各种“捣乱”行为引起老师的注意；他力气很大，喜欢做老师不让他做的事情，甚至想要上桌子、爬窗台；他虽是上小学的年龄，却仍处于大班的发展水平。作为一名幼儿园教师，我选择了积极面对，像关爱其他小朋友一样给予安安更多关注，特别是在真正接触之后，我对安安有了更多的了解和更深层次的认识，我特别想通过努力帮助到这个特殊的小朋友。

我积极地跟安安妈妈沟通，探讨安安行为背后的原因，帮助家长树立信心，找到问题所在；同时积极寻找方法，直面问题，做好与安安和家长的沟通。我利用业余时间，上网和翻阅书籍查找有关类似案例和资料，参加学前教育专家家园共育讲座，主动了解相关知识和做法；随时请教园领导和有经验的同事，并和同事们进行会议研讨，做到群策群力、互相交流学习。

在大家的共同努力下，安安有了很大的改变。老师面对每一件小事情都很耐心，坚持每天让他主动说“老师早上好”“老师再见”，坚持让他知道自己的事情要自己做。老师时刻与家长保持沟通，针对问题指出哪方面需要鼓励、哪方面需要加强指导，等等。慢慢地，安安吃过饭后知道要自己送餐具了，活动时知道搬椅子坐好等待老师上课了，看到老师整理好床铺时会自己主动脱好衣服和鞋子上床睡觉了，能感觉到安安喜欢我们和他交朋友的样子。令我最为感动的一幕是安安妈妈含着泪对我说："这是安安3岁以后第一次睡午觉。"

看到安安一天天的进步与健康成长，我轻轻地对他说：特别的你是如此美丽！

当遇到"问题儿童"时，多数教师刚开始都有畏难情绪，我认真梳理了一下，其实按照以下方法关爱"问题儿童"，就有很大概率可以帮助他们转变：

第一，要安排一名教师专门看护，确保幼儿的安全；

第二，教师要做好幼儿在园一日活动记录，细心观察幼儿的表现，以便了解幼儿的兴趣和行为模式；

第三，教师可进行家长访谈，着重了解幼儿的家庭组成、教育环境、家长与幼儿的相处方式等；

第四，结合幼儿的行为特征、家庭情况以及在园的表现，确定幼儿的问题类型以及产生问题的深层次原因；

第五，教师和家长共同商讨解决方案，在幼儿园和家中联动实施，并根据幼儿的表现适时进行调整；

第六，在具体实施过程中，如遇到棘手问题，可安排园内有经验的教师进行研讨，或邀请外部专家给予指导和帮助，共同破解难题。

"问题儿童"的类型有多种，比较常见的有攻击型和退缩型。安安小朋友是两种情况兼有。

攻击型的幼儿表现出行为粗暴、不遵守规则、自控性较差等特征，其成因包括家庭中存在冲突、管教压迫或幼儿被忽视等。在掌握具体原因的情况下，可考虑以下措施：一是寻找幼儿喜欢做的事情，引导其专注于其感兴趣的事情；二是将"攻击行为"转换为一种游戏（如抛接游戏），在游戏中释放其破坏的力量，促使幼儿融入班集体；三是耐心与幼儿进行沟通，引导幼儿逐渐养成良好的习惯；四是幼儿家庭成员要注意自己的言行举止，树立正确的榜样作用，创造良好的氛围。

退缩型的幼儿表现出焦虑、自卑、不喜欢交朋友、不爱与他人讲话等特征，其成因有幼儿被孤立、总是受责备等。在掌握具体原因的情况下，可考虑以下措施：一是要培养幼儿的生活自理能力，鼓励其多参与户外活动；二是在班级多开展"交朋友"的游戏，为幼儿提供交流和表达的机会；三是关注幼儿心理需要，给予积极鼓励和肯定，帮助其建立安全感；四是家长要多参与亲子活动，多陪伴孩子，让幼儿感受到自己被关爱。

幼儿行为的改变及良好习惯的养成，离不开家园共育。当下，虽然家长重视幼儿教育，但由于不少家长未受过专业培训，仍缺乏必要的知识和经验，因此在面对"问题儿童"时，教师不仅要关注幼儿，也要关注家长。教师要详细了解家长的想法、做法，帮助家长建立良好的育儿习惯，家园紧密配合让孩子得到更好的发展。也许初期与家长沟通，家长并不是很接受教师的想法。但是教师如果能在沟通前做好备选预案，更多站在家长角度思考问题，经过多次会面交谈，最终会找到切实可行的方法，并能够取得良好效果。

《幼儿园教育指导纲要（试行）》《3—6岁儿童发展指南》明确了3～6岁幼儿发展目标和建议，这为我们日常教学提供了有力的指导。但同时，《纲要》和《指南》对"问题儿童”的教育缺乏详细的方法和建议，需要教师在实践中不断学习、观察和总结。在面对特殊幼儿时，如果我们具备耐心，找出产生问题的深层次原因，通过家园共育，就能够为幼儿提供良好的环境，帮助幼儿实现健康发展的目标。与“问题儿童”的相处也激发了我思考和研究的兴趣，通过举一反三，透过现象看本质，我积累了经验，这有助于我科学、有效地完成教学目标。

“路漫漫其修远兮，吾将上下而求索”，前方或许有很多困难与磨炼，我们无法提前预知，但我依然会带着这份热爱不断前行。

每个孩子都是一朵花，需要不一样的雨露滋润，特别的小花，在爱与关怀的灌溉下同样如此美丽。

滕老师认真探寻“问题儿童”特殊行为背后的综合原因，既能够真心相待，又可以冷静思考，善于利用各种资源找到切实可行的办法，表现出了突出的职业道德素养和学以致用的家园共育能力。

四、学习建议

（一）总结反思

家园合作中职业道德的作用主要包括：教育作用、调节作用、导向作用和效益作用。

教育作用主要表现在对教师的教育作用和对家长的教育作用。简言之，对教师的教育作用主要表现在，家园合作中的职业道德可以帮助教师始终坚守立德树人这一根本任务，提高教师专业发展水平。对家长的教育作用，主要是通过家园合作，家长可以习得科学的育儿观念，掌握正确的教育方法，与幼儿园携手共同促进幼儿身心健康发展。调节作用是指通过家园合作的职业道德，调节幼儿教师对教育工作的认知、与家长的关系。导向作用体现在教师职业道德的内容为教师的职业行为和师德修养指明了行动的方向。良好的职业道德行为，可以为幼儿树立积极的榜样，启迪幼儿心灵；也可以为幼儿园同事树立学习标杆，起到模范带头作用；更可以为家长提供家园互动的样板，有利于家园合作的积极走向。效益作用即良好的家园合作关系既可以扩大幼儿园办学的社会效益，也可以提高其经济效益。

（二）深化学习

在家园合作实践中，幼儿教师和家长都可以获得不同层面的提升，幼儿园也能获得相应的社会和经济效益。我们要充分重视家园合作的作用，幼儿教师、家长、幼儿园要从不同方面着力。

1. 幼儿教师怎么做

一方面要具有坚实的专业基础知识，关注家园合作的最新理论、方法，拓展思路和视野。另一方面要多听取专家、幼儿园同事、家长的意见建议。此外，幼儿教师必须时刻提醒自己加强师德修养，查找自身不足，在家园合作中成为幼儿学习的榜样，激励幼儿成为一个有道德、有修养的人。

2. 家长怎么做

一方面深入学习学前教育、儿童发展心理学等领域的知识，不断提高自身的家庭教育水平，掌握科学的家庭教育方法。另一方面，家长也要积极配合幼儿园工作，认真参加幼儿园组织的家园合作活动，在活动中提升自己。

3. 幼儿园怎么做

注意收集幼儿园家园合作的典型案例，做成家园合作案例集，一方面，可以作为校本培训教材，为新入职的青年幼儿教师提供家园合作的“学习宝典”，帮助新教师尽快掌握家园合作的目的、任务、原则与方法。另一方面，也可以将家园合作的成功经验提炼、总结、上升为理论层面，作为办园特色成果，扩大家园合作带来的社会效益。

第四节　家园活动中的幼儿教师职业道德规范

习近平总书记指出：“一个人遇到好老师是人生的幸运，一个学校拥有好老师是学校的光荣，一个民族源源不断涌现出一批又一批好老师则是民族的希望。”

作为新时代的幼儿教师，我们在开展家园活动的过程中，要牢固树立良好师德师风，严格自我约束、规范职业行为，强化“红线意识”，树立“底线思维”，守纪律讲规矩，恪守职业道德，维护幼儿教师的良好形象，努力做好幼儿锤炼品格的引路人、学习知识的引路人、创新思维的引路人、奉献祖国的引路人。

坚持教师职业道德，并以教师职业道德作为教师专业发展和交互活动的行为准则，可以帮助教师树立“底线思维”和“红线意识”，有效地规避不良行为导致的风险结果。

一、案例思考

（一）案例呈现

案例一　某幼儿园老师微信索要礼物

“这年头做老师的，这明目张胆地仗着自己生日开口跟别人要就不对了，做人要低调啊！”近日，一位苏州市民通过微博曝光市区一所幼儿园的老师高调收取家长的微信红包，个别红包金额还真不小。据这位市民爆料，这名老师在朋友圈兼职做微商，甚至把学生家长都发展为了自己的客户。这事到底是不是真的呢？

“我觉得这样的人就该专心去做生意，做什么老师呢？自己赚钱就够了，千万不要来带坏小朋友。”这位网友告诉记者，她之所以要爆料，是因为觉得这样的老师实在没资格为人师表。该网友说，这名老师是她朋友女儿的幼儿园老师，这所幼儿园在苏州有三所分园，规模还不算小。据称，七夕情人节正好是这名老师的生日，于是，该幼师就在自己的朋友圈发了一条微信：“听说今年七夕情人节又是和我生日同一天，各位礼物准备好了，我提前通知哦，别装作看不到，说你们呢，要礼物要礼物。”这条微信发出后，个别家长就通过微信红包、转账的方式给这名老师发送了红包。从该网友发送过来的截图可以看出，家长发送的红包数量从几十元到几百元不等。更让这位网友惊奇的是，收到红包后，该老师还高调晒出了红包截图。于是其他不愿意发红包的家长也开始陆续发出红包，“别人发了你不发，老师会不会有想法呢？因为担心，最后搞得其他家长也不敢不发红包”。

因为个别家长看不惯这样的老师，于是将截图保存并发送给了自己朋友“观赏”，这也就出现了微博上的图文爆料内容。据网友爆料，这名幼儿园老师平时兼做微商，很多家长都是她的顾客或者代理。“她不仅会高调索要礼物，还会高调地晒出各种礼物和红包，试问这种素质的人如何配当一名老师，家长如何放心把宝宝交给这样的老师？”

据悉，园方介入调查此事后，女教师已退还了此前收取的学生家长的红包，而园方也对涉事女教师进行了辞退处理。

资料来源：央广网. 苏州一幼儿园教师向家长要生日红包已遭辞退.（2015 - 08 - 28）[2022 - 01 - 05]. http://news.cnr.cn/native/gd/20150828/t20150828_519695270.shtml.

案例二　乡村教育守望者张玉滚——扎根深山十七载　把山路走成通天大道

“你把十八弯的山路走成了‘通天的大道’，你闪光的汗水浇出山花更艳更俏，当春风催开冰封的大地，你总是摸着我的脑袋舒心地微笑……”这首由当地教育部门谱写的歌词里说的这个“你”，就是扎根深山十七载的“80 后”山村教师、时代楷模——河南省镇平县黑虎庙小学教师张玉滚。

山里的孩子，父母大多在外打工。谁家孩子在哪儿居住，谁家孩子爷爷奶奶多大年纪，谁家孩子上学需要接送……他都一一记在心上。

2014 年 6 月的一个晚上，学生张朋的家长打电话说孩子还没到家。正在改作业的张玉滚挂掉家长电话，立刻和妻子一起打着手电筒进山去找，最后发现张朋在回家的路上靠在大石头旁睡着了。张玉滚二话不说，背起张朋就走，经过一个多小时才把张朋安全送到家。后来，接送学生也逐渐成了张玉滚的家常便饭。

多年来，黑虎庙小学没有一个学生因为贫困辍学，张玉滚和学生们同吃同住，和妻子一起料理学生的日常生活，并用自己微薄的收入资助了 300 余名学生，延续他们的求学之路。

学校师资紧张，他潜心钻研每一门课程，苦练教学本领，千方百计上好每一堂课；寄宿学生多，他学缝衣会做饭，既是老师也是家长；学生家庭困难，他节省生活开支，慷慨解囊相助；山区不通车，他用一根扁担，把学生的教材和学习用品挑进大山。他用无怨无悔的坚守和付出照亮了山区孩子的求学之路，生动地诠释了社会主义核心价值观。

资料来源：教育部. “时代楷模”张玉滚事迹引起强烈反响 传递奉献和坚守的力量.（2018 - 09 - 10）[2022 - 01 - 05]. http://www.moe.gov.cn/jyb_xwfb/xw_zt/moe_357/jyzt_2018n/2018_zt17/zt1817_mtbd/201809/t20180910_347998.html.

（二）思考问题

（1）以上两个案例呈现的两位教师的行为有什么不同？

（2）结合自身工作经验与学习经历，思考在家园合作中教师应遵循什么样的职业道德。

二、理论阐释

（一）基本概念

1. 底线思维

教师的底线思维是指一种坚守职业道德底线的思维方式，一种拥有基本的做人的良知和做事的原则，在教育活动中会认真评估风险、避免出现最坏情况的处事态度。

底线思维能够使教师保持坦然的心态，做到明辨是非、拒绝干扰和敢于担当。

2. 红线意识

红线意识是指教师在职业活动中保持清醒，时刻提醒自己不能违法乱纪、不能触碰红线的警醒意识。

树立红线意识，是幼儿教师遵守教师法律法规、合规合法履行教师义务的重要准则。在家园合作中，幼儿教师要严守师德、禁触法律“红线”。幼儿教师要有“高标准”“低红线”意识，做无愧自己和国家、受人尊敬的新时代师者。

（二）基本理念

习近平总书记指出，要切实提高战略思维、历史思维、辩证思维、创新思维、法治思维、底线思维能力。幼儿教师，要树立起底线思维，即在高质量完成立德树人根本任务的过程中，要准确地明白什么事情能做、什么事情不能做。

坚守底线，是个人安身立命之本。如今社会上出现了很多没有坚守底线的人物和事件，比如部分教师坚守不住底线，向家长索要红包、有偿补课等等。凡事预则立，不预则废，只有居安思危、未雨绸缪，才能守住心中的道德底线。

索要或者违反规定收受家长、学生财物，组织或者参与针对学生的经营性活动，或者强制学生订购教辅资料、报刊等谋取利益，组织、要求学生参加校内外有偿补课，或者组织、参与校外培训机构对学生有偿补课，等等，这些行为都是幼儿教师禁止触碰的“红线”行为，需要我们时刻警惕。

1. 做好需求调研，做到知己知彼

若要因材施教，就必须开展扎实的需求调研。在开学前，幼儿教师应该提前分析研究幼儿的档案材料，包括幼儿的学习经历、学习基础、性格特点、优缺点等，也要了解幼儿的家庭经济社会状况，家长的文化水平、职业状况、教育理念等。在开学前，幼儿教师可以通过家访、开展问卷调查、打电话等方式，了解家长的教育理念与幼儿的实际需求。除此之外，幼儿教师还要了解自己的有关情况，包括自己的情绪特征、知识结构、综合能力、优缺点等。这样才能知己知彼，更有针对性地开展教育教学工作。

2. 互敬互重，与家长以诚相待

幼儿教师在家园合作过程中应树立强烈的服务意识，主动与家长联系，及时与家长沟通，主动发挥自身的主导性作用。在与家长互动的过程中，应与家长以诚相待，互敬互重。教师与家长的合作应建立在教师和家长人格完全平等的基础之上，两者之间不存在尊卑、高低之别。对于文化水平、经济水平、政治地位比较高的家长，幼儿教师应做到不卑不亢，从容面对，不能以民族、性别、地域、经济状况、职务、职业等原因偏袒或歧视幼儿家长。幼儿教师与家长互动时应更加彰显尊重，关心幼儿发展，体现人文关怀。

3. 廉洁从教，恪守职业道德

《新时代幼儿园教师职业行为十项准则》要求幼儿教师“坚守廉洁自律。严于律己，清廉从教；不得索要、收受幼儿家长财物或参加由家长付费的宴请、旅游、娱乐休闲等活动，不得推销幼儿读物、社会保险或利用家长资源谋取私利”。廉洁从教是幼儿教师应遵循的基本职业道德规范，也是教师正确处理利益与事业之间关系的基本条件。但在幼儿教育实践活动中，却有极少数的教师喜欢利用职务之便，向家长索要额外的报酬，以教谋私。这种行为会造成严重的负面影响。所以，每一位幼儿教师都要坚守底线，廉洁从教，牢记自身师德形象，遵守法律法规和文件规定，恪守职业道德，自觉抵制社会不良风气的影响，从自身做起，严以律己，认真履行教书育人的职责，树立优良师表形象。

4. 以教书育人为己业，不利用家长谋私利

在其位，谋其政，专其业。教师的天职是教书育人。幼儿教师应自觉抵制社会不良风气，不利用职务之便向家长谋私利，向幼儿推销教辅资料和其他任何商品；不要求、授意幼儿、家长为幼儿园和自己提供任何形式的服务或帮助；不组织幼儿参与、自己不参与任何形式的收费补习班，自觉抵制乱办班、乱收费行为。幼儿教师是幼儿成长过程中的重要启蒙人，是幼儿模仿的主要对象。幼儿教师利用家长谋取私利的行为，极大地损害了教师的光辉形象，对幼儿身心发展会产生极其不利的影响。

5. 主动作为，提高家园合作的质量

幼儿园应多渠道地加强与社区、家庭之间的交流与沟通，探索幼儿园、社区、家庭三位一体的教育模式，形成共建、共管、共育的社会环境。只有通力合作、共同努力、取长补短，才能取得最佳的教育效果。

第一，建设班级家长学校。家长学校是宣传普及家庭教育知识、提升家长素质的重要场所，是指导家庭教育的主阵地和主渠道。开办家长学校是学校指导家庭教育的重要途径和有效形式。办好家长学校，能帮助家长更新家庭教育观念，树立起与幼儿智能和个性发展同步的全人教育理念。幼儿园可以定期以专题讲座、主题活动等形式开展丰富多彩的家长学校活动。

第二，建立班级家长委员会。家长委员会是实现社会、家长参与教育的重要举措，可以由包括校长、顾问、专家、教师、家长、社区工作者和学生等在内的多元化的人员组成，共同参与幼儿园的管理和决策，为幼儿园提供人力资源并提出意见和建议。

第三，让家长参与班级工作。幼儿教师可以充分调动家长的积极性，为家长创造参与家校合作的机会，如请家长参与亲子活动、一起完成课外探究活动等。幼儿教师也可以邀请家长参加定期的家长会、学校开放日、文艺晚会、运动会等活动。

三、实践启示

（一）案例启示

案例一中的那位幼儿教师向家长索要红包的行为是严重违反教师职业道德的，为我们每一位幼儿教师敲响了警钟。为人师表要求教师坚守高尚情操，知荣明耻，严于律己，以身作则，作风正派，廉洁奉公。而案例一中的幼儿教师通过发微信的方式向家长索要红包，其实是利用了自己教师的身份，变相谋取私利，违背了为人师表的职业道德。作为幼儿教师，我们应以教书育人为己任，坚守立德树人这一根本任务，不利用职务之便谋取私利。

与案例一形成鲜明对比的是，案例二中的张玉滚老师有着崇高的教师职业理想和坚定的教育信念，严守教师职业道德，用自己的实际行动书写着“老师”二字的深意。我们要以张玉滚老师为榜样，敬业奉献、坚守担当、潜心教书、用心育人，努力做新时代有理想信念、有道德情操、有扎实学识、有仁爱之心的“四有”好老师。

为规范幼儿园教师职业行为，保障教师、幼儿的合法权益，我国出台了《中华人民共和国教育法》《中华人民共和国未成年人保护法》《中华人民共和国教师法》《教师资格条例》《新时代幼儿园教师职业行为十项准则》等法律法规和制度规范。针对幼儿教师职业道德规范，2018 年教育部又颁布了《幼儿园教师违反职业道德行为处理办法》，其中明确规定，“索要、收受幼儿家长财物或参加由家长付费的宴请、旅游、娱乐休闲等活动，推销幼儿读物、社会保险或利用家长资源谋取私利”“组织幼儿参加以营利为目的的表演、竞赛活动，或泄露幼儿与家长的信息”均是应予处理的教师违反职业道德行为。我们应该认真学习幼儿教师职业道德准则，秉持自己的职业操守，不谋取私利，严格遵守法律法规，做一个对得起良心、对得起教师职业的好老师。

（二）见贤思齐

案例二中的张玉滚老师“守初心、立师德、铸师魂”，用实际行动完善自己的道德品行，升华自己的道德境界。张玉滚老师用对教育事业的热忱之心、对学生满满的爱心，践行了新时代“四有”好老师的高贵品质。

教书育人，是教师的天职，一名德艺双馨的幼儿教师，其良好的师德能够促进孩子的成长。我们应该加强对师德修养重要性的认识，在日常工作与生活中增强幼儿教师师德修养的自觉性，向“四有”好老师看齐，牢固树立“四个自信”，忠于党的教育事业，坚持教书和育人相统一、言传和身教相统一，在以德立身中提升自我修养，在以德立学中明道信道，在以德施教中潜心育人，不辜负幼儿教师的职业担当。

四、学习建议

（一）总结反思

著名教育家陶行知先生曾说过：“学高为师，德高为范。”家园合作中的职业道德是我们每一位幼儿教师都需要遵循的准则。家园活动中的职业道德规范虽然看似简单，但在实际的日常工作中，幼儿教师并非能完全按照这些规范与家长互动。所谓“君子之过，如日月食焉，人皆见之。更之，人皆仰之”，教师的言行备受社会瞩目，更应“吾日三省吾身”，严于律己，经常进行自我反思，发现不足及时积极改正，给幼儿、家长留下一个良好的教师形象。

尊重、平等、合作是家园共育的前提和原则，尊重不仅仅是语言上的交流沟通，更体现在每一个行为细节中。幼儿教师只有充分信任和尊重家长，与家长真诚相待，科学合理地处理好每一个环节，用专业而科学的理念和行为去影响家长，以身作则，才能与家长形成牢固而愉快的合作关系，为幼儿成长打造健康的空间。

（二）深化学习

结合我们的工作经验，我们认为，在家园合作中，幼儿教师与家长的互动要注意以下细节：

幼儿来园时，幼儿教师应主动向家长询问幼儿的基本情况和在家表现情况，并耐心倾听家长的讲解和嘱咐，认真做记录并及时给予答复。遇到健谈的家长时我们要耐心，不能表现出不耐烦的情绪。

当幼儿生病或不舒服，家长打电话或来园请假时，幼儿教师要真心实意地表示关心，并送上早日康复的祝福。

当幼儿之间发生肢体、语言冲突或发生意外时，幼儿教师要主动承担起责任，稳定家长情绪。在家长气愤之时，不能立即进行辩解，不然会激化矛盾。等家长心情平静后，幼儿教师应耐心、细致地讲清楚来龙去脉，并表达歉意，并实事求是地承担责任。

当家长晚来幼儿园接孩子回家时，我们要站在家长的角度思考问题，可能是因为家长加班、路上交通堵塞等原因，不能按时接孩子回家。等家长到来时，要耐心，表示理解，不能发脾气或不耐烦。

要尊敬家长，一视同仁，不以职业、性别、年龄、收入、打扮等为依据对家长进行区别对待。需要找家长谈话时，态度要亲切，尊重家长，且谈话要具有教育意义，不能以“告状”为目的与家长交谈。

平时多与家长沟通孩子在园的日常表现，通过电话、微信、面对面等方式建立每天活动情况报告制度，定期向家长汇报幼儿身体及情感上的变化。

当家长馈赠礼物时，应礼貌地拒绝，并耐心解释教师职业道德规范，这样的行为是违反教师职业道德的，所以不能收受家长的馈赠。

总之，我们在与幼儿家长互动时，要做到尊重家长，互相配合。加强与家长的联系，调动家长在培养孩子全面发展上的主动性和积极性。对家长要以诚相待，以礼相见，互敬互重。尊重家长，虚心倾听家长意见，不挫伤家长的感情，不训斥家长。努力与家长齐心协力，树立正确的教育观，采用适当的方法，促进幼儿健康成长和全面发展。

第六章

职业认同与专业发展

• 学习导引 •

幼儿教师一定要有成为“有理想信念、有道德情操、有扎实学识、有仁爱之心”的“四有”好老师的追求与修炼。

“人贵有志，学贵有恒。”幼儿教师不仅需要教育学、心理学以及有关幼儿发展的各类专业知识，还需要自然科学、人文学科方面的基础，且特别需要教育艺术、教育智慧以及熟练的互动策略和技能技巧。“业精于勤，荒于嬉；行成于思，毁于随”，作为“幼儿学习活动的支持者、合作者、引导者”，幼儿教师应坚持职业认同与专业发展的信念，不断加强道德修养，不断丰富专业知识，不断提升专业能力，成为终身学习的典范。

• 学习目标 •

学习完本章内容后，你将能够：

1. 说明职业认同和专业发展的内涵，制定个人专业发展规划。
2. 复述教师专业理念与师德的内在联系。
3. 提升专业理论水平，在日常保教工作中灵活运用专业知识。
4. 在职业认同实践活动中获得专业能力提升的动力，掌握专业能力提升的途径。
5. 分析促进个人专业发展的有利和不利因素。
6. 提升对教师职业的认识与理解，感受和获得职业幸福。

• 思政目标 •

1. 不忘立德树人初心，牢记为党育人、为国育才使命；铭记“幼儿为本、师德为先、能力为重、终身学习”的基本理念。

2. 积极提升家国情怀、人文底蕴、审美情趣、科学精神等综合素养，树立正确的教育理念和人生观、价值观，培养工匠精神。

3. 传承中华优秀传统文化，树立文化自信，能将中华优秀传统文化和社会主义核心价值观贯穿幼儿园主题教育活动内容的选择和实施全过程，铸造人文精神。

4. 能将传统文化和地方文化元素有效地融入幼儿园环境创设中，并力求做到传承、创新、融合与发展。

• 思维导图 •

以下是本章内容的整体框架及学习内容。此图可以帮助你从整体上了解本章内容的知识结构和学习路径。右边的三部分内容是本章基础知识，作为理论支持和应内化的专业知识，左边三部分内容是外显的专业能力和应掌握的专业发展可持续能力以及终身学习品质。这六个方面的内容，希望你能够全面学习和理解，以获得整体的认知。

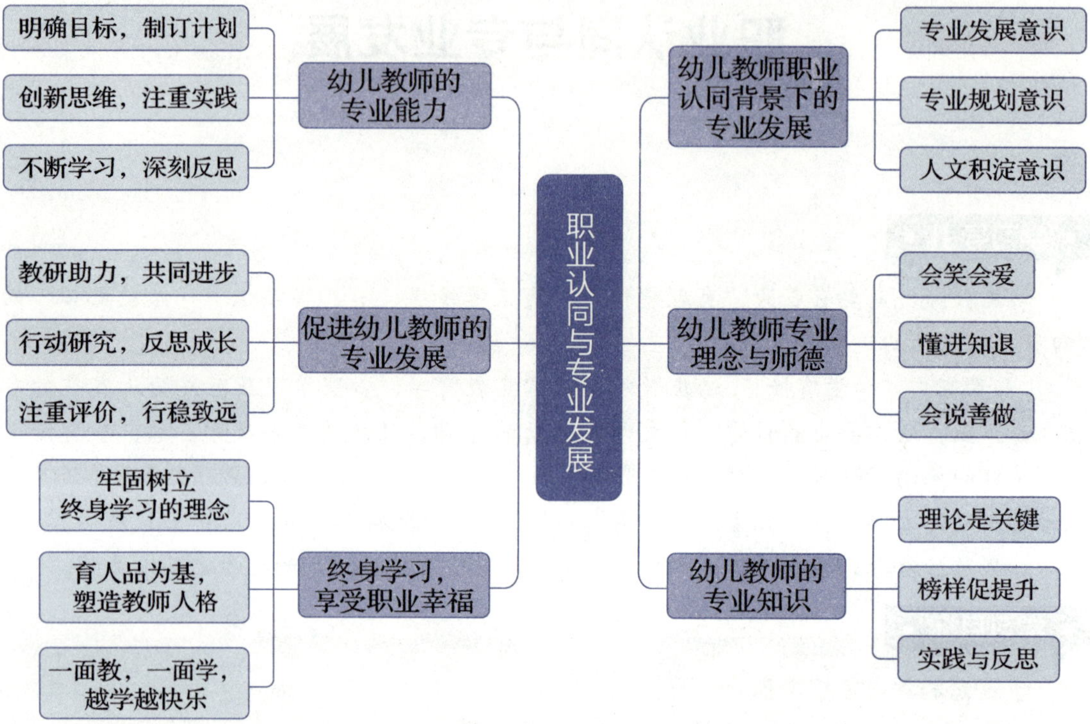

看完上面的思维导图后，你是否已经对本章所要学习的内容以及如何学习这些内容有一个初步的整体印象了呢？我们可以在这个整体框架的指引下逐一学习每个知识点的具体内容。我们要深入领会职业认同与专业发展的内涵，结合实践案例加以评析，做到举一反三、活学活用、取长补短，真正成为专业知识扎实、专业能力突出，具有终身学习能力，能够享受职业幸福的幼教人。

第一节 幼儿教师职业认同背景下的专业发展

我国教育家陶行知曾经说过这样一个观点：人一生中最重要的习惯、性格、特点等方面素养的养成大多都可以在 6 岁以前完成。教育家蒙台梭利也曾指出，人类早期教育的毫厘之差会致使其成年后的发展产生重大偏离。这都说明了幼儿教育的重要性。来自幼儿教师的职业认同度是其专业发展的基础和内驱力，不仅直接影响着幼儿教师的专业成长和职业幸福指数，更会影响到幼儿的成长。职业认同程度越高，越能促进幼儿教师的专业发展和教学效能感的提升。

一、案例思考

（一）案例呈现

“我的五年专业发展规划”

我深知要想给幼儿一生的发展打好基础，自己必须快速成长起来，成为一名真正的“幼儿教师”。为此，我为自己在山东省邹城市第一实验小学教育集团附属幼儿园五年内的专业发展进行了以下规划。

一、自我分析

（一）个人优势

热爱幼儿教育事业，喜欢幼儿；敢于接受不同教学理念的冲击；在教育幼儿和与家长沟通合作方面有了一定心得；善于接受别人的意见，能够积极参加教研活动。

（二）存在问题

教学经验不丰富，在专业知识和专业能力上存在许多不足。尤其缺乏对幼儿心理状态的调查研究，教科研能力薄弱，对实践的反思难以带来理念的转变和提升，课题研究和论文写作能力都有待提高。

二、发展规划

（一）义以正己，培养育人情怀

“学高为师，德高为范。”认真学习《幼儿园教育指导纲要（试行）》《幼儿园工作规程》《新时代幼儿园教师职业行为十项准则》《幼儿园教师专业标准（试行）》等学前教育政策法规，牢记使命，不忘初心，潜心培幼育人，关心爱护幼儿，廉洁自律，规范保教行为，力争早日成为合格的传统文化的传播者、幼儿健康成长的指导者和引路人。

（二）专业博通，实现一专多能

成为一名优秀的幼儿教师不仅需要学前教育学、学前儿童心理学、幼儿游戏理论与指导等有关幼儿保教方面的专业知识，还需要自然科学、人文学科方面的基本知识，也需要专业智慧、互动策略等。努力实现学科知识、专业知识和专业技能的同步发展，是我的又一目标。认真研读《活教育》《幼儿教师专业发展》《幼儿学习档案——真实记录幼儿学习的历程》《学前卫生学》《幼儿教育》等书刊，不断更新教育理念，加强基本功的训练，实现一专多能。

（三）审视实践，形成专业智慧

《幼儿园教育指导纲要（试行）》指出：“评价的过程，是教师运用专业知识审视教育实践，发现、分析、研究、解决问题的过程，也是其自我成长的重要途径。”教师要“善于发现幼儿感兴趣的事物、游戏和偶发事件中所隐含的教育价值，把握时机，积极引导”。同时，“教育活动的组织与实施过程是教师创造性地开展工作的过程”。因此，面对幼儿在活动中的表现和反应，察觉他们的需要，调动相关专业知识做出反应，形成合作探究式的师生互动，把着力点放在教育内容、方法、形式及手段的整合上，使之在不同教育情境中融合，逐渐形成专业智慧，是我专业发展的重要目标。

（四）与书为友，涵养人文精神

读书，能够改变自身的精神面貌；读书，不仅能够增长专业知识、提升专业能力，还有利于对教育教学中存在的问题进行批判性思考……充分利用课余时间阅读《论语》《大学》《中庸》《孟子》等国学经典，每天至少半小时，及时写下心得体会，培育深厚的文化底蕴，让精神世界充满阳光。

三、阶段目标

（一）2014 年

具体目标：1. 认真学习《幼儿园教育指导纲要（试行）》及教育政策法规。2. 通读幼儿教育理论论著，充实理论储备。3. 阅读《论语》。

预期效果：1. 争获县级优质课一等奖。2. 参与承担幼儿教育研究课题。

（二）2015—2016 年

具体目标：1. 练就扎实的教学基本功。2. 阅读与教育教学实践同步的书籍、报刊，精心设计教学过程，及时总结反思，形成自己的教学风格。3. 阅读《中庸》《大学》。

预期效果：1. 参加课件比赛。2. 研究课题取得成效。3. 参加论文评选。

（三）2017—2018 年

具体目标：1. 继续研读学前教育论著。2. 着力于实践能力的提升，注重创新能力的发展，在实践中总结经验。3. 阅读《孟子》。

预期效果：1. 参加市级教学能手评比。2. 完成研究课题总结报告。3. 成长为优秀幼儿教师。

（于慧贤老师提供案例）

（二）思考问题

（1）对照于慧贤老师的个人专业发展五年规划，思考我们应如何理解幼儿教师在职业认同背景下的专业发展、如何定位幼儿教师专业发展的目标和方向、如何科学构建幼儿教师专业发展的知识结构与能力体系。

（2）思考为什么幼儿教师职业专业化是时代的要求，也是现代教育的标志。

（3）结合自己在幼儿园日常保教工作中存在的优势和不足等实际情况，谈谈你对幼儿教师职业认同与专业发展内涵的理解。

二、理论阐释

（一）基本概念

1. 职业认同

职业认同指从业者对自己所从事职业的认可和肯定。

2. 教师职业认同

教师职业认同是指教师在职业生涯中对专业的认知、升华、建构的过程，是不断加深认识，形成稳定的职业情感，把所掌握的专业认知与职业实践相统一的行为过程。

3. 专业发展

专业发展是指在职业生涯的每个发展阶段，教师掌握良好的专业知识与娴熟的专业技能以及提升业务能力和增强执教信心的发展过程。

4. 幼儿教师专业发展

幼儿教师专业发展是指幼儿教师专业理念与师德、专业知识、专业能力不断演进、不断完善、不断成熟的过程，是幼儿教师在其专业生涯中，习得幼儿教育的专门知识与技能，内化幼儿教育的专业规范，形成幼儿教育的专业信念与理想，表现专业情感与态度，打造独特与卓越的教学风格与品质的过程。

（二）基本理念

教师职业认同是指教师通过选择教育职业、从事教学实践的体验和反思而形成的稳定的职业行为倾向，是在自我认知和职业认知基础上，对所从事教师职业的价值观和归属感的肯定和认可。教师个体对教师职业的认同程度，决定了教师在工作中的投入度和专注度，也决定了教师的职业幸福感和专业发展成就感。

幼儿教师的职业认同主要是教师本人从内心热爱幼儿教师职业，喜欢把幼儿教师当成职业，能够用积极的情感从正面评价幼儿教师职业，并积极在职业生涯中强化专业发展，获得专业成长。

幼儿教师不同于中小学教师，既强调教师的教学能力，又注重保育能力，工作要细致、专心、耐心。幼儿教师是幼儿生活的指导者、咨询者、建议者，是家长的合作者，还是幼儿教育的社会宣传员。

幼儿教师角色的多重性、自主性、创造性，要求其把幼儿的健康发展作为使命，以自我培养和自我完善为目标，将专业发展贯穿于职业生涯的始终。专业理想、专业知识、专业能力及专业自我等方面构成了专业发展的内容体系。专业发展一般会经过四个阶段：关注阶段、适应阶段、发展阶段和专业化阶段。

中国现代儿童教育之父陈鹤琴先生曾说：“我们觉得一个优良的现代教师，其本身的修养，除了必须具备身体与精神的健康之外，更应当有广泛而正确的知识。他应当学习哲学，借此来健全自己的思想与工作态度；他应当学习社会科学，包括政治、经济、社会、历史等，一方面可以丰富其教学内容，同时在另一方面，他更可以因此明了现实世界的大势与趋向以及现实社会的现象、状况，对自己生活的社会环境充分了解之后，一种现代化的中国化的新教育，才能创造出来，才能发展起来。同时他还应当学习自然科学，借以了解大自然的奥秘，从探问大自然，进而征服大自然。”

幼儿虽弱小稚嫩，但他们却是民族的未来，国家的希望。幼儿教师应具有广博的知识，应善教劝学，懂得俯就幼儿。《幼儿园教育指导纲要（试行）》的教育理念与精神的贯彻、实施，关键在教师。这就要求教师注重个人职业认同与专业发展的统一，不断提升个人的专业素养。如此才能让自己更有力量，更有智慧。

三、实践启示

（一）案例启示

“君子藏器于身”，便能“待时而动”。一个人的发展，不是看其所处的位置，而是看其有没有过硬的专业素养，能不能使“已有的发展水平”促进“今后的发展方向和发展程度”，让“未来的发展目标”支撑“现在的教育教学行为”。

通过案例不难看出，于慧贤老师个人专业发展目标是拥有丰富的专业知识、专业技能及教育智慧、教育艺术，能胜任幼儿教育工作，成为优秀的幼儿教师，目标明确，措施具体。其专业发展的内容涵盖了教育学、学前教育学；心理学、学前心理学、学前教育心理学；学前卫生学；“五大领域”的知识；人文素养的提升等。把总目标有计划地分解为每学年的发展目标，具有可操作性，增强了可行性、实践性和有效性。于老师专业发展的愿望非常强烈，为保教工作找到了原动力，促进了个人的成长。她从零基础开始学习钢琴，跟专业的老师学习舞蹈，积极参加各级各类培训活动，认真学习相关专业书籍，努力提高自己的专业水平。

功夫不负有心人。2015 年，于慧贤老师组织全园教师编写了园本教材，即《幼儿行为习惯养成教育儿歌》；2016 年，获邹城市优质课一等奖，被评为市优秀教师；2017 年先后获山东省微课二等奖，第二届全国信息技术与幼儿教育融合优质教育活动大赛一等奖，自制玩教具邹城市一等奖、省二等奖；2017 年 9 月，被委任为业务园长。新的任务与职责让她更为自觉地学习，更注重与全园幼儿教师的专业交流和切磋。2018 年和 2019 年她先后被评为邹城市优秀爱心妈妈、市学前教育教学先进个人、市教学能手。

于慧贤老师的成长故事诠释了一名普通幼儿教师职业认同与专业发展的内涵，同时也告诉大家：带着爱与责任，努力使自己变得更专业，才能让幼儿获得主动、和谐、全面的发展。

（二）见贤思齐

每一位幼儿教师都应及时、深刻地了解正在成长的幼儿，在自己的整个教育生涯中力争使自己的专业能力不断发展，形成教育教学实践技能，成为保教工作的能手。

20 世纪初，有些家长无知又专制，把幼儿看作是家庭的“附属品”，没有尊重和平等。这时，一位教育家站了出来，他十分气愤地说：“养蜂有养蜂的方法，养猪有养猪的方法，唯独对于教养孩子，反而不如养猪养牛的重要，对于养孩子的方法，事前无准备，事后不研究。孩子的价值，还不如一只羊或一头猪。”

他就是伟大的教育家陈鹤琴先生。

1914 年，陈鹤琴先生毕业于清华学堂，为了儿童的教育，他赴美留学，先后获约翰斯·霍普金斯大学学士和哥伦比亚大学师范学院硕士学位。陈鹤琴一生致力于儿童心理、家庭教育、幼儿教育、特殊儿童教育等方面的研究与实践，被誉为“儿童教育的圣人”。其主要作品有《玩具与教育》《家庭教育》《儿童心理之研究》等。为更好地辅助幼教工作，他还主编了多种刊物，如《幼稚教育》《新儿童教育》等。

陈鹤琴先生去世后，人们在他的墓碑上刻下了他写过的一句话："愿全国儿童从今日起，不论贫富，不论智愚，一律享受相当教育，达到身心两方面，最充分的可能发展。"他为儿童教育事业奋斗了一生，奉献了一切。

陈鹤琴先生撰写的《儿童心理之研究》1925 年正式出版，这是中国第一本儿童心理学研究的专著。他建立了中国第一个幼儿教育系，为教师专业发展构建了科学的学习体系，帮助教师建立了科学的儿童观、教育观和专业发展观。他提出"活教育"思想，强调关注学生的学习和社会实践，至今引领着学前教育专业发展的方向，提醒教师要"学习，学习，再学习"，要不断地进行专业修炼。他主张为人师表、热爱儿童、善引善导、同游同乐。

四、学习建议

（一）总结反思

教师的职业幸福是什么？最大的享受、乐趣是什么？就是始终感觉自己是被儿童所需要的，让他们倍感亲切，能够给他们带来欢乐，能够促进他们生动、全面、健康地成长。因此，一名优秀的幼儿教师应具备丰富的专业知识、过硬的专业技能、忘我的敬业精神，关心国内外幼儿教育专业理论，主动吸取教育学科的新知识、新技能，会讲故事，会编歌谣谜语，会画画，会唱歌，会做手工，会演奏一种乐器，会布置教室，会设置游戏环境，会做初步的急救工作，能够成为幼儿学习和探索的伙伴，能照料幼儿生活、引导幼儿发展，能与家长建立积极、有效的关系，真心实意地为幼儿谋幸福。

（二）深化学习

2013 年习近平总书记向全国广大教师致慰问信，其中提出："百年大计，教育为本。教师是立教之本、兴教之源，承担着让每个孩子健康成长、办好人民满意教育的重任。"

我们每位教师都应志存高远、尚德修身、严谨治学，要具有专业发展意识、专业规划意识和人文积淀意识。

1. 专业发展意识

1996 年，联合国教科文组织在第 45 届国际教育大会上指出："在提高教师地位改革中，专业化是最有前途的中长期策略。"1999 年，《中华人民共和国职业分类大全》颁布，首次将我国职业分为八类，教师属于"专业技术人员"。2012 年，随着《幼儿园教师专业标准（试行）》的颁布与实施，幼儿教师专业发展问题已成为热点。重视幼儿教师职业的专业性是时代的需要，更是幼儿教师自身完成教育使命的需要。专业发展是一个持久探索和奋斗的过程。幼儿教师要有促进自身专业发展的愿望，勤于对自己过去专业发展过程、现在专业发展状态和水平及未来专业发展的思考；自觉地掌握系统的专业知识和专业技能，把服务幼儿的意识与研究融为一体，不断提高专业水平，以促进幼儿全面、健康的发展。

2. 专业规划意识

幼儿教师专业发展的核心是提升自己的实践智慧，为此，幼儿教师应树立终身学习理念。专业的发展要经历一个由量变到质变的过程，这是一个持续、长期的过程。“凡事预则立，不预则废”，幼儿教师要为自己的专业发展设计一个蓝图。目标要明确，自我分析要合理，措施要具体，而且要将个人的发展规划与幼儿园的发展目标结合起来。可以充分利用幼儿园、各级组织（教导处、教研组）及同事、朋友所能提供的资源来自我修炼，自我提升。作为学前教育的实施者，幼儿教师只有不断地有计划地提高自身的专业素养，才能为幼儿的发展提供优质的教育。

3. 人文积淀意识

厦门大学教授潘懋元先生认为：“人文学科知识必须内化为人文精神，并外表为行为习惯，才能构成相对稳定的品质结构。”幼儿喜欢模仿，教师在日常保教活动中体现出来的道德、情感、性格等方面的修养，直接影响着幼儿道德品质的形成。

深圳市新安中学语文特级教师吴泓，教学之余喜欢研读《诗经》《楚辞》《论语》《说文解字》等经典书籍，并且边读边把所思所想一一记录下来。他用传统文化引导着学生、启发着学生。学生说：“吴老师带我走进了一场思想盛宴，丰盈了我的生命。”吴泓老师说：“‘读’什么决定了你‘想’什么，‘想’什么决定你‘说’什么或者‘写’什么；‘说’和‘写’的质量取决于你‘阅读’的质量，‘说’‘写’的高度取决于你‘思想’的深度。”

想要幼儿成长为什么样的人，教师就要先成为什么样的人。《幼儿园教育指导纲要（试行）》在总则中明确指出：“幼儿园教育是基础教育的重要组成部分，是我国学校教育和终身教育的奠基阶段。”在这个时期，幼儿要打牢习惯、言语、思想等各方面的根基。因此，教师要增强文化积淀意识，做到“读”有所“思”，“思”有所“悟”，“悟”有所“得”，“得”有所“用”。只有持续不断地提升自身的专业涵养，才能为幼儿提供高质量的教育。

第二节 幼儿教师专业理念与师德

幼儿年纪较小，还没有形成独立的道德标准和是非观念，模仿是幼儿成长过程中主要的学习方式，幼儿教师的一言一行皆可能被模仿，潜移默化中对幼儿产生影响。因此，幼儿教师应以饱满的热情投入日常保教工作中，用自己的专业知识和高尚的师德去感染每一个幼儿。这就要求幼儿教师在知识学习、实践中形成自己的专业理念与师德，时刻注重自己的行为和举止，关爱与尊重每一个幼儿，以德育人，让每一个幼儿都能在阳光下快乐成长。

一、案例思考

（一）案例呈现

一位明德精业、不知疲倦的幼教人

当年山东省邹城市第一实验小学教育集团附属幼儿园资金匮乏，幼儿园就是一所校中园，也就是所谓的学前班，条件很差，改善办园条件成为园领导的奋斗目标之一。在王丽红园长和学校的不懈努力，以及各级主管部门的支持下，2011 年和 2012 年市政府分别两次拨款，并将邹城市原人民武装部办公区置换给幼儿园。为给幼儿提供更好的普惠服务，设计方案、美化校园、装饰活动室……都有园长忙碌的身影。因长期劳累，王丽红园长的骨性关节炎复发，疼痛让她走路一瘸一拐，可她一刻也没离开过自己的工作岗位。她率先垂范、无私奉献的精神深深感动着全体教师和家长。现在步入园内，环境优美；走入活动室，布置各具特色，各种教育设施和材料一应俱全。

关注幼儿的需要，促进幼儿健康成长，王丽红园长充分发挥幼儿同伴群体及幼儿园教师集体这一宝贵资源。为实现“弘扬传统文化，培养儒雅幼儿”这一目标，王丽红园长带领老师们深化益“礼”教育，开展了“献爱母亲节”“孝行重阳节”“有礼先行”等活动。看着孩子们在日常保教活动中学习自我管理，老师们以关怀、接纳、尊重的态度因人施教，努力使每一个幼儿健康成长，她也会情不自禁地参与其中。

“五岁成习，六十亦然”，为深化益“行”教育，王丽红园长组织老师们创编了《幼儿行为习惯养成儿歌》，让幼儿在日常保教中既学会生活、运动、礼仪等知识，又养成良好的习惯。2016 年，邹城市教体局和深圳崇德动漫公司对接，将幼儿性格养正教学体系运用到日常保教工作中，作为首批实验幼儿园之一，她们将幼儿性格养正教学体系同省编教材相结合，渗透礼仪、行为习惯教育。情景剧《孔丘采灵芝》，不仅在 2017 年 7 月邹城市举办的“儒家文化背景下的学前教育暨儿童性格涵养教学法教育论坛”上展演，还在中央电视台、山东电视台新闻联播中播出。

教育活动的内容既要有一定的挑战性，又要有利于幼儿的长远发展。王丽红园长组织老师们设立围棋活动室，开设围棋课，聘请专业教师指导；体育活动更是丰富多彩，有创意户外运动、动感韵律操等活动；每学期不但对教师进行舞蹈、乐器、绘画、折纸等技能培训，还进行泥塑创作培训，把幼儿泥塑制作活动作为艺术领域教育的拓展。她引导教师关注幼儿在活动中的表现和反应，察觉幼儿的需要，发现其中所蕴含的教育价值，探讨把握时机、及时给予幼儿适当的教育的契机与途径。

幼儿园新生入园，有不少孩子会哭闹，常让家长束手无策。50 多岁的王丽红园长便给入园焦虑、恐惧的孩子当起了“妈妈”：她抱着号啕大哭的孩子，轻轻地给孩子擦眼泪、鼻涕，那孩子依旧边哭边挣脱，看到老师没有放下自己的意思，就不停地问：“妈妈去上班了吗？”“妈妈一下班就来接我吗？”她总会响亮地说：“对！”“是的！”孩子听到她那么肯定的回答后，稍稍安静了些，但过一会儿又会问同样的问题，她就再一次给予肯定的回答。她的耐心和肯定让孩子感受到了安全，安静了下来。“老师，我想和他们一起玩儿。”于是，王丽红园长轻轻地把孩子放下来，拉起他的小手，和他一起参与游戏。她常常对老师们说：“真心实意的关心，孩子们会感受到的。”

2017年至2019年，因骨性关节炎等病因，王丽红园长接连做了三次手术，每次术后大夫都一再叮嘱她要休息一个月。可她躺不住，出院不到一周，就来到幼儿园。老师们担心她的健康，劝她休息，她笑着说：“和孩子们在一起，会忘了自己的年龄；和老师们在一起，会忘了自己的病痛。”

（二）思考问题

（1）你从王丽红园长的故事中获得了什么启发？你认为作为一名幼儿教师或幼儿园管理者，应该秉持哪些专业理念？

（2）结合个人的成长经历（或工作经验），谈谈幼儿教师专业理念和师德的内在联系。

二、理论阐释

（一）基本概念

1. 理念

理念指理性的概念，是一个从业者对于职业所坚守的基本信念，这里是指教育工作者从事教育实践活动所秉持的指导思想。

2. 专业理念

专业理念在这里是指幼儿教师在理解幼教工作本质的基础上形成的关于教育活动和专业发展的基本观念和理性认识。它为幼儿教师的专业行为提供了理性支点，指引着幼儿教师的思考方式和行为举止。

（二）基本理念

专业理念应具体体现在幼儿园的日常保教活动中，师德对其具有引领和指导作用。幼儿教师所应秉持的基本专业理念，就是幼儿为本、师德为先、能力为重、终身学习，《幼儿园教师专业标准（试行）》在这四个方面做出了具体要求：

一是幼儿为本。“尊重幼儿权益，以幼儿为主体，充分调动和发挥幼儿的主动性；遵循幼儿身心发展特点和保教活动规律，提供适合的教育，保障幼儿快乐全面健康地成长。”这是幼儿教师保教实践工作中“幼儿为本”这一专业理念的具体化。每一位幼儿教师都应肩负起促进每一个幼儿全面发展的重任。

二是师德为先。幼儿的模仿能力很强，教师的一言一行都会成为他们模仿的内容，教师的品格直接影响着幼儿的成长。因此，每一位幼儿教师都必须具备良好的师德。幼儿教师要“热爱学前教育事业，具有职业理想，践行社会主义核心价值体系，履行教师职业道德规范，依法执教。关爱幼儿，尊重幼儿人格，富有爱心、责任心、耐心和细心；为人师表，教书育人，自尊自律，做幼儿健康成长的启蒙者和引路人”。

三是能力为重。陈鹤琴先生在《战后中国的幼稚教育》中说：“幼稚期是人生可塑性最大的时期，所以幼稚时期也是奠定人生健全发展的时期，故需有适当的环境与优良的养育，以促使民族的新生。”幼儿教师应“把学前教育理论与保教实践相结合，突出保教实践能力；研究幼儿，遵循幼儿成长规律，提升保教工作专业化水平；坚持实践、反思、再实践、再反思，不断提高专业能力”。唯有拥有这份“能力”，才能为幼儿一生的发展打好基础。

四是终身学习。著名教育家第斯多惠曾说：“只有当你不断致力于自我教育的时候，你才能教育别人。”树立终身学习的理念并付诸行动，才能促进幼儿的成长。幼儿教师应“学习先进学前教育理论，了解国内外学前教育改革与发展的经验和做法；优化知识结构，提高文化素养；具有终身学习与持续发展的意识和能力，做终身学习的典范”。

三、实践启示

（一）案例启示

作为幼儿教师，要做到爱幼儿如同爱自己的孩子一般。幼儿教师要将幼儿的发展与自己的专业理念、职业道德紧紧地联系在一起，做好保教工作。案例中的王丽红园长就是典范。

教师要主动接近每一个幼儿，用广博无私的爱去理解、包容、尊重和关心他们，让他们感受到来自老师的那母亲般的温暖。案例中的王丽红园长把每一个幼儿都当成自己的孩子，用亲切的态度、温和的话语、富有亲和力的表情吸引他们；课间和他们一起做玩具……事事关注，随时观察他们的身心状况，努力让每一个孩子获得快乐，获得进步。

王丽红既是老师，又是园长。她深知“千人同心，则得千人之力”的道理，老师们团结协作，才能给幼儿提供更好的服务，才能有效地促进幼儿的健康发展。她每学期都对全体幼儿教师进行技能培训、师德教育；和老师们一起设计方案、美化校园、装饰活动室；为促进幼儿健康成长，组织老师们创编《幼儿行为习惯养成儿歌》；主动与深圳崇德动漫公司对接，将幼儿性格养正教学体系同省编教材相结合，在日常保教中，渗透礼仪教育；带领老师们开发既有一定挑战性、又有利于幼儿长远发展的教育活动内容；通过进行有针对性的个别教育，让新入园的幼儿感受到了安全，使其开心地融入集体生活。她常对老师们说：“能胜任幼儿保教工作的教师遇到问题的第一反应是：我能利用这个机会让幼儿学到什么！”她以身作则，率先垂范，常常和老师们一起运用专业知识进行诊断、分析，思考各种可能的行动方式，并评估行动及判别可能造成的结果，以有利于幼儿的长远发展。王丽红园长不仅把“幼儿为本、师德为先、能力为重、终身学习”印在了心里，还把这些基本理念一一落实在了日常保教的实际行动中。

（二）见贤思齐

幼儿教师所持有的专业理念、职业道德会直接影响保教活动的效果，对幼儿的人格发展具有最直接的影响。因此，教师还要时常通过专业规范来调整自身的行为。下面我们一起读一读这个故事。

“游戏活动结束了，孩子们休息一会儿吧!”张老师刚走进办公室，就听到教室里又像往常一样“嘭、嘭……”地响起来。她赶忙回到教室，边拍琴盖边喊：“安静！谁让你们拍桌子的?”一时鸦雀无声。她问拍桌子最响的小哲：“为什么拍桌子?”没想到小哲却自豪地说：“跟你学的!”张老师一愣，不禁沉思：以往孩子们在班里“大吵大闹”，为了让他们安静下来，便会拍几下桌子，大声喊“安静!”，没想到孩子们竟跟自己学会了拍桌子！想到“为人师表”这个词，想到小哲那“自豪”的神情，张老师诚恳地对孩子们说：“老师拍桌子是不对的，是不文明的，以后老师和你们一起改掉这个不良行为！行不行?”“行!”孩子们大声地回答。后来，张老师班里拍桌子的现象消失了。

陶行知先生曾说：“教师教育工作的全部就是为人师表。”幼儿园是幼儿日常生活和学习的地方，教师必须增强示范意识，时刻遵守职业道德，为幼儿树立良好的榜样。

四、学习建议

（一）总结反思

陈鹤琴先生曾说：“教初入学儿童的，应该是最有本领和最有经验的教师。”学前教育质量的提升和幼儿一生的健康发展都需要教师具有广博的知识。《幼儿园教师专业标准（试行）》针对“专业理念与师德”分别从“职业理解与认识”“对幼儿的态度与行为”“幼儿保育和教育的态度与行为”“个人修养与行为”四方面进行了阐述与解读，如：(1）贯彻党和国家教育方针政策，遵守教育法律法规。(2）信任幼儿，尊重个体差异，主动了解与满足有益于幼儿身心发展的不同需求。(3）注重保教结合，培育幼儿良好的意志品质，帮助幼儿形成良好的行为习惯。(4）善于自我调节情绪，保持平和心态。

（二）深化学习

列夫·托尔斯泰曾说：“如果教师只爱自己的专业，那他可能会成为一个会教书的教师；如果教师既爱自己的专业，又爱自己的学生，那他将是一个完美的教师。”教师要增强自我约束能力、调控能力，增强职业自主意识，爱护、善待、教育好每一位幼儿。

1. 会笑会爱

教师的微笑是幼儿心中的阳光，幼儿从教师发自内心的微笑中感受到爱、幸福、快乐、温暖，获得对生活的信心、热情及追求。微笑是具有多重意义的语言，能够创造出很多教育价值。

李老师一进办公室，就诉苦：课上，让孩子们举右手表示判断题的答案是正确的，举左手表示答案是错误的。我刚说玩，浩宇便急忙站起来大声地问：“老师，哪个是右手？哪个是左手?”结果引得全班孩子哄堂大笑。看着平时这孩子挺机灵的，竟然连这都不知道了，真是不可思议。

李老师没能微笑着面对这一突发状况，没能做出最能贴近幼儿情感和心灵的教育，忽略了对孩子自尊心和自信心的保护。其实，她完全可以这样对全班孩子说："孩子们，我们都有可能产生这种暂时性遗忘，有时甚至会忘记自己住哪儿，忘记早上吃的什么，忘记把自己心爱的玩具放在哪儿了，对不对？这并不可笑。"然后微笑着拉起浩宇的右手，和蔼地说："这是右手！请伸出你的左手，我们握握手吧！"

李老师的案例提示我们，微笑可以化解尴尬，老师面带微笑地处理问题会让孩子在轻松的氛围中学会知识。会微笑的教师更具魅力，心地更为柔软、善良，最受孩子们喜欢，最让家长们放心。

2. 懂进知退

只有让幼儿成为保教活动中的主角，才能使他们获得真实的体验，才能促进他们身体、认知、语言和社会性等多方面的发展。游戏是儿童的生命，整个过程应完全由幼儿自己掌控，他们才会陷入忘我的境界。

为了让孩子们掌握一些卫生知识，养成良好的卫生习惯，这一周马老师在活动区域角设置了一个"爱心医院"，还准备了注射器、听诊器等医疗器具。让幼儿扮演医生、护士角色，自己扮演病人。

第一天，马老师扮演成牙疼患者，"医生"和"护士"忙得不亦乐乎，马老师趁机告诉孩子们：不能吃糖，早晚要刷牙，硬的东西不能用牙咬等护牙小知识。孩子们兴致很高。第二天，马老师假装摔破了头，在"医生""护士"给她包扎的时候，她忙告诉孩子们随意打闹容易磕伤、碰伤，部分孩子脱离了游戏。第三天，马老师又假装肚子疼，边捂着肚子，边告诉孩子们"零食不能吃得太多，正餐吃饱才健康"等，大多数孩子对此游戏没了兴趣，甚至无动于衷。马老师的"主动"与孩子们的"被动"形成了鲜明的对比，将"游戏"变成了知识"灌输"，幼儿在游戏中不能获得真实体验，感受不到游戏带来的快乐，也就无法取得预期的教育效果。

这个小案例告诉我们，教师要"懂进知退"，在激发幼儿的兴致后，要从游戏表演中退出，只在孩子们需要时适时介入并加以引导即可，不能唱主角，更不能指挥整个游戏过程。

3. 会说善做

一个人的语言修养是其道德修养的一面镜子。教师必须加强语言修养，一方面幼儿正处在学习语言、发展智力的最佳时期，教师必须"使用符合幼儿年龄特点的语言"进行保教工作；另一方面与家长进行有效沟通合作，也必须提升语言素养。

离园的铃声响了。家长们已在教室门口排起了长队。贾老师一边接家长递过来的离园证，一边点名。"景贤，快过来，妈妈来了！"景贤的妈妈一边喊着孩子，一边说："老师，我想跟您谈谈。"贾老师望着眼前的家长们，皱着眉头说："太忙了，改天再说吧！"景贤的妈妈便领着孩子离开了。

一句"太忙了，改天再说吧"，让家长感受到的是什么？是老师的抵触和不耐烦，是对家长的不理解与不尊重。将心比心，其实，可以这样说："好的，我也正想与您交流呢！您先带着景贤看看孩子们的泥塑、绘画，等孩子们接得差不多了，咱们再谈，好吗？”相信任何一位家长听到这样一番话，都会愿意等待的。等孩子们接得差不多时，教师再与家长交流，这时教师的目光应柔和，要用心倾听，用心思考，及时回应，既要坦诚协商，又要巧妙引导，在家长的理解、支持中达成共识，后续还要积极跟进。

“会说善做”要建立在对幼儿、对家长的理解与尊重的基础上。这样不仅能促进幼儿健康、快乐地成长，维护教师的形象，教师自身还能得到锻炼，得到成长。

第三节 幼儿教师的专业知识

教育是一门科学，也是一门艺术。幼儿教育是一项十分复杂的社会实践，有其特殊的规律性。幼儿教师必须懂得幼儿教育的规律，熟悉幼儿的身心特点，掌握科学的教育方法，才能收到良好的教育效果。这就要求幼儿教师必须熟练掌握各种专业知识，为今后的教育教学提供理论指导。

一、案例思考

（一）案例呈现

《春天》绘本的诞生

诗歌《春天》选自教育科学出版社语言教材，教学对象是大班幼儿。这首诗歌语言凝练、韵律和谐，运用了比喻、拟人等写作手法，把春天的景色描绘得优美生动、意境十足，字里行间洋溢着对春天的喜爱与赞美，同时给幼儿留下了较大的想象空间。

为了引导幼儿更好地感受诗歌优美的意境，我根据诗歌内容精心制作了多媒体课件，让幼儿配乐朗诵，观察比较“彩色的书”“会笑的书”“会唱的书”的特别之处：让他们明白“春天是一本彩色的书——黄的迎春花，红的桃花，绿的柳叶，白的梨花……”是从颜色来描写的；“春天是一本会笑的书——小池塘笑了，酒窝圆又大，小朋友笑了，咧开小嘴巴……”是从事物的动态来描写的；而“春天是一本会唱的书——春雷轰隆隆，春雨滴滴答，燕子唧唧唧，青蛙呱呱呱……”则是从声音来描写的。

当幼儿初步理解了诗歌内容后，我提出了以下问题：“春天是一本彩色的书，除了诗歌中说到的，还有哪些可以编进这本彩色的书里呢？请你试着用诗歌里的话来说一说。”（“会笑的书”“会唱的书”也依此法进行创编。）因为在课堂的前面实施了欣赏、理解、朗诵等环节，幼儿的表达经验已初步积累，而大班孩子对春天的景物也比较熟悉，所以个个跃跃欲试。急性子的牛牛一口气说出：“红的山茶、杜鹃，黄的油菜花，紫的玉兰，绿的桂花树、香樟树，粉的海棠、桃花，白的杏花……”只见鸣鸣举起手自信地说：“春天是一本彩色的书——红的玫瑰，紫的紫藤，绿的小草，白的玉兰……”班里的“小博士”洋洋也不甘示弱：“春天是一本会笑的书——大树笑了，树叶沙沙沙，小兔子笑了，露出两颗大门牙……”活泼可爱的小乐滔滔不绝：“春天是一本会唱的书——春雨沙沙沙，小牛哞哞哞，小羊咩咩咩，小鸡叽叽叽……”幼儿眼中的春天，多美、多生动呀！

“你们都特别有想法，若把这些想法画下来，是不是就可以编成一本有关春天的书了？”

“是！”

“那你们想不想让更多的人欣赏到你们新编的诗歌《春天》呢？”

“想！”孩子们异口同声。

“那就赶快行动吧！”

幼儿们马上取出纸和笔，在悦耳的音乐中，用彩笔描绘着一幅幅春天的美景：桃花、杏花争奇斗艳，小牛小羊笑逐颜开，小鸡小鸭开心玩耍……孩子们还不时地彼此交流着各自的想法。我一边欣赏着孩子们的创作过程，一边不时地提醒他们注意坐姿和握笔姿势。画完之后，孩子们还郑重地写上了自己的名字。随后，我们一起将作品进行归类，小乐还想到要设计“彩色的书”“会笑的书”“会唱的书”的彩色插页，文文则提出请老师在每一页上写一段话，这样大人们可以看得更明白，多细心的孩子呀！

一本属于幼儿的绘本——《春天》诞生了。可爱的孩子们强烈要求将它挂在班级门口最醒目的地方，希望所有路过的人都能看到。

（赵苏文老师提供案例）

（二）思考问题

（1）案例中的赵苏文老师灵活运用了哪些方面的专业知识？这些专业知识在幼儿课堂教学中起到了什么作用？

（2）幼儿教师应该如何丰富自己的专业知识？

二、理论阐释

（一）基本概念

专业知识指一定范围内相对稳定的系统化的知识，对于幼教从业者来说，指应掌握的学前教育专业及相关领域的知识。

幼儿教师应对幼儿教育教学方面的知识有透彻的了解与研究，同时结合日常保教工作过程中的一些客观因素，发挥出其应用价值，让幼儿获得全面健康的发展。

（二）基本理念

专业知识是教师进行教育工作的知识技能性保障，是教师“专业理念与师德”和“专业能力”的认知基础。

对幼儿教师来说，专业知识是非常重要的，可以说是其专业素质的重要组成部分，是幼儿教师专业发展的核心内容之一，它体现出幼儿教师作为一个专门职业的特殊性，是不可代替的。

在专业标准中，教师的专业知识被分为幼儿发展知识、幼儿保育和教育知识、通识性知识三个方面。它们在理论上相对独立，但在实践中却紧密联系、相互融合。每个部分都包含了具体的内容，在《幼儿园教师专业标准（试行）》中也进行了具体阐述。

幼儿发展知识和保育教育知识是被幼儿教育实践证明的真实准确的，可以指导解决幼儿保育教育工作中的实际问题的理论性知识。通识性知识则是一种基础性的知识，决定着教师的职业素养和深度，而幼儿发展知识与保育和教育知识则给幼儿教师提供了成长和发展的广阔舞台。

这三方面的专业知识是相辅相成的，是教师不断促进自身发展、增强其专业技能的“源泉”。所以，把这三方面的知识运用到实践中是非常重要的。

三、实践启示

（一）案例启示

从《春天》绘本教学的案例中不难看出，这是一堂语言教学活动，幼儿教师在利用自己的专业知识培养幼儿书面表达的能力。

活动前，赵苏文老师运用自己的人文知识及相关学科知识准确地对诗歌《春天》进行了解读；活动中，她又根据幼儿身心发展的特点和规律，采取了促进幼儿全面发展的教学策略，包括以下几个方面：

（1）运用现代信息技术知识，通过多媒体将图、文、音乐融为一体，以看课件、欣赏配乐诗歌朗诵等形式刺激幼儿的视听器官，吸引幼儿的注意力。

（2）按照《幼儿园教育指导纲要（试行）》的要求，教师创设了一个自由、宽松的语言交往环境，支持、鼓励、吸引幼儿与教师、同伴交谈，体验语言交流的乐趣。幼儿在教师温柔轻松的提问下，心情舒畅愉悦，非常自在。教师所提问题浅显直接，幼儿都能根据自己的已有知识经验做出回答，很显然，在这样的情境下，幼儿会感觉课堂是有趣的、好玩的，起到了事半功倍的效果。

（3）教师还创造了多种表达情境，让幼儿借助涂涂画画这种方式进行书面表达。因为她很清楚：儿童天生都具有书面表达能力，而这种能力需要教师创造多种表达情境才能不断发展。在此过程中，教师鼓励幼儿与伙伴交流各自绘画的想法，让幼儿通过写写画画的方式来亲身体会，继而表达自己的想法和情感，在潜移默化中提升幼儿书面表达的能力。

可以说这堂教学活动课上得比较成功，案例中的教师灵活运用了自己的专业知识，根据幼儿身心发展的特点和接受知识的程度，遵循幼教规律，循序渐进地教学，从而使学生的能力得到了进一步提升。

（二）见贤思齐

幼教工作面对的是学龄前儿童，他们的身心正处在快速发展的时期，环境的适应性、动作的独立性等较弱，需要教师拥有过硬的专业知识，促进其健康、全面地发展。接下来让我们读一读王洪玉老师的故事。

小宇，三岁半，男孩，“我要妈妈！我要回家！”这是他在幼儿园说得最多的话。刚入园时，这个帅气的小男孩便抱着妈妈一边大喊着一边哭泣：“不想上幼儿园，妈妈，你不要离开我……”

我知道，小宇的这种行为属于“分离焦虑症”，在心理上是对妈妈的一种过度依恋。我赶紧过去，蹲下身来，握住小宇的手，微笑着说：“小宇，妈妈要去上班喽，老师陪着你好不好？”然后示意小宇妈妈赶紧离开。看到妈妈离去的身影，小宇哭得更厉害了，我一把将其搂入怀里，拍着他的背说：“小宇长大了，变成小小男子汉啦，完全可以自己上幼儿园！”看着妈妈没有回来的意思，小宇的哭声渐渐小了，在我不停的安抚下，他的情绪平稳了许多。

在园里，小宇时不时地吵着要妈妈，我总会第一时间来到他身旁，蹲下身来，一边抚摸着他的头，一边微笑而坚定地说：“妈妈在工作，不能接电话哦！”然后用游戏或其他活动来转移小宇的注意力，稳定其情绪。同时通过身体的接触，让他感受到我的关爱，努力建立起他对我的信任，因为我知道：一旦他对我有了新的依恋，与妈妈的告别也就容易多了，入园焦虑的症状便会得到缓解。

王洪玉老师的专业知识是很丰富的，她非常了解幼儿发展中容易出现的问题与适宜的对策。首先她运用学前儿童发展心理学的知识，判断出小宇的哭闹行为属于分离焦虑。然后运用幼儿园环境创设、一日生活安排、游戏与教育活动的知识与方法，采取恰当措施帮助幼儿：先是和小宇聊天，蹲下身来抱抱他，让他感觉到老师对他的爱及幼儿园的安全氛围；接着开展丰富的游戏活动，吸引小宇的注意力，在游戏活动中拉近师幼之间的距离，同时也通过游戏，让他找到快乐。这样便渐渐消除了小宇对陌生环境的恐惧感，使其逐渐适应了幼儿园的集体生活。

四、学习建议

（一）总结反思

为了幼儿事业的发展，为了每个孩子的健康成长，幼儿教师必须加强专业知识的学习。根据《幼儿园教师专业标准（试行）》，幼儿教师应该掌握的专业知识具体包括以下三个方面。

1. 幼儿发展知识

（1）了解关于幼儿生存、发展和保护的有关法律法规及政策规定；

（2）掌握不同年龄幼儿身心发展特点、规律和促进幼儿全面发展的策略与方法；

（3）了解幼儿在发展水平、速度与优势领域等方面的个体差异，掌握对应的策略与方法；

（4）了解幼儿发展中容易出现的问题与适宜的对策；

（5）了解有特殊需要幼儿的身心发展特点及教育策略与方法。

2. 幼儿保育和教育知识

（1）熟悉幼儿园教育的目标、任务、内容、要求和基本原则；

（2）掌握幼儿园环境创设、一日生活安排、游戏与教育活动、保育和班级管理的知识与方法；

（3）熟知幼儿园的安全应急预案，掌握意外事故和危险情况下幼儿安全防护与救助的基本方法；

（4）掌握观察、谈话、记录等了解幼儿的基本方法；

（5）了解0～3岁婴幼儿保教和幼小衔接的有关知识与基本方法。

3. 通识性知识

（1）具有一定的自然科学和人文社会科学知识；

（2）了解中国教育基本情况；

（3）具有相应的艺术欣赏与表现知识；

（4）具有一定的现代信息技术知识。

（二）深化学习

思想家黄宗羲曾说："道之未闻，业之未精，有惑而不能解，则非师也。"新时代的幼儿教师，丰富自己的专业知识势在必行。

1. 理论是关键

"立身以立学为先，立学以读书为本。"学习理论知识，首先应该多读书，从书中寻找学问。

（1）读专业期刊：专业期刊包含了最新的专业资讯，能使教师保持或完成专业的更新和积累，幼教领域里以幼儿教师为对象的专业期刊有《幼儿教育》（杭州）、《学前教育》（北京）、《早期教育》（南京）、《上海托幼》（上海）等。

（2）读经典专业书籍：选择那些流传多年并且被多位专业人士在文章中提及或推荐的经典著作，如蒙台梭利的《童年的秘密》、陈鹤琴的《活教育》、卢梭的《爱弥儿》等。

（3）读通俗易懂、与幼教职业有实际联系的书籍：理论与实践是不可分离的，一本好的理论书籍必然是联系实际的。

2. 榜样促提升

除了从书籍中充盈自己的学识，还可以从身边榜样的身上汲取教育的智慧。

"三人行，必有我师焉"，值得我们学习的人有很多。首先可以向身边那些教育教学出色的教师请教，学习他们了解幼儿及与幼儿交流的窍门，学习他们备课、上课、反思的方法，学习他们处理各种突发事件的技巧。如当有经验的老师在给幼儿上课时，可以去听课，拿着听课本将老师上课的各个环节记录下来，精彩之处或者是疑惑的地方都要做好标记，自己想不明白，便课下去咨询；当然也可以带着手机录下视频或音频，抽时间再次观看、研究。我们还可以向身边那些志同道合、有着共同教育理想的朋友学习，遇到问题与他们多交流、多探讨，学习他们对教育的执着追求、对幼儿的满腔热忱、对工作的兢兢业业。

3. 实践与反思

荀子认为："不闻不若闻之，闻之不若见之，见之不若知之，知之不若行之，学至于行之而止矣。行之，明也，明之为圣人。"幼儿教师除了要加强对理论、经验的学习外，还要注意将其与实践相结合，在实践中不断反思，把所学知识内化成真正属于自己的专业知识。

例如，在课堂教学实践后要及时进行反思。第一，思成功之处：如某些教学思想方法的渗透与应用的过程；使用教育学、心理学中一些基本原理的感触；教学方法上的改革与创新等，把这些一一记录下来，供以后教学时参考，也可在此基础上不断地改进、完善，推陈出新。第二，思不足之处：对疏漏失误之处进行系统的回顾、梳理，并对其做深刻的反思、探究和剖析，使之成为今后再教学时的参照物。第三，思教学机智：在课堂教学中，随着教学内容的展开、师生的思维发展及情感交流的融洽，往往会因为一些偶发事件而产生瞬间的灵感，这些"智慧的火花"常常会突然而至，应及时通过课后反思去捕捉。第四，思幼儿的创新：在课堂教学过程中，幼儿是学习的主人，他们总会有"创新的火花"在闪烁，这些难能可贵的见解是对课堂教学的补充与完善，可以拓宽教师的教学思路，提高教师的教学水平。一节课下来，静心沉思：本节课摸索出了哪些教学规律，教法上有何创新，知识点上有什么新发现，组织教学方面有何新招术，启迪是否得当、训练是否到位等。及时记下这些得失，并进行必要的归类与取舍，考虑一下再教这部分内容时应该如何做，结合专业知识写出"再教设计"，这样便可以做到扬长避短、精益求精，把自己的教学水平提高到一个新的境界和高度。

第四节　幼儿教师的专业能力

《幼儿园教师专业标准（试行）》指出，教师应"研究幼儿，遵循幼儿成长规律，提升保教工作专业化水平；坚持实践、反思、再实践、再反思，不断提高专业能力"。

幼儿园的保教工作是复杂而琐碎的，只有具有基本专业能力的教师才能胜任幼儿园的保育和教育工作。

一、案例思考

（一）案例呈现

案例一　"老师，我的小番茄够数了"

今天下午的点心是小番茄，以前点心总是由老师发，今天面对一个个红艳艳的小番茄，我忽然间想：何不"懒"一下，让每个孩子自己来拿点心练习数数呢？我把这个提议告诉孩子们，他们听了都十分高兴。

我向他们提出要求，每人拿三个，然后孩子们便一个个地自己拿。我点到谁，谁上来拿，我在旁边静静地观察，只见有的小朋友一个一个地数，有的两个两个地拿，拿回后放到自己的小餐盘里。点心发完了，小朋友们都在数着自己的小番茄。我说："孩子们，你们的小番茄都拿够了吗？我们再来数一遍吧！"教室里立刻响起了孩子们的数数声。"老师，我的小番茄够数了。""老师我正好拿了三个。"

"老师，老师！"我顺着声音一看，原来是彬彬，他正用焦急的眼神看着我。"有什么事吗？告诉我。""刚才一数，我的小番茄不够，差一个。""那你拿了几个呢？""两个。""那你再拿几个就够了？""再拿一个。"

这时候彬彬又拿了一个小番茄，高兴地坐到了自己的座位上。有不够数的，也有多拿的。这不，点点就被别的小朋友"检举"了，她多拿了一个。点点不好意思地将小番茄退了回去。我发现许多孩子把小番茄排成一横排，有的把大个放在左边，有的把小个放在左边，于是我又向孩子们提出了新的建议："小番茄就像小兵一样，请你们把它们按大小个排好队，好吗？"孩子们马上动手摆了起来。"这个最大，我把它放在最前边；这个小点，放在第二；这个最小，我把它放在最后。"不用老师指导，孩子们将小番茄按大小个排列得非常好。

这次吃点心，孩子们自己练习了按数取物、按大小排序，效果非常好。对于小班的孩子来说，现在教他们这些是很难的，可是，在有趣的实际操作中经过伙伴之间的互助和老师的引导，竟然神奇地完成了。

案例二　区域游戏：纸杯接龙

操作区里，小明和小军在玩纸杯，小明用纸杯搭了一根棍子，小军也搭了一根棍子。小明说："你的棍子比我长吗？"小军说："我的棍子比你长！"小明说："我们来比比看！"他们又拿了许多纸杯进行拼搭。小明的纸杯越来越长，当他高兴地把纸杯棍立起来的时候，"啪嗒"一声，纸杯棍断掉了。小军说："我来帮助你吧！"小军把小明的纸杯棍横放在地上，一手扶着纸杯棍，一手用力地敲打着断掉的另一半纸杯棍。

过了好一会儿，小军告诉小明说："修好了，你试试。"小明迅速地拿起纸杯棍，纸杯棍还是断掉了。小军想了想说："要不，我们两个一起拿？"于是小军扶着纸杯棍的低端，小明扶着纸杯棍的中端，当他们再一次想把纸杯棍立起来的时候，纸杯棍依然断掉了。小明说："为什么会这样呢？"小军说："可能是我们的手太短了吧，纸杯棍才会断。"于是，他们请来了老师。老师问："什么情况，孩子们？"小军说："我和小明合作，一个人拿棍子的下面，一个人拿棍子的中间，可是棍子怎么都立不起来，一立，棍子就断掉了。"老师说："那我该怎么帮助你们呢？"小军说："老师，请你握住纸杯棍的上边，下边的纸杯棍由我们俩来扶住。"小明说："老师扶上面，我扶中间，你扶下面，这样才行。"在老师和小明、小军的合作下，纸杯棍终于立起来了。

（二）思考问题

（1）以上两个案例反映出了两位老师的哪些专业能力？老师的专业能力对幼儿产生了什么影响？

（2）作为幼儿教师，你认为应该如何提升自己的专业能力？

二、理论阐释

（一）基本概念

专业能力在这里具体是指教师的专业技能和教育教学能力，是教师在一定教育思想的指导下，在已有知识经验的基础上，通过实践练习和反思体悟而形成的顺利完成教学任务的一系列教学行为方式和心智活动方式，是教师综合素质最突出的外在表现，也是评价教师专业性的核心因素。

（二）基本理念

专业能力是幼儿教师专业化发展在教育实践中的集中体现，是保障其完成职业要求和工作职责的必要条件，直接影响着教育质量和幼儿的健康、快乐发展。因此，幼儿园教师的专业能力结构应该是全方位的、多方面的，具有综合性的特点。

1. 提升幼儿教师的专业能力是国家政策的需求

国家教育行政部门十分重视幼儿教师的专业教育技能培养，《中华人民共和国教师法》第 10 条第 2 款将教师“有教育教学能力”列为教师取得教师资格证的条件之一。国家的一系列法规，都对教师从教所应达到的专业能力的规格与要求进行了规定，充分体现了不断提高教师专业能力的必要性和重要性，也提供了相应的政策支持和保障。

2. 提升幼儿教师的专业能力是实践的需求

幼儿教师若要胜任自己的工作，不仅应具备丰富的相关学科专业知识，更应具有较强的专业能力。

3. 提升幼儿教师的专业能力是幼儿成长的需求

首先，幼儿教师提升专业能力，能为幼儿创造良好的学习与发展的环境；其次，幼儿教师提升专业能力，能为幼儿树立良好的学习榜样，教师是幼儿除了父母之外接触最多的人，教师的能力和状态很大程度上影响着幼儿，幼儿正处于三观形成的重要时期和迷茫期，教师以身作则，对幼儿的言传身教比单纯的知识和道理的灌输更有影响力和说服力；再次，专业能力强的教师不仅能更好地适应不同情况的幼儿，还能让其获得良好的学习体验。

三、实践启示

（一）案例启示

从案例一“老师，我的小番茄够数了”中，我们不难看出聆听童声、抓住教育契机的重要性。教师在对幼儿进行随机教育时，所抓住的事例往往是一日活动中那些很小、很容易被忽视的事，但教师若抓住了教育的最佳契机，所发挥的教育作用就会很大。所谓随机教育，就是指在教师教育计划之外的，根据客观的教育情景而临时组织进行的教育活动。幼儿的思维具体形象，而随机教育正是根据幼儿的这一特点及时组织进行的教育，随机教育所抓住的事例往往具有情景性、直观性，容易被幼儿所理解和接受。

案例二“区域游戏：纸杯接龙”中的教师提供了纸杯这种低结构化的材料，让幼儿在与纸杯的相互作用中，进行富有灵活性、趣味性、创造性的学习。幼儿在不断解决“让纸杯棍立起来”的问题中动脑动手，通过直接感知、实际操作和亲身体验获取经验，初步掌握了“让纸杯棍立起来”的办法。教师合理利用了资源，引发了幼儿的主动活动并大力支持。幼儿的整个学习过程是从自发到有意义的过程，是反省的结果，也是幼儿经验逐渐内化和建构的过程。教师在幼儿需要帮助时，并没有急于包办代替，而是放平心态，用轻松的话语询问幼儿遇到什么情况，需要自己如何帮助。一方面让幼儿能够用自己的语言大胆表达遇到的问题情况，另一方面又将问题抛给幼儿，让幼儿自己思考，提出解决问题的办法，教师只是对幼儿的探索过程起到引导作用，教育智慧可见一斑。

两位老师的做法都反映出他们具有比较高的专业能力，从很普通的小事当中就能够挖掘出它的教育资源，能够敏锐、准确地把握孩子的年龄特点，找到孩子们的最近发展区，认真思考和大胆尝试，创设有趣的环境和情境，灵活地运用游戏，设计和组织有趣的教育活动。教师一系列的做法都充分体现出了专业化的幼儿教师的能力特点。

（二）见贤思齐

幼儿教师每往前走一步，每提升一点专业能力，都能影响到幼儿，专业能力越强，便越能让幼儿得到更好、更科学的发展。接下来再看一个案例。

早晨，用完餐的幼儿陆续进入活动区，开始各自的学习活动。文静的悠悠笑嘻嘻地走进美工区，精心挑选了一张手工纸和折叠鸽子的分解图示，开始了她今天的区域活动。

悠悠注意力很集中，一边看着图示一边折。前三步进行得很顺利，但到了第四步便折不下去了。淡定的悠悠仔细观察其他小朋友的操作过程，模仿着学会了。接着第五步，鸽子头部的折法把悠悠难住了，她反复尝试依然失败。此时她需要老师的帮助，于是我来到她身边，边示范边给她讲折法，但直到区域活动结束她还是没学会。活动结束时，我表扬了悠悠认真、不急躁、不言败的态度。

悠悠的空间感知能力与操作能力较差，所以未完成折纸。我反思自己讲解的方法并不适合悠悠，加上示范太快，悠悠无法领会。于是，我改变了指导方法：选择双色手工纸，制作立体的分解图示；在手工纸上用虚线做上记号；在纸板上画上箭头。这样简化了操作步骤，降低了折纸难度，便于悠悠理解。

刚开始，悠悠不明白弯箭头的意思，将虚线上部完全向下折，没成功。我告诉她“弯箭头是往里面折的”，并指导她看折法示意图，她很快就折成了。我鼓励她再折一只，她开心地接受了挑战并且成功完成。悠悠满心欢喜地把作品展示给小朋友看。

这位专业能力过硬的老师，不仅让悠悠习得了折纸技能，更重要的是让她自主选择、自主决定、主动学习的意识得到了发展，挑战困难的信心和积极的自我成长意识得到了增强，这将为她今后的学习与发展奠定良好的基础。

四、学习建议

（一）总结反思

幼儿教师面对的教育对象是学龄前儿童，需要幼儿教师具备不同于其他学段教师的一些特殊能力。《幼儿园教师专业标准（试行）》便从环境的创设与利用、一日生活的组织与保育、游戏活动的支持与引导、教育活动的计划与实施、激励与评价、沟通与合作、反思与发展等七个方面明确了幼儿教师应掌握的能力，如：（1）建立班级秩序与规则，营造良好的班级氛围，让幼儿感受到安全、舒适。（2）合理利用资源，为幼儿提供和制作适合的玩教具和学习材料，引发和支持幼儿的主动活动。（3）合理安排和组织一日生活的各个环节，将教育灵活地渗透到一日生活中。（4）有效保护幼儿，及时处理幼儿的常见事故，危险情况优先救护幼儿。（5）引导幼儿在游戏活动中获得身体、认知、语言和社会性等多方面的发展。（6）有效运用观察、谈话、家园联系、作品分析等多种方法，客观地、全面地了解和评价幼儿等。

（二）深化学习

“工欲善其事，必先利其器。”从《幼儿园教师专业标准（试行）》中不难看出，幼儿教师需要的专业能力有很多，那到底该如何提升专业能力呢？有效的途径又有哪些？

1. 明确目标，制订计划

明确能力提高的目标、重点、策略和过程，并在此基础上坚持在日常工作中锻炼和提高各项能力。例如，一位年轻教师在制订了家园沟通能力提高计划以后，通过请教有经验的老教师和查阅资料掌握了家园沟通的方法和提高沟通能力的途径，开始在工作和生活中有意识地改进沟通方法，逐步提高了沟通能力。当然，幼儿教师还要加强对自身工作的观察和思考，明确工作中存在的问题及对策，不断改进，以促进教师专业能力的提升。

2. 创新思维，注重实践

创新思维是一种高层次的思考能力。幼儿教师经常面临多变的问题情境，教育工作本来就具有许多的弹性与创造空间，需要经常发挥个人的创造力，做到能因时、因地制宜，灵活变通教学方法，创造独特的解决方案或教学策略。在日常幼儿园教学中，我们更应学会创新与实践相结合。例如幼儿到花园里看花，教师一般只会问一句“花上有什么？”，孩子回答：“有露珠。”其实可以从另一个角度去启发鼓励幼儿，如：“露珠在干吗呢？”孩子们的兴趣来了，有的说：“露珠在跟花儿捉迷藏呢！”有的说：“花儿口渴了，露珠在给他们喝水呢！”孩子们个个都争着回答，教师的创新与实践完成了，孩子也从中获取了更加丰富多元的知识。

3. 不断学习，深刻反思

幼儿园教师想要提升自身的专业能力，反思可谓是一条捷径。怎样反思更有效呢？

我们可以在幼儿生活活动中反思：一日生活皆教育，要用心记录孩子们的一言一行，并在一日工作结束后进行反思，如想一想自己在这一天的工作中有哪些地方做得好、教育契机抓得准，而哪些方面还有所欠缺，在今后的工作中还要如何去发现和把握这些难得的教育点；可以在集体教学活动后反思：对自己在组织教学过程中的亮点进行肯定，同时也要寻找自己在活动中的不足，并且想好下次再进行这样的活动时应该如何避免出现这些问题；也可以在学习后进行反思：思考一下自己在实际的工作中有哪些地方符合新的教育理念，哪些地方做得不够，将理论与实际相结合，使理论的学习更有趣味、实际的操作更有效果。

当然，教师专业能力的提升不是一朝一夕的事，方法也不止这些。幼儿教师应持之以恒，采取各种行之有效的措施完善自我，以提升自身的专业能力。

第五节 促进幼儿教师的专业发展

“振兴民族的希望在教育，振兴教育的希望在教师。”现代教育的发展要求教师专业化，社会的进步也需要教师专业化。《幼儿园教师专业标准（试行）》对幼儿教师的专业发展提出了更高的要求，高素质的教师队伍是教育事业发展的动力之源，是治园之本，是幼儿园的核心，促进教师队伍专业化成长是幼儿园发展的重中之重。幼儿教师应增强专业发展的意识，不断更新自身教育理念，提升自身师德，提高专业化发展水平，真正做幼儿健康成长的启蒙者和引路人。

一、案例思考

（一）案例呈现

调皮的小男孩

晓乐忽闪着一对大眼睛，看上去挺讨人喜欢，可实际上他却让我头疼不已，因为晓乐非常调皮、好动，无论是上课还是户外活动，他都非常活跃，一刻都不安静，喜欢做各种各样古怪的动作。因为他，班里常常挺乱，我特别生气却又拿他没办法。

一到午餐时间，其他小朋友都能安静地坐下来吃饭，可是晓乐好像不饿，只想着如何捣乱。他不是大声地讲话，就是不停地把凳子推来推去，还把筷子乱扔、往鼻孔里面塞，提醒也没有效果。情急之下我收了他的筷子，想着他能安静下来，谁知他非但不知错，还扰乱别的小朋友。户外活动时，晓乐更是任性而为，根本就不听指挥。我说东，他向西，从不和小朋友一块儿玩，自顾自地玩摇摇椅，玩荡秋千……我是又担心又生气，真令人头疼。

挫折之后，我静下来复习大学时学习的儿童心理学知识，向有经验的老师请教，默默观察园里的名师是如何开展活动的，并且到晓乐家中去家访。一段时间以后，再次面对晓乐的时候，我做到了从容有度。

那是一次午睡时间，晓乐和往常一样，时而在床上打滚，时而在床上做怪动作、发出怪声音，时而在被子里扭动身子"跳舞"，还时不时瞟我一眼，看我是否在看他，反正不睡觉，我知道他是在想着法子引起我的注意。于是我走过去，摸着他的头，轻轻地对他说："老师可喜欢晓乐的聪明了，也觉得晓乐的舞跳得挺棒，现在晓乐好好睡觉，醒来后老师组织一个晓乐的'专场舞会'，相信小朋友们一定喜欢，好吗?"晓乐两眼发光，听话地点点头，之后安静地睡着了。

自那次以后，我在晓乐身上倾注了更多的关怀，通过和家长交流，我了解到晓乐的爸爸妈妈工作很忙，和他在一起的时间很少，晓乐也同样会用调皮来引起爸爸妈妈的关心，家长没考虑到孩子的要求和感受，除了打就是呵斥，致使晓乐变本加厉。了解到这些情况后，我尝试换了教育方法，多与家长沟通，并给晓乐安排他力所能及的任务，为他搭建展示自己的平台，使他感受到别人的关心。渐渐地，晓乐变了，变得懂事、乖巧了，而且成了小朋友们的榜样。

（张红老师提供案例）

（二）思考问题

（1）作为幼儿教师，你是否认同案例中张红老师的做法？如果你在幼儿园里遇到这样调皮的小男孩会如何做?

（2）幼儿教育是一门专业性很强的职业，幼儿教师在专业成长方面应该如何努力?有哪些基本的途径?

（3）回顾自己的专业成长过程，分析哪些因素促进或妨碍了个人的专业发展。

二、理论阐释

（一）基本概念

1. 幼儿教师的专业发展

幼儿教师的专业发展是指幼儿教师专业成长的途径，具体是指幼儿教师在其专业生涯中，习得幼儿教育的专门知识与技能、内化幼儿教育的专业规范、树立幼儿教育的专业信念与理想、形成教学风格与品质的方法。

2. 教育方法

教育方法是指在一定的教育思想指导下形成的实现其教育思想的策略性途径，包括教师直接指向教育内容的教学方法、学生学习方法指导及学前教育和家庭教育的方法。

（二）基本理念

《幼儿园教育指导纲要（试行）》的最终目的是创造高质量的幼儿教育，促进儿童的健康成长。《纲要》所追求的教育理想是需要通过教师的工作去实现的，作为专业教育者，教师的素质首先体现在教师的专业素质上，而教师的专业素质集中体现在实施素质教育的能力上，这也正是当前教师培训过程中所强调的教师专业化水平提高和发展的基本方向。对高质量幼儿教育的要求，最终会转化为对教师的要求。与此同时，《纲要》也表达了对教师的尊重和关怀。这种尊重和关怀的集中表现，就是对教师主体性的肯定和对教师专业成长的期望。

联合国教科文组织《关于教师地位的建议（1966）》指出，教师职业是一种“要求教师具备经过严格而持续不断的研究才能获得并维持的专业知识及专门技能的公共业务”。据此我们认为，幼儿教师专业成长的重要途径是“研究”。在《课程研究与编制导论》一书中，斯滕豪斯提出教师专业发展有三条途径：（1）系统的理论学习；（2）研究其他教师的经验；（3）在教室里检验已有的理论。后面两条途径都涉及“研究”。

无数的实践证明，幼儿教师专业发展的途径涉及三个层面：个人、教研组（级部）、园所。

教师个人应注意以下几种方式：（1）理论学习。教师要有终身学习的理念，既要深入学习本体性知识（教师所教的特定学科知识），又要加强条件性知识（教育学和心理学知识）的学习，还要注重系统化的实践性知识（教学实践中的课堂情境知识以及与之相关的知识）的积累。（2）实践反思。“纸上得来终觉浅，绝知此事要躬行。”每个教师都要注意积累实践经验，经历“理论—实践—反思—总结—改进—再实践”的过程，为自己的专业发展提供源源不断的动力。（3）合作研究。在教育教学中，将自己置身于集体中，通过相互的对话，相互的思想融合、智慧碰撞，来提升自己的专业能力。（4）榜样模仿。通过向有经验的榜样学习，来积累经验，实现自我提升。

教研组层面注重“集中研讨”“分散研讨”相结合，针对教育教学实践进行讨论，为每位教师的专业发展助力。

幼儿园层面注重全员教师和个性化的培养。所谓全员教师的培养是指幼儿园要联系本园实际及教师们的实际情况为全员教师制定发展规划，每个教师也要依据《幼儿园教师专业标准（试行）》制定自己三年或五年的个人发展规划。个性化的培养包括分层培养、特色培养。分层培养是指按教师入职年限和专业发展需求分为新入职教师、青年教师、骨干教师、专家型教师，然后制订各层次培养计划，建立相应组织机构，由专人负责，或成立“名师培养工作室”，以此为平台培养教师。特色培养是指依据园所发展需求确立教育科研人才，引领园所科学发展；设立专业学科教师，培养有特长、有个性的教师等。

三、实践启示

（一）案例启示

在案例“调皮的小男孩”中，面对男孩的“极端表现”，初上讲台的张老师没有认真思考他言行与众不同的原因，忘记了应用儿童心理学，再加上缺乏实际的教学经验和专业技能，以至于只能用简单粗暴的方式去制止，教育方法不对，教育效果自然不好，非但没有彻底解决问题，反而让问题变得更严重。

随之，张老师进行了反思，从各方面了解这个男孩子，根据具体情况，积极改进教育措施，不仅改变了男孩，使其自信阳光地成长，而且自身也得到了成长。

这个案例告诉我们采取多种方式对幼儿教师进行专业技能培训是多么重要。一名幼儿教师只有了解孩子，细心观察孩子，关心孩子，真正走进孩子的内心世界，并运用恰当的教育方法来教育孩子，孩子才会健康成长，教师才能真正做到以幼为本。

教育方法是教育的客观规律和原则的反映和具体体现，正确地运用各种教育方法，对实现教育目的、完成教育任务具有重要的意义。

教育方法的运用也反映了一个教师专业能力的高低，特别是幼儿教师，采取怎样的教育方法去引领孩子，为孩子撑起和谐、自由、快乐的教育天地，关乎孩子一生的健康成长。正如《幼儿园教师专业标准（试行）》所说，"遵循幼儿身心发展特点和保教活动规律，提供适合的教育，保障幼儿快乐健康成长""研究幼儿，遵循幼儿成长规律，提升保教工作专业化水平"。

（二）见贤思齐

"他山之石，可以攻玉。"面对教育教学中随时都会出现的问题，幼儿教师该如何运用所学知识、所具有的专业能力化解矛盾，让孩子感受到老师的关爱，让教育"润物无声"呢？我们来看一个真实的故事，相信你会有所启发。

在中班的第二学期，我们班新来了一个孩子康康，妈妈把他送来的时候就告诉老师孩子非常调皮，而且脾气非常倔。如果他犯了错，你想让他认错，那是绝对不可能的。的确，刚开学不久我就领教到了他的倔脾气。

因为已经是第二个学期了，所以之前带过的小朋友都已经有了一定的规矩，知道什么时间该做什么事情，但康康的表现是即使告诉他该做什么、不该做什么，他依然会我行我素。无论何时何地，他一直都在不停地说话，无论怎么教育都没有用。

这一天，他进了图书角，一如既往地和旁边的小朋友大声讲话，图书散落一地。我走过去轻轻告诉他，把图书捡起来，他双手交叉抱在胸前，小嘴巴一撅，小脸微微上扬，仿佛在说"就是不捡，你能把我怎样?"，我想起了他妈妈的话，看来硬让他捡是不可能的了，我默默地走过去，摸摸他的头，轻轻地说："宝贝，图书可以给我们知识，我们要爱惜它们，把它们扔在地上踩来踩去，它们也会疼呀。来，康康可棒了，知道爱惜图书，我们一起把它们捡起来。"他愣了一下，见我微笑着捡图书，他也蹲下帮忙捡了起来，并把它们整齐地摆在图书架上。

总结区域活动时，我没有再提起刚才发生的一切，而是表扬了全体小朋友认真听老师的话，包括康康。

自此以后，他再也没有犯过倔，而且在遇到别的小朋友把图书和玩具扔在地上时，总是学着老师的样子，给小朋友说些什么，然后一起帮忙捡起来。我看到后，都会走过去抱抱他，摸摸他的头，夸他一番。康康曾低着头小声地对我说："老师，你真好，妈妈总是凶我，不喜欢我。"我不禁愕然，忽而明白了，哪里有倔孩子啊，那不过是需要妈妈温柔的爱，需要妈妈多关注的孩子罢了。放学后，我又跟他妈妈做了简单的交流，希望家长多给孩子一些耐心、爱心和关心。时间久了，孩子便不再那么倔了。

（于慧贤老师提供案例）

这个故事彰显了于慧贤老师的冷静、智慧，面对康康的“挑衅”，她没有利用老师的威严迫使康康“就范”，而是不给康康发脾气的机会，不和他较劲，用实际行动告诉康康——老师不但不批评他，还帮他捡起了图书，给康康做了示范。“其身正，不令而行。”所以，于老师再要求康康去做的时候，他才愿意去做。而且，于老师在理解康康的基础上，和他妈妈进行了及时有效的沟通、交流，达到较好的教育效果是水到渠成的。

在整个过程中，于老师善于观察，针对孩子的心理，采用恰当、适合的教育方法去纠正孩子的不当行为，用真情实感去感染孩子，自然而然，孩子就乐于接受老师的教育与帮助，并感受到了老师的关爱。于老师的教育艺术令人佩服。

由此可看出，幼儿教师的专业化发展是教师专业素质不断提高的过程，是幼儿园可持续发展的重要核心。专业知识、专业技能和专业情意的水平是幼儿教师专业发展的主要部分。只有通过幼儿教师专业知识、专业技能和专业情意的发展，才能有效地促进幼儿教师的专业发展。

四、学习建议

（一）总结反思

要更好地促进幼儿教师的专业发展，除了如前所述掌握好专业知识、教育学心理学知识之外，还应注意以下几方面知识的积累。

1. 实践方面的知识

这是指幼儿教师在具体的教育教学过程中，在和幼儿日常的接触中所积累的书本上没有的知识。如创造性地使用教材，在教学中所获得的灵感、方法等。这些知识将有效提高幼儿教师的专业能力，促进幼儿教师的专业发展。

2. 观察方面的知识

这是指幼儿教师面对3～6岁的孩子，要具有爱心、信心、耐心，细致地感受孩子一丝一毫的变化，并采取利于幼儿健康成长的措施来引领孩子学习、生活，这样会积累下适合孩子发展的知识，这是促进幼儿教师专业发展的知识补充。

3. 反思方面的知识

这是指幼儿教师在教育教学过程中通过反思得到的鲜活的知识，它不会枯竭，源源不断，是促进幼儿教师专业发展的发酵剂，会使幼儿教师的知识结构上升到一个更高的理论层面。

（二）深化学习

“法乎其上，得乎其中。法乎其中，得乎其下。”教师自身优秀，才会培养出优秀的下一代。如何促进教师的专业发展是新时代下教育领域的重要话题。

1. 教研助力，共同进步

面对幼儿园复杂的教育教学活动，让教研助力幼儿教师的专业发展是个不错的选择。首先，根据本园情况创建幼儿园学习型教师团队，搭建名师培养平台，定期请名师、专家指导，开展教育教学实录活动，活动结束后，及时研讨，答疑解惑，使科学的教育知识、先进的教学理念和实践结合起来，以此提高幼儿教师的教育教学技能，促进专业的发展。其次，坚持每周一次的园本教研和级部（教研组）教研，能使每位老师不断丰富专业知识内涵。在教研活动时可以开展课题研究、案例研究、教研一体化活动等。

2. 行动研究，反思成长

教师行动研究特指一线教师单独或者组成研究小组，为改进、研究自己的教育教学实践而进行的行动研究，它是一种公开、系统的反思活动。

教师即研究者，教学即科研，科研即教学。苏霍姆林斯基曾经说："你想让教师的劳动能够给教师带来一些乐趣，就应当引导教师走上从事一些研究这条幸福的道路上来。"《幼儿园教育指导纲要（试行）》、课程改革对幼儿教师提出了更高的要求，每位幼儿教师都要从课程的实施者转变为"课程创生者"。所以，幼儿教师要落实行动研究，通过"个体行动研究、合作式行动研究、园所行动研究"的方式，对自身的教育教学实践进行系统化反思，采用多种多样的反思方法，如游戏活动分享、教学总结、反思日记等，让自己成为"反思型教师"，在教、学、研究合而为一的过程中，提高教育教学质量，让孩子得到发展，同时，也让教师的专业素质得到提高。

3. 注重评价，行稳致远

教师评价是指对教师的教育思想、教学行为和效果、业务能力、道德水平等方面进行系统调查和做出价值判断的过程。教师评价在教师专业发展的过程中至关重要，不仅能对教师的专业发展予以反馈、调整，而且能为教师的专业发展提供制度保障。为适应新时代下教师专业发展的需要，园所应注重实施教师发展性评价，建立园所—级部（教研组）—个人"自上而下"的正向评价体系的同时，也要建立个人—级部（教研组）—园所"自下而上"的逆向反馈体系，两者结合使用，有效促使教师自主、自发地提升自己，从而使幼儿教师队伍在专业发展的道路上愈行愈稳、愈行愈远。

第六节　终身学习，享受职业幸福

古人于为学，终身与之俱。新时代的幼儿教师，更需要终身学习。《幼儿园教师专业标准（试行）》要求幼儿教师具有终身学习与持续发展的意识和能力，所以，幼儿教师不仅要学习先进的学前教育理论，具备深厚而扎实的专业知识，还要注意优化知识结构，提高自身综合素养，成为学习型教师，适应新时代对幼儿教育的需求，适应快速发展的信息时代对幼儿教师的期待，既做经师，又做人师，以学生的快乐为快乐，享受职业带给自己的幸福。

一、案例思考

（一）案例呈现

案例一　乱丢东西的塔格叔叔

区域活动时间是孩子们最喜欢的时光，孩子们在区域内天马行空，自由玩耍，可每次活动结束时，孩子们总是意犹未尽，把区域规则抛诸脑后，区域内都乱糟糟的，毫无次序可言，我一次次地给他们讲区域规则，比如“玩具玩完要收拾好，放回原处”，可是并没有什么效果，我也试着给他们讲了玩具的归类，但收效甚微，“忍无可忍”时，我也发过脾气，“暴力”要求孩子们把区域内收拾好，效果总是不明显。当我头疼得不知所措时，忽然想起了给儿子讲过的绘本——《乱丢东西的塔格叔叔》。抱着试试看的态度，我给孩子们讲了一遍。我告诉孩子们，塔格叔叔总是乱丢东西，以至于连自己的鞋子、衣服、裤子、帽子都找不到，在上班路上闹出了很多笑话。塔格叔叔吸取教训，决定收拾房间，他找到了自己乱丢的东西，并把它们摆放在固定位置，用的时候总是能找到，再也没有闹出笑话。孩子们听完故事都默不作声，似乎听懂了。

户外活动时间到了，孩子们在操场上玩得不亦乐乎，当结束时，他们把玩具放好，吵吵闹闹地排队，我因着急整理队伍，便把篮球随手朝篮筐方向扔去，篮球“蹦蹦跳跳”地跑远了，我没有在意，继续整理队伍，子芮小朋友走过来认真地说：“老师，您不能像乱丢东西的塔格叔叔一样乱丢篮球，下次我们玩就找不到了……”我一时脸发烫，不知说什么好。

事后，我将这件事讲给全班小朋友听，并表扬子芮小朋友帮助老师意识到了自己的错误。她的小脸上露出了得意的笑容。出乎意料的是，班里的东西再也没有人乱放了。

通过这件事，我清楚地认识到了为人师表的重要性。如果一个老师只是在口头上讲道理，在行为上却没有给幼儿做出好的榜样，那会是怎样的一种师德形象呢？幼儿就像一面镜子，每天映照着老师的形象。

（王红玉老师提供案例）

案例二　幼儿教师骄傲的理由很简单

我是一名普通的幼儿教师，我想，作为幼儿教师，我们每天都应该有一张笑脸，为什么？答案很简单，因为我们骄傲，骄傲的理由很简单！不信？那你看一下：

“宋老师，今天永昊没有尿裤子！”刘老师满脸幸福地对我说。永昊不尿裤子了——所以我和刘老师都很骄傲。

“你看，希平开始吃菜啦！”刘老师在午饭时轻声地告诉我并用手指了一下他，我们高兴得笑了，我们为希平肯吃菜而感到骄傲。

“哇！你们班的孩子画得可真漂亮啊！”我对邻班的老师说。这位老师满脸笑容地说：“是啊，进步啦！”她一脸幸福的样子，她因为她们班的孩子画画进步了而骄傲。

在业务学习的时候，我的同事满脸幸福地说：“我们班的孩子能帮助老师擦桌子啦，真是长大啦！”同事因为孩子们能擦桌子而感到骄傲。

你听，“老师好！”——当小朋友见了老师问好时，我们是最骄傲的时候。我们因为自己是幼儿教师而感到无比幸福。

这就是我们每天都有一张笑脸的原因，每天我们身边都会有令人“骄傲”的事情发生。我们能随时感到骄傲，就是因为我们骄傲的理由很简单。

（二）思考问题

（1）你是否认同王红玉老师通过给小朋友讲《乱丢东西的塔格叔叔》的故事说明道理以及自己知错就改的做法？作为老师，你会用什么办法帮助小朋友改正乱丢东西的习惯？

（2）你是如何看待案例二中“幼儿教师骄傲的理由很简单”的？你认为幼儿教师的骄傲是什么？骄傲的理由是什么？

（3）你是怎样理解“教师如果将终身自我发展和自我人格完善作为职业生涯的推动力，就可达到教师职业的最高境界，感受到教育的幸福”这句话的？就此话题与你的同事交流分享各自的观点。

（4）有人说教师是一种幸福的职业，有人则感觉当教师非常累、非常无奈，你怎样看待自己的职业？请从教师的社会责任感、劳动的价值、教师职业的幸福感等角度，谈谈你对教师职业的认识与理解。

二、理论阐释

（一）基本概念

1. 终身学习

终身学习是指幼儿教师为适应社会发展、实现职业理想和满足自身成长的需要而持续学习的过程，它贯穿于人的一生。即我们常说的“活到老，学到老”或者“学无止境”。

2. 职业幸福感

职业幸福感是指幼儿教师在幼儿教育工作中需要得到满足、力量得以增长、职业理想得以实现、潜能得到发挥并伴随自身成长所获得的持续的快乐体验。

（二）基本理念

庄子说：“吾生也有涯，而知也无涯。”人生是有限的，而知识是无限的。学习应是一辈子的事，严谨笃学，活到老、学到老应是一个人正确的学习态度及学习理念。

1994 年，在首届世界终身学习会议上，“终身学习”在世界范围内达成共识。这告诉我们要树立终身学习的思想。放眼当今社会，人们的生活条件日益改善，生活水平日益提高，科学技术的飞速发展给每个人提出了越来越高的要求。为适应日新月异的社会，人们必须不断学习，掌握新知，充实头脑，这样才能做到与时俱进，追求更高的个人价值的实现。

《幼儿园教育指导纲要（试行）》明确指出，“幼儿园教育是基础教育的重要组成部分，是我国学校教育和终身教育的奠基阶段”，它要为“幼儿一生的发展打好基础”。终身学习理念的不断渗透和挑战，促使教师思考基础教育的“基础”究竟应当是什么、作为教师其使命究竟是什么、幼儿发展的真正含义究竟是什么、高质量的幼儿教育应该是什么样的。教师的职业生涯就是一个“不断学习和完善”的过程。

幼儿教育工作琐碎、繁重，易导致身心疲惫，这就需要幼儿教师不断地提升人格素养，将师德涵养的学习贯穿于教师终身学习的始终。2018 年 11 月教育部印发了《新时代幼儿园教师职业行为十项准则》，引导幼儿教师把教书育人和自我修养真正结合起来，从坚定政治方向、自觉爱国守法、传播优秀文化、潜心培幼育人、加强安全防范、关心爱护幼儿、遵循幼教规律、秉持公平诚信、坚守廉洁自律、规范保教行为等十个方面来增强教师的责任感、使命感、荣誉感，从而自觉地规范职业行为，不碰师德红线，在日常保教工作中能每日自省、自警，时时自重、自励，自觉以德立学、以德立身、以德施教、以德育德，积极维护教师职业形象，积极提振师道尊严。如人民教育家陶行知先生那样“为一大事来，做一大事去”，始终把幼儿教育事业当作毕生“大事”，争做“四有”好老师。

在新理念、新方法、新知识、新技术不断涌现的今天，只有坚持终身学习，乐读书、求学历、求水平、求称职，才能获得更多知识，才能获得专业的持续发展，才能获得源源不断的灵感，才能获得职业幸福。

三、实践启示

（一）案例启示

“动人以言者，其感不深；动人以行者，其应必速。”意思是身教比言传更重要，更有效果。我们在实际工作中也应做到“行为世范”“为人师表”。

案例一中的王老师当听到子芮小朋友说“老师，您不能像乱丢东西的塔格叔叔一样乱丢篮球，下次我们玩就找不到了……”时，立刻意识到自己做错了，一时脸发烫，不知说什么好。事后她及时反思，不但把这件事讲给全班小朋友听，还表扬子芮帮助老师注意到了自己的错误。王老师的这一做法，不仅体现了“为人师表，师德为先”，积极维护教师师德形象的意识，还提醒为师者要在日常教育教学中给幼儿做行为上的榜样。

德国教育家第斯多惠曾说：“一个人不教育好自己，就不可能去教育别人；儿童所受的教育和教养程度，取决于教师所受的教育和教养程度。学校是儿童受教育的场所，也是教师接受教育的地方；教师要通过一切环境和活动来教育自己。自我教育是教师的终身任务。”

教师要将教育与自我教育统一起来，不断提高自身的人格素质，才能较好地完成教育工作。案例二中列举了一名普通的幼儿教师骄傲的理由：永昊没有尿裤子；希平开始吃菜；孩子画画有进步；孩子们能帮助老师擦桌子；还有那句“老师好”……骄傲的理由很简单，幸福的理由也很简单。

（二）见贤思齐

终身学习是贯穿于人一生的学习，具有终身性、全民性、广泛性，主张一个人不论是在幼年、少年、青年，还是在中年、老年，读书学习都不可或缺，只有不断地学习，才能得到成长与发展，才会获得持续的快乐体验。

累并快乐着，幼儿教师在与幼儿相处的过程中会获得真实、丰富的情感体验，下面的几个小故事来自幼儿教师朋友圈：

● 有个小女孩，刚入园时哭闹得很厉害，仿佛一刻都离不开妈妈。有一天，午睡过后我唱着儿歌给她扎辫子，扎好后，她回过头说：“老师，我想叫你妈妈！”

● 有个小朋友偷偷地跑去书包柜那里，我还以为她去拿自己带的玩具了呢，没想到，她拿出一颗糖，羞涩地走过来，说：“老师，给你吃。”

● 班里有位小朋友的扣子没系好，我蹲下来给他系，另一位小朋友看见后，拿了一个凳子过来，说：“老师，你坐下吧。”

● 班里那个最调皮的小男孩又把绘本给弄到地下了，我本来有点生气，但是他那大眼睛忽闪忽闪地看着我，想要认错又不好意思说的样子，让我立刻就不想生气了，反而被他逗笑了。

● 一个小班的孩子刚入园没多久，妈妈来接她离园的时候，她主动跟我说：“老师，抱抱。”

这些故事真让人感动，幼儿教师敬业乐教，将职业理想、专业精神转化为自身及幼儿的内在需要和外在的行为，并获得了职业幸福感。而坚持终身学习，就是教师消除职业倦怠，得到职业幸福的最佳途径。教师必须日修其德、日新其知、日勤其业，才能“学为人师，行为世范”。

四、学习建议

（一）总结反思

教师应具备终身学习的能力，注意个人主动学习、不断探索、自我更新、学以致用、优化知识结构等习惯的培养；在幼儿教育史、艺术、语言、科学、社会发展、儿童身心发展等与自身工作相关的知识领域主动探索，发现自己感兴趣的学习资源；把学习当成自己的事情，学会运用所学评价知识进行自我评价；不断丰富自己的信息资源，对自己的知识、认识和能力不断地进行完善；学会有效利用计算机和网络知识，如绘图、统计、阅读电子出版物、制作课件、查阅资料等，同时还要了解计算机和网络的运用等，不断拓展自身专业发展的宽度与深度。

（二）深化学习

“问渠那得清如许？为有源头活水来。”想要给幼儿一杯水，自己就要有知识的“源头活水”，就要不断给自己“充电”“增氧”“扩容”“刷新”，厚实为师的底气，永葆教学的活力，真正做到“学高为师”。应该说，学习伴随着幼儿教师的整个职业生涯，在不断学习的过程中，教师也享受着职业的幸福。

1. 牢固树立终身学习的理念

《教育——财富蕴藏其中》一书中说道：“谁都不能再希望在自己的青年时代就形成足够其一生享用的原始知识宝库。”朱熹曾说：“无一事而不学，无一时而不学，无一处而不学。”终身学习是实现职业理想的途径，教师的职业生涯就是一个自身不断完善和学习的过程。《幼儿园教师专业标准（试行）》对教师提出了终身学习的要求：一是具有终身学习的意识；二是具有终身学习的能力；三是拓宽自身终身学习的知识领域，并找好着力点，即幼儿教师要“学习先进学前教育理论，了解国内外学前教育改革与发展的经验和做法；优化知识结构，提高文化素养”；四是做终身学习的典范。终身教育和终身学习是教育发展和社会进步的共同要求，是我们必须具备的教育理念。幼儿教师要把师德高品位、专业高学识、能力多方位作为自己努力的目标。

2. 育人品为基，塑造教师人格

乌申斯基曾强调：“在教育工作中，一切都应以教师的人格为依据，因为，教育力量只能从人格的活的源泉中产生出来，任何规章制度，任何人为的机关，无论想得如何巧妙，都不能代替教育事业中教师人格的作用。”可见，完美的教师人格是一种不可或缺的教育力量。幼儿可塑性最大、模仿性最强，不仅要有强壮的身体，而且要有健全的人格。这就要求教师必须具有“仁义为友，道德为师”的职业人格。教师人格主要包括以下几个方面：热爱儿童、言行一致、性格开朗、兴趣广泛、作风民主、公正无私、耐心自制、自强不息、热爱教育事业等。

一年秋天，北大开学了，一位外地来的年轻学子背着大包小包走进校园，他实在太累了，就把行李放在路边。这时恰好一位老者经过，他走过去问：“您能帮我看一下包吗？”老人爽快地答应了。一个多小时过去了，年轻学子办完各种入学手续回来时，老人还在尽职尽责地帮他看着行李。几天后，北大开学典礼上，年轻学子惊讶地发现，那天替他看包的老人，竟是大名鼎鼎的大学者、北京大学副校长季羡林先生。可以想象，当时在年轻学子心里，一种崇高的人格力量是怎样地震撼着他。季羡林先生能在学术界享有如此崇高的声誉，除了他精深的造诣、严谨的学风外，其高尚人格的魅力更让人钦佩。

陈鹤琴先生曾说：“幼稚教育是儿童的基本教育，亦即人群的基本教育。儿童在这个时期，关于习惯、知识、言语、思想各方面都打了很深的根基。倘使在这个时期，根基稍一不稳，将来要想建造健全的人格，也就不可能了。”因此，教师必须进行职业人格的修炼，将个人的人格魅力融进一举一动之中。

3. 一面教，一面学，越学越快乐

陶行知先生曾说：“有些人一做了教师，便专门教人而忘记了自己也是一个永久不会